湖南省哲学社会科学基金项目（项目编号：11YBB213）

民营医疗机构
市场准入法律制度研究

Research on Private Medical Institution
Market Access Law System

◎陈 蓉 著

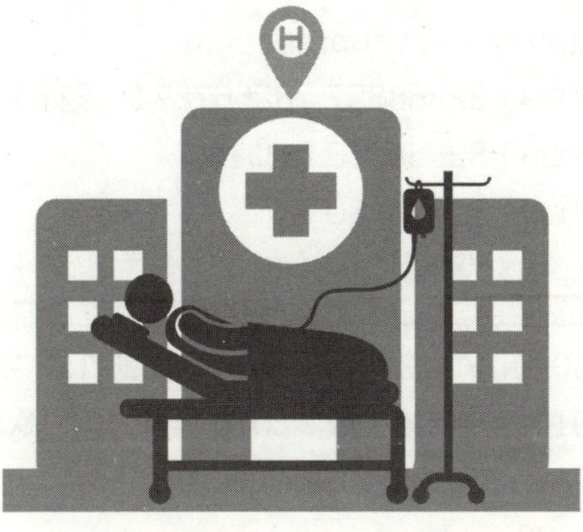

西安交通大学出版社
XI'AN JIAOTONG UNIVERSITY PRESS

图书在版编目（CIP）数据

民营医疗机构市场准入法律制度研究 / 陈蓉著 . ——西安 : 西安交通大学出版社， 2016.9

ISBN 978-7-5605-9063-9

Ⅰ. ①民… Ⅱ. ①陈… Ⅲ. ①民营经济－医院－市场准入－法律－研究－中国 Ⅳ. ① D922.164

中国版本图书馆 CIP 数据核字（2016）第 239331 号

书　　名　民营医疗机构市场准入法律制度研究
著　　者　陈　蓉
责任编辑　魏　杰　贺彦峰

出版发行　西安交通大学出版社
（西安市兴庆南路 10 号　邮政编码 710049）
网　　址　http://www.xjtupress.com
电　　话　（029）82668357　82667874（发行中心）
（029）82668315（总编办）
传　　真　（029）82668280
印　　刷　长沙市宏发印刷有限公司

开　　本　880mm×1230mm　1/32　**印张**　12　**字数**　302 千字
版次印次　2016 年 9 月第 1 版　2016 年 9 月第 1 次印刷
书　　号　978-7-5605-9063-9/D · 276
定　　价　98.00 元

读者购书、书店添货、如发现印装质量问题，请与本社发行中心联系、调换。

前言

我国民营医疗机构出现于20世纪80年代，但直到2001年医疗市场开放，才真正进入市场。20世纪80年代以前，由于受到高度集中的计划经济体制影响，我国对医疗服务行业采取了全能型政府主导的“大卫生”模式，即由政府统一配置和主导医疗卫生服务。虽然由政府直接举办公立医疗机构和提供医疗服务，在一定程度上保证了医疗资源的公平分配，但这种政府全能型主导模式却导致医疗财政投入明显不足。同时，随着消费者经济生活水平的不断提高，消费者医疗健康的意识越来越强，其对医疗服务的需求呈现多样化、复杂化的特点。医疗服务领域出现了医疗服务供给无法满足消费者日益增长的需求的现象，与此同时“看病难，看病贵”现象也成为政府和公众极为关注的热点问题。为解决这一问题，民营医疗机构市场准入便成了题中之意。

2009年国务院《关于深化医药卫生体制改革的意见》正式启动了一系列以促进民营医疗机构市场准入为主旨的深化改革，并指出“到2011年切实缓解‘看病难、看病贵’问题”。但时至今日民营医疗机构发展仍很缓慢，民营医疗市场良莠不齐，“看病难、看病贵”现象不但未得到解决，反而成为当今中国经济高速发展中最不和谐的声音，在理论和实践中引发了各种不同的观点，人们陷入了“政府主导”还是“市场主导”的纷争之中。纵观国外医疗服务市场，纯粹的政府主导和纯粹的市场主导都是一种极端，唯有政府与市场的有机结合才是正确的选择。党的十八大报告将“不断提高人民健康水平”“保证人人病有所医”列为一个重要政治目标。十八届三中全会做出的《中共中央关于全面深化改革若干重大问题的决定》中指出：“鼓励社会办医，优先支持举办非营利性医疗机构。”为实现这一政治目标，民营医疗机构市场准入便又一次被提上了政府的议事日程。

但当前民营医疗机构的进展缓慢，究其原因何在、如何解决，在学界尚未达成共识，政策上尚无定型设计，法律保障更是缺失。故本书从经济法视角，就如何促进民营医疗机构市场准入问题展开研究，并提出了本书的观点：为促进民营医疗机构市场准入，一方面，在政策目标上应打破束缚民营医疗机构市场准入的桎梏，坚持民营医疗机构与公立医疗机构并重，坚持医疗安全与医疗事业发展并重，坚持从严规制与从宽规制并重；另一方面，在立法模式上应以单行法立法模式，建立《民营医疗机构市场促进法》，明确民营医疗机构市场准入范围与准入条件，合理规定准入方式，完善准入体制，简化并规范准入程序。

全书分为 6 章，第 1 章绪论介绍了本书的选题背景和意义，指出民营医疗市场准入法律制度缺失是民营医疗机构准入难的关键所在。因此，应建立合理、科学而规范的民营医疗机构市场准入法律制度，规范其准入，保证医疗服务安全，促进医疗事业发展。第 2 章从民营医疗机构市场准入法律制度的正当性着手，分析了民营医疗机构的概念、法律地位及其类型，并从宪政、经济学和法哲学视角，分析了为什么要实行民营医疗机构市场准入制度。第3章政府干预民营医疗机构进出市场的界限，分析了政府干预民营医疗机构进出市场的决定因素、政府干预的基本原则、政府应当干预什么以及政府应如何干预的问题。第4章民营医疗机构市场准入的缺陷及其原因和后果，分析了民营医疗机构市场准入的缺陷，从政策目标定位、市场准入体制、公立医疗机构垄断以及市场准入的越位与缺位四个方面，分析了民营医疗机构市场准入受阻的原因，并从实证视角分析了民营医疗机构发展不足的后果和表现。第5章民营医疗机构市场准入的基本方略选择，主要从政策目标视角，分析了如何对待公立医疗机构和民营医疗机构、医疗安全与医疗发展以及从严规制与从宽规制的关系。此外，对民营医疗机构市场准入立法模式进行了比较分析，提出我国应以单行法形式制定《民营医疗机构市场促进法》。第6章我国民营医疗机构市场准入法律制度的建议，通过比较相关国家和地区民营医疗机构市场准入的实践，对我国民营医疗机构市场准入范围、市场准入条件、市场准入方式、市场准入体制、市场准入程序等提出了可行性建议。

本书在写作过程中曾一度试图突破对政府与市场的良性互动解释，但因本人能力所限，对于政府与市场的理解和把握仍有不足，未能有所创新。对于民营医疗机构市场准入法律制度的研究，本书仅仅只是一个开始，还有很多问题有待进一步深入研究。同时由于笔者学识有限，文中难免有一些拙劣之处，恳请各位学者和专家不吝赐教！同时，笔者也真诚地希望通过本书的研究能为我国民营医疗机构的市场准入开启良好的抛砖引玉作用，并能为对该领域展开进一步的深入研究有所贡献。

目 录

第1章 绪 论

1.1 研究背景和研究意义

1.1.1 研究背景

医疗服务业作为一个与社会公共利益息息相关的行业，具有极其重要的地位。它与人的生命健康紧密相关，事关社会稳定和经济发展。因此，为确保医疗安全，各国政府均在不同程度上对医疗服务市场进行规制，实行医疗机构市场准入制度。

然而，医疗市场的特殊性和复杂性，使得政府对医疗服务市场的规制成为一个世界性难题。市场经济转型时期，随着我国医疗体制改革的不断深化，我国医疗服务领域出现了人们极为关注的“看病难、看病贵”问题。为解决这一问题，民营医疗机构市场准入便成了题中之意。2009年国务院《关于深化医药卫生体制改革的意见》正式启动了一系列以促进民营医疗机构市场准入为主旨的深化改革，并指出“到2011年切实缓解‘看病难、看病贵’问题”。但民营医疗机构发展仍很缓慢，民营医疗市场良莠不齐，“看病难、看病贵”现状不但未得到解决，反而成为当今中国经济高速发展中最不和谐的声音之一，在理论和实践中引发了来自各种不同声音和观点的碰撞。人们陷入了“政府主导”还是“市场主导”的纷争之中，思考着为什么要实行民营医疗机构市场准入，探寻着政府与民营医疗市场的边界，以便更为确切地解释“为什么干预”“干预什么”“如何干预”。纵观国外医疗服务市场，纯粹的政府主导和纯粹的市场主导都是一种极端，唯有政府主导与市场调节的有机结合才是正确的选择。“不断提高人民健康水平”“保证人人病有所医”是党的十八大为构建美好中国提出的宏伟政治目标。为实现这一政治目标，政府鼓励民间资本兴办各种形式的医疗机构，于是民营医疗机构市场准入便又一次被提上了议事日程。

1.1.1.1 “看病难、看病贵”问题凸显

我国民营医疗机构出现于20世纪80年代，但直到2001年医疗市场开放，才算真正进入市场。20世纪80年代以前，由于受到高度集中的计划经济体制影响，我国对医疗服务行业采取了全能型政府主导的“大卫生”模式，即由政府统一配置和主导医疗卫生服务。这一时期，我国与世界上大多数国家一样给予医疗服务特别的关照[1]，由政府

---

[1] 20世纪80年代以前，以瑞典、英国、加拿大等为代表的全民健康保险国家，以及实行计划经济的苏联和中国，形成了国家对医疗服务市场进行干预的极端方式。在此干预模式下，政府直接建立和掌管医疗卫生服务事业，既负责筹资和分配医疗资源，又负责提供医疗服务。医疗机构绝大部分是公立医疗机构，医务人员属于国家工作人员，国内居民均可享受近乎免费的医疗保健服务，公共医疗保健支出（包括政府医疗卫生投入和强制性社会保险支出）占全部卫生总费用的90%以上，占GDP的比重平均在10%左右。参见陈宁珊，李建．各国政府卫生投入及其对中国的启示．卫生经济研究，2003(7)：27－28。

投资举办公立医疗机构，不允许民营医疗机构进入医疗服务领域，医疗服务均由政府直接提供，政府通过行政手段进行医疗资源与要素配置。医疗服务领域也成为证明政府责任不可或缺的一个重要领域。虽然由政府直接举办公立医疗机构和提供医疗服务，在一定程度上保证了医疗资源的公平分配，但这种政府全能型主导模式却导致医疗财政投入明显不足。❶ 同时，随着消费者经济生活水平的不断提高，消费者医疗健康的意识越来越强，其对医疗服务的需求呈现多样化、复杂化的特点。因此，医疗服务供给不足与消费者日益增长的医疗需求矛盾越来越严重，并成为当今我国医疗事业发展中的主要矛盾之一。

随着市场经济的不断深化和医疗改革进程的推进，我国医疗服务业发展很快❷，但“看病难、看病贵”问题仍然是公众极为关注

---

❶ 我国2009年卫生事业总开支约1.3万亿元，仅占GDP的2.3%，低于联合国对发展中国家要求的3%。与此同时，医疗费用中个人支付的比率高达75%，政府财政支付仅占25%。这一数字不仅低于发达国家，也低于绝大多数发展中国家。参见我国医疗卫生财政投入远低于世界水平. http://www.cu-market.com.cn/hgjj/2011-3-10/17173061.html,2011-08-24。

❷ 截至2012年7月底，全国医疗卫生机构数达96.1万个，其中：医院2.3万个，基层医疗卫生机构92.4万个，其他机构1.4万个。基层医疗卫生机构中：社区卫生服务中心(站)3.4万个，乡镇卫生院3.7万个，村卫生室66.4万个，诊所(医务室)17.8万个。与2011年7月底比较，全国医疗卫生机构增加17 422个，其中：医院增加1 399个，基层医疗卫生机构增加15 931个。基层医疗卫生机构中：社区卫生服务中心(站)增加1 525个，乡镇卫生院减少342个，村卫生室增加11 560个，诊所(医务室)增加2 265个。2012年1~7月，全国医疗卫生机构总诊疗人次达37.5亿人次，同比提高11.9%，其中全国医疗卫生机构诊疗人次达5.5亿人次，同比提高10.6%。2012年1~7月，全国医疗卫生机构出院人数达9 623.2万人，同比提高18.4%。2012年1~7月，医院病床使用率为93.9%，同比提高3.5个百分点；社区卫生服务中心为57.9%，同比提高3.8个百分点；乡镇卫生院为64.1%，同比提高6.2个百分点。参见中国国家卫生和计划生育委员会网. 2012年7月全国医疗服务情况. http://www.moh.gov.cn/mohwsbwstjxxzx/s7967/201208/ 55750. shtml,2013-3-11。

的重大社会民生问题之一。2006年3～7月，中国社会科学院社会学研究所按照科学严谨的社会抽样调查方法，在全国进行了一次“中国社会情况综合调查”❶，主要针对社会和谐稳定问题对全国抽样调查，并形成了《2007年：中国社会形势分析与预测》。依据该报告，有56.2%的公众认为“看病难、看病贵”是最为严重的社会问题，在众多社会问题中名列第一位，紧接其后的是失业就业问题（32.5%）和贫困问题（32.4%）。时隔5年之后，2011年7～11月，中国社会科学院社会学研究所又开展了第三次“中国社会情况综合调查”（CSS2011）。依据该调查报告❷，虽然在2008年、2011年，“看病难、看病贵”已不再是最为严重的、名列第一位的社会问题，但“看病难、看病贵”问题在广大公众关注的重大社会问题中仍位居第二，有42%左右的公众认为该问题仍是一个十分严重的社会问题。可见，“看病难、看病贵”问题在这5年中虽有所缓解，但仍是社会的一大难题。这意味着新医改提出的“到2011年切实缓解‘看病难、看病贵’问题”的目标并未实现。因此，为确保社会和经济稳定发展，保证广大公众的健康，必须重视和解决好这一重大民生问题。

当前，造成患者“看病难、看病贵”现象的原因有很多，包括

---

❶ “中国社会情况综合调查”是中国社会科学院社会学研究所主持的一项大型纵贯社会调查项目。调查每两年进行一次。此次调查覆盖全国28个省(市、自治区)、130个县(市、区)、260个乡(镇、街道)、520个村(居委会)，访问住户7 140余户，获得有效问卷7 061份。参见汝信，陆学艺，李培林，等. 2007年中国社会形势分析与预测. 北京：社会科学文献出版社，2006。

❷ 此项全国抽样调查覆盖了全国28个省(市、自治区)的100个县(市、区)和五大城市，在480个村(居委会)成功入户，访问了6 468位年满18周岁的城乡居民。基于此次调查数据和“中国社会状况综合调查”2006年、2008年的调查资料，形成了《2011年中国民生及城市化调查报告》。参见汝信，陆学艺，李培林. 2012年中国社会形势分析与预测. 北京：社会科学文献出版社，2012。

政府对医疗财政投入不足、公立医疗机构服务效率低等，但真正的原因却是医疗服务供求存在矛盾。事实上，“看病难、看病贵”本质上就是医疗服务需求与医疗服务供给之间矛盾的外在表现。

表1.1 中国社会问题综合排序比较❶(2006年、2008年、2011年)(单位:%)

社会问题类别	2011年(N=6 465)		2008年(N=7 137)		2006年(N=7 061)	
	百分比	排序	百分比	排序	百分比	排序
物价上涨	59.5	1	63.5	1	–	–
看病难、看病贵	42.9	2	42.1	2	56.2	1
收入差距过大，贫富分化	31.6	3	28.0	3	32.4	3
贪污腐败	29.3	4	19.4	6	27.5	4
就业失业	24.2	5	26.0	4	32.5	2
住房价格过高	24.0	6	20.0	5	13.1	7
养老保障	16.6	7	17.7	7	25.9	5
食品安全	15.9	8	–	–	–	–
教育收费	10.9	9	11.4	9	19.3	6
环境污染	10.3	10	11.8	8	9.8	9
社会治安	8.4	11	9.0	10	12.9	8
进城农民工受到不公平待遇	5.3	12	3.7	11	7.8	10
征地、拆迁补偿不公	5.2	13	2.9	12	3.8	11
雇主与员工的矛盾	1.6	14	2.1	14	2.1	12
其他	1.2	15	2.3	13	0.9	13

国际经验表明，随着经济发展水平的提升，政府公共财政支出在政府支出中比重应呈现逐步上升趋势。虽然近年来我国对医疗财政支出不断增加，但总体上仍是不足的。2011年，全国公共财

---

❶ 该表资料来源：汝信，陆学艺，李培林. 2012年中国社会形势分析与预测. 北京：社会科学文献出版社，2012:13。

政医疗卫生总支出估计可达 5.32 万亿元，相当于预期全年国内生产总值的1.2%。从中国国情出发，要使中国民众“看病难、看病贵”的现状得到根本改观，国家财政的医疗卫生支出占国内生产总值的比重，至少应达到2.5%。[1] 由于政府医疗服务支出所占比重较低，迫使消费者不得不用自身收入来支付本应由政府负担的医疗开支。

通常情况下，医疗机构病床使用率与医疗服务效率成正比。1982 年我国医疗机构总数为 19.3 万个，病床数 2 280 万张，卫生技术人员 314.3 万人，门诊人数 25.6 亿人，病床使用率达 84%，在随后的几十年中医疗机构数目、病床数、卫生技术人员总数不断增长，但门诊人数却不断下降，入院人数也仅保持在 20 世纪 80 年代的水平，病床使用率呈现不断下降趋势。1999 年，病床使用率为近 30 年来最低，仅为 59.8%。虽然进入 21 世纪之后，这种状况稍有好转，但仍未达到 20 世纪 80 年代初期的水平。2008 年，我国医疗机构总数为 27.8 万个，病床数为 4 039 万张，卫生技术人员达 503 万人，门诊、急诊人数达 35.3 亿人，入院人数达11 483 人，但医疗机构病床使用率仅仅为 81.5%[2]，尚未达到 1982 年的水平。由此可见，公立医疗机构服务效率仍然很低。由于公立医疗机构服务效率低，导致医疗服务供给不足，医疗服务需求矛盾不但未得到缓解，反而愈演愈烈。许多公立医疗机构人满为患，“一号难

[1] 参见汝信，陆学艺，李培林. 2012 年中国社会形势分析与预测. 北京：社会科学文献出版社，2012。

[2] 参见中国卫生部网站. 2010 年中国卫生统计年鉴. http://www.moh.gov.cn/publicfiles/business/htmlfiles/zwgkzt/ptjnj/year2010/index2010.html，2011 - 12 - 21。

求”的现象比比皆是❶，有的医院甚至出现千人打地铺排队挂号的情形❷。

在医疗服务供给不足与消费者医疗需求不断增长的两难困境之下，民营医疗机构市场准入就成了题中之意。解决好这一问题，是贯彻落实科学发展观、促进经济社会全面协调可持续发展的必然要求，是维护社会公平正义、提高人民健康水平的重要举措，是全面建设小康社会和构建社会主义和谐社会的一项重大任务。

1.1.1.2 国家政策鼓励民营医疗机构市场准入

20世纪80年代以来，我国对民营医疗机构市场准入呈现出不断放松规制的趋势，从过去严格禁止市场准入到逐步放松准入规制。随着政府逐步放松对医疗服务领域的进入规制，不断鼓励民间资本和外资兴办医疗机构，扩大医疗供给，各种所有制形式医疗机构并存的局面初步形成。进入市场经济后，政府先后出台了一系列政策，鼓励民营医疗机构市场准入。

尤其是2005年以后，我国每年出台若干政策，鼓励民营医疗机构市场准入。2005年的《关于支持和引导个体私营等非公有制

---

❶ 为解决“一号难求”的看病难问题，2011年7月28日，北京市各大医院正式开通114查号台预约挂号业务。但北京协和医院、儿童医院、妇产医院等各大医院仍有很多患者及家属在彻夜排队等号。参见http://roll.sohu.com/20110730/n314991435.shtml,2012-03-21。此外，已有120年历史的北京同仁医院，拥有全国最好的眼科，各地的患者都慕名而来。但北京同仁医院“一号难求”，医院患者挂号难，号贩子在医院内外公开叫卖。参见http://news.sohu.com/20120904/n352265307.shtml,2012-10-11。还有的患者在网上挂名专家号,因“一号难求”，约钟南山院士竟等了两年半。参见网上挂名专家号一号难求,约钟南山竟等两年半. 广州日报，2012-10-12。

❷ 为解决看病难问题，防止票贩子倒号，北京协和医院出台了新的挂号规定，每人每次只能挂一个科室的一个号。虽然这一举措能让患者排队挂号多了机会，但仍然出现了千人夜间打地铺排队挂号的情形。参见http://news.cnwest.com/content/2012-08/28/content_7137591.htm,2012-08-07。

经济发展的若干意见》，可以说是新中国成立以来首次以促进非公有制经济发展为主题的中央政府文件。文件明确指出允许非公有资本进入医疗卫生服务以及其他社会事业领域。文件出台之后不久，民营医疗机构迅速发展。❶ 2007 年，我国先后颁布了《关于加快发展服务业若干政策措施的实施意见》和《卫生事业发展“十一五”规划纲要》，提出进一步放宽医疗服务领域市场准入，扩大医疗服务供给，鼓励民营医疗机构进入医疗服务业，鼓励公平、有序竞争。2009 年，国务院发布《关于深化医药卫生体制改革的意见》，要求积极促进民营医疗机构发展，形成投资主体多元化、投资方式多样化的办医体制，为群众提供安全、有效、方便、价廉的公共卫生服务和基本医疗服务。正是在这一系列相关文件和政策出台的背景之下，民营医疗机构如火如荼地发展起来，逐步形成了以公立医疗机构为主导，股份制医疗机构、合伙、个人独资以及中外合作合资医疗机构等多种所有制形式并存的局面。2010 年 5 月，为了应对国际金融危机和进一步贯彻扩大内需政策，国务院出台了《关于鼓励和引导民间投资健康发展的若干意见》（简称“新 36 条”）❷，进一步放宽社会资本办医的准入门槛，拓宽了民间投资领域和范围，鼓励民间资本参与发展医疗事业，支持民营医疗机

---

❶ 以民营营利性医院为例，2004 年我国各地区民营营利性医院总数为 2 544 所，2005 年我国民营营利性医院总数达 2 971 所。参见中国卫生部网站. 2005 年中国卫生统计年鉴,2006 年中国卫生统计年鉴. http://www.moh.gov.cn/zwgkzt/pwstj/list_5.shtml, 2012 - 10 - 11。

❷ 随着民间投资不断发展壮大，民营经济已成为社会主义市场经济的重要组成部分。为了进一步鼓励、支持和引导非公有制经济发展，2010 年 5 月 7 日，国务院颁布了《关于鼓励和引导民间投资健康发展的若干意见》，因为其与 2005 年 2 月的《关于鼓励支持和引导个体私营等非公有制经济发展的若干意见》均有 36 条促进非公有制经济发展的规定。为便于区别，前者被称为“非公经济新 36 条”，又称“新 36 条”，而后者被称为“非公经济 36 条”，又称“旧 36 条”。

构承担公共卫生服务、基本医疗服务和医疗保险定点服务。2010年12月，国务院办公厅转发了多部门联合发布的《关于进一步鼓励和引导社会资本举办医疗机构意见的通知》，该通知提出了6条措施，放宽社会资本举办医疗机构的准入范围❶；规定了11条措施，以改善社会资本举办医疗机构的执业环境；提出了7条促进非公立医疗机构健康持续发展的具体措施❷。2012年3月国务院印发的《"十二五"期间深化医药卫生体制改革规划暨实施方案》指出，2015年实现非公立医疗机构床位数和服务量分别达到医疗机构床位总数和服务总量的20%左右。

截至2012年7月底，我国民营医院数量已达到9 225所，预计全年诊疗近1.3亿人次。❸ 2008年至2011年，医改三年以来民营

---

❶ 《关于进一步鼓励和引导社会资本举办医疗机构意见的通知》规定的6条放宽社会资本举办医疗机构的准入范围具体措施是：(1)鼓励和支持社会资本举办各类医疗机构；(2)调整和新增医疗卫生资源优先考虑社会资本；(3)合理确定非公立医疗机构执业范围；(4)鼓励社会资本参与公立医院改制；(5)允许境外资本举办医疗机构；(6)简化并规范外资办医的审批程序。参见 http://www.gov.cn/zwgk/2010-12/03/content_1759091.htm，2012-11-10。

❷ 《关于进一步鼓励和引导社会资本举办医疗机构意见的通知》规定的11条改善社会资本举办医疗机构的执业环境的具体举措为：落实非公立医疗机构税收和价格政策；将符合条件的非公立医疗机构纳入医保定点范围；优化非公立医疗机构用人环境；改善非公立医疗机构外部学术环境；支持非公立医疗机构配置大型设备；鼓励政府购买非公立医疗机构提供的服务；鼓励对社会资本举办的非营利性医疗机构进行捐赠；完善非公立医疗机构土地政策；畅通非公立医疗机构相关信息获取渠道；完善非公立医疗机构变更经营性质的相关政策；完善非公立医疗机构退出的相关政策。促进非公立医疗机构持续健康发展的措施有：引导非公立医疗机构规范执业；促进非公立医疗机构守法经营；加强对非公立医疗机构的技术指导；提高非公立医疗机构的管理水平；鼓励有条件的非公立医疗机构做大做强；培育和增强非公立医疗机构的社会责任感；建立和完善非公立医疗机构投诉渠道。参见中华人民共和国中央人民政府网. http://www.gov.cn/zwgk/2010-12/03/content_1759091.htm，2011-10-17。

❸ 参见中国卫生部网站. 卫生统计月报. 2012年7月全国医疗服务情况. http://www.moh.gov.cn/mohws bwstjxxzx/s7967/201208/55750.shtml，2012-12-2。

医院的数量增加了56.2%，门诊量增加了57.9%，住院量增加了101.2%。但是民营医院提供的医疗服务仅占全国医疗市场的9.1%，90%以上的医疗服务是由公立医院提供的。❶ 可见，与"十二五"提出的民营医疗机构的床位数和服务量应达到医疗机构床位总数和服务总量的20%相差较大，民营医疗机构还有很大的发展空间。为实现这一目标，我国应进一步促进民营医疗机构市场准入。

1.1.1.3 民营医疗机构发展缓慢，真正的医疗市场竞争机制尚未建立

随着我国一系列促进和鼓励民营医疗机构市场准入的文件和政策的出台，民营医疗机构经历了从发展、成熟到壮大的过程。尤其在新医改背景之下，民营医疗机构得到了长足发展，现已成为我国医疗服务体系中重要的、不可或缺的组成部分。但当前民营医疗机构的发展仍显不足，其所占市场份额小，提供的医疗服务量有限，整个医疗服务市场医疗机构所有制形式单一，公立医疗机构仍占垄断地位。从表1.2可知，2004年以来我国公立医院的数量总体上呈不断下降趋势，仅占医院总数的二分之一左右，但其床位数和卫生技术人员数的占有率却高达80%左右。可见，公立医院无论在医疗资源方面，还是在所占市场份额方面均远远超过民营医疗机构，因而其服务能力自然也就高于民营医疗机构。公立医院的数量虽不到整个医疗市场的一半，但其业务收入额却一直高达整个医院业务收入额的86%左右，2004年竟高达98.5%。尽管2004年

---

❶ 民营医院医疗市场占有率仅9.1%.参见经济参考报. http://dz. jjckb. cn/www/pages/webpage2009/html/ 2012 - 08/20/content_48836. htm? div = -1, 2012 - 11 - 12。

至2010年以来，其业务收入额总体呈下降趋势，2009年下降到86.4%，但2010年这一比重又重新回升到87.6%。根据2010年《中国卫生统计年鉴》统计的数据❶，到2009年年底，从数量上看，我国政府办医疗机构、社会办医疗机构❷和民营医疗机构之间相差不大，甚至民营医疗机构数量高于公立医疗机构数量，其比重分别为13.4%、50.9%、35.7%。但从床位数来看，政府办、社会办和民营医疗机构的比重分别为81.6%、13.2%、5.2%。由此可见，民营医疗机构所占市场份额小。从所提供的服务量看，公立医疗机构的诊疗人次和住院人数分别占总量的81.5%和88.7%，民营医疗机构只得在剩下的不到20%的份额中，与其他医疗机构进行竞争。

表1.2　2004－2010年公立医院的资源拥有率和市场占有率❸(单位:%)

年份	机构数	床位数	卫生技术人员数	业务收入额
2004	49.7	73.6	79.4	98.5
2005	48.9	73.3	79.4	97.7
2006	46.4	72.8	78.8	96.3
2007	45.2	73.0	79.0	86.5
2008	45.4	74.6	79.6	86.7
2009	43.0	74.2	79.0	86.4
2010	41.5	74.8	79.5	87.6

此外，民营医疗机构发展良莠不齐，民营医疗服务市场秩序混乱：有的民营医疗机构利用虚假广告欺骗患者；有的花钱伪造证书

---

❶ 参见2010年中国卫生统计年鉴. http://www.moh.gov.cn/publicfiles/business/htmlfiles/zwgkzt/ptjnj/ year2010/index2010.html，2011－12－21。

❷ 社会办医疗机构包括企业、事业单位、社会团体和其他社会组织办的卫生机构。参见中国卫生部网站. http://www.moh.gov.cn/publicfiles/business/htmlfiles/zwgkzt/ptjnj/year2010/index2010.html，2010－07－01。

❸ 该表资料来源于中国卫生部2005—2011年中国卫生统计年鉴. http://www.moh.gov.cn/zwgkzt/tjnj/ list.shtml，2012－11－12。

奖杯欺骗患者；有的选择部队医院做幌子，借助患者对解放军医院的信赖招摇撞骗；有的是皮包医院，打一枪换一个地方；有的则夸大病情，将没病说成有病❶，严重损害了消费者的合法权益，致使危害消费者生命健康的事件时有发生。

由此可见，民营医疗机构尽管数量不少，但总体来说，存在“小、散、乱”的现象，在医疗服务市场中的地位自然也就无足轻重。尽管鼓励和支持民营医疗机构市场准入的众多政策已颁布，但现有促进民营医疗机构市场准入的政策，其内容过于抽象，缺乏可操作性❷，且不具有法律的权威性，以致民营医疗机构仍难以实质性市场准入。在很多地方，还存在各种阻碍民营医院设立和发展的种种“暗礁”，只要这些“暗礁”没被清除，民营医疗机构市

---

❶ 参见揭秘民营问题医院毁人十大阴招．http://health.sohu.com/20060315/n242306143_2.shtml，2012－12－20。

❷ 我国相关政策只是规定，凡法律未禁止准入的领域，应允许民间资本进入。但对民营医疗机构进入医疗服务领域的一些具体问题均未予明确。例如，民营医疗机构市场准入的范围、准入条件和准入方式等问题均未涉及。《关于进一步鼓励和引导社会资本举办医疗机构意见的通知》是当前促进民营医疗机构市场准入最为具体和详细的文件。但就其内容而言仍然只是一些较为空泛的内容，并不具有可操作性。例如，该《通知》规定鼓励对社会资本举办的非营利性医疗机构进行捐赠，鼓励企业、事业单位、社会团体以及个人等对社会资本举办的非营利性医疗机构进行捐赠，但由于当前关于捐赠的相关税收优惠政策和法律规定并不健全，以致民营非营利性医疗机构的筹资仍主要来自于申办人自身。因此，民营非营利医疗机构的筹资问题仍是制约其发展的一个重要瓶颈。

场准入便会遭遇“玻璃门”❶，公立医院仍会在医疗服务领域中居于行政垄断地位。

可见，民营医疗机构市场准入已成为一个必然趋势。尽管现行政策不断放松民营医疗机构市场准入规制，但民营医疗机构的发展受到重重阻碍却是不争的事实，而且至今也未形成医疗服务供给主体多元化格局和公平竞争的市场机制，“看病难”问题始终未能得到很好的解决。民营医疗机构发展不足以及民营医疗市场混乱不堪的现状，使我们不得不反思：民营医疗机构难以市场准入的原因何在？其为何不能像其他行业市场准入取得同样成效呢？民营医疗机构市场准入制度有哪些缺陷？民营医疗机构市场准入到底应从严规制还是放松规制呢？是应强调医疗发展还是应注重医疗安全呢？民营医疗机构市场准入过程中，对民营医疗机构与公立医疗机构应如何定位？这些问题是我们必须面对的重要理论与现实问题。不解决好这些问题，民营医疗机构便很难实质性地市场准入。

---

❶ 所谓民营医疗机构市场准入的“玻璃门”是指其准入过程中看得见但却无法逾越的一些准入障碍。笔者通过搜集相关资料以及走访民营医疗机构，发现其大体表现为以下几个方面：(1)在医院等级评定方面，许多地方首先要为政府办的医院争取三甲，然后才能考虑到民营医院。民营医院在等级医院建设上远落后于公立医院。(2)在收费政策方面，大部分地方将民营非营利性医院的水、电、气等都按照企业的标准收取费用，远远高于其对其他一般事业单位和市民的供应价格。(3)在医保管理方面，尽管有一些民营医院成了医保、新农合的定点医院，但有的地方给民营医院的医保费用明显低于公立医院；还有的地方规定，医院房舍如果是租借的，就不能实行“即时结报”政策，从而直接影响新农合患者前去就医。(4)在融资方面，《物权法》实施后，学校、医院等社会公益单位的资产不能抵押。尽管民营医院只是投资渠道不同，但其房产、地产等却不能作为抵押而获得银行的贷款。这项政策极不利于民营医院的建设和发展。(5)在人才引进方面，人才严重匮乏是民营医疗机构发展的最大瓶颈。尽管医改政策允许“多点执业”，但医生“多点执业”首先必须经所在单位同意，而一般医院都不会轻易允许其技术骨干到民营医疗机构执业。

1.1.1.4 域外民营医疗机构市场准入的理论和实践对中国移植有待“试错”

20 世纪以前，国外医疗服务领域基本上是一个自由市场，既没有市场准入标准，也没有政府组织的医疗服务供给。19 世纪中叶，一些自律性行业协会才开始出现。❶ 直到 20 世纪初，发达国家才通过法律对医疗机构进出市场进行规制。因此，域外关于民营医疗机构市场准入，有着丰富的理论和立法实践，这为我国民营医疗机构市场准入起到了很好的借鉴作用。

为规范医疗机构准入标准，一些发达国家和地区分别以统一立法和单行法模式，制定了较为完备的民营医疗机构市场准入法律制度。其中，《美国科罗拉多州医院法》对非营利性医院的设立程序及条件做出了详细规定。《美国法典》第 24 篇是专门关于医院

---

❶ 1846 年，一些年轻的、有改革意识的医生建立了美国医学会(American Medical Association, AMA)。AMA 早期的目标是建立医生的伦理准则和医学院的标准，实施自律。参见 Joseph A. Snoe. American Health Care Delivery System. Weat Group. St. Paul. MINI, 1998, 112。

和救济院的规定。而日本和中国台湾地区制定了《医疗法》[1]，规定了医疗法人制度。医疗法人制度较好地实现了对非营利性医疗机构市场准入行为的规制。医疗法人制度不仅规定了医疗机构市场准入的条件、方式等内容，还规定了医疗机构市场退出制度。医疗法人制度既有效保证社会资本进入医疗服务领域，又保证了医疗机构的社会公益性。同时赋予民营医疗机构独立法人资格，使其能以自己的名义独立承担责任和履行义务，为民营医疗机构的进一步发展提供了重要的法律保障。新加坡的《新加坡私立医院和医疗诊所法案》对私立医院和诊所的设立、运行均做出了较为系统的规定，尤其是对新加坡私立医院和诊所在准入权益受到侵犯时，如何通过法律救济更是做出了详细而明确的规定。

国外医疗服务改革的实践表明：没有市场竞争机制的医疗服务体系是不可持续的，而没有政府有效监管的医疗服务体系同样是很难健康发展的。民营医疗机构市场准入不是否定政府干预的必要性，也不是否定市场机制的作用。政府干预民营医疗机构进出市

---

[1] 第二次世界大战结束后，由于医疗机构数量严重不足，为了能为国民提供医疗服务、维护国民健康水平，日本于1948年制定了《医疗法》。《医疗法》对医疗机构的设置、规模、医院内部设备标准、人员配备标准等方面有具体明确的规定。日本《医疗法》颁布至今，已先后于1985年、1992年、1997年、2001年和2005年进行了5次修改，并以专章规定了医疗机构的设置审批问题。日本《医疗法》确立了医疗法人制度。日本《医疗法》用了将近三分之一的条款从通则、设立、管理、医疗法人债、合并与解散、监督等6个方面来规定医疗法人制度。医疗法人制度不仅为个人开办私立医疗机构提供资金积累、方便运营等有利条件，而且法人化可以达到经营稳定长久和规范化的效果，因此使得私人医院纷纷转为医疗法人机构。尽管私人医院转制为医疗法人仍有一些弊端，例如必须在个人所有和运营与公益型之间进行协调，在政策立法上找出平衡点，在运行过程中加强监督和管理。但其组织管理形式发生了根本变化，私人医院的法人化使医疗机构在整体上更加规范。1986年11月，中国台湾地区公布施行《医疗法》，之后又公布《医疗法施行细则》《医疗机构设置标准》。中国台湾地区《医疗法》在一定程度上借鉴了日本《医疗法》的内容和模式，并于2006年再次修改。

场并不等于政府全面控制和计划，允许民营医疗机构市场准入也并不意味着任其放任自流。日本学者植益草认为，日本经济成功的关键就在于选择了政府与市场的有机结合。事实上，我国医疗改革不成功的关键不在于实行了市场化，而是在市场化过程中政府职能的缺位和越位。医疗服务只有引入市场竞争机制，促进竞争，提高效率，才能满足多元化的医疗服务需求。

因此，构建科学、规范而合理的民营医疗机构市场准入法律制度便显得尤为必要。民营医疗机构市场准入制度作为医疗服务业监管的首要端口，在整个医疗服务领域改革中起着非常重要的作用。对于消费者而言，民营医疗机构市场准入制度合理与否，直接关系到消费者能否享有多元化的医疗服务选择，能否享有安全与高质量的医疗服务；对于政府而言，其介入民营医疗市场的度是否合理，直接关系到能否促进民营医疗机构的发展，关系到能否保障医疗安全；于民营医疗机构本身而言，准入制度合理与否则关系到其在医疗服务领域是否会受到公平对待并充分发展。基于此背景，笔者不揣浅陋选择本课题进行研究，对我国民营医疗机构市场准入制度的具体设计略述己见，以期对促进民营医疗机构市场准入有所裨益，对我国医药卫生体制改革有所启示。

1.1.2 研究意义

当前我国正处于新医改的关键时期，积极构建民营医疗机构市场准入法律制度具有十分重要的理论和现实意义。

首先，民营医疗机构市场准入法律制度提供了经济法市场主体规制的新视角。民营医疗机构市场准入实质上是政府干预经济的一种形式，符合经济法的经济性和规制性。实行民营医疗机构市场准的原因，政府介入民营医疗机构进出市场的界限，都是经济法研究的重要课题。

其次，民营医疗机构市场准入法律制度是医疗市场秩序的重要端口。市场准入是民营医疗机构进入市场的第一道关口。民营医疗机构市场准入制度的合理完善与否，对医疗市场结构和市场秩序的调整有着重要意义。要改变现有的医疗机构市场结构，并从动态上形成有效的市场竞争格局，唯有通过民营医疗机构市场准入才能实现。市场准入规制是对医疗市场结构进行有效调控的重要手段之一。市场准入标准的确定，取决于政府管理经济的意图与偏向。通过适当放松市场准入规制，明确民营医疗机构准入标准，有助于规范医疗市场秩序。

再次，民营医疗机构市场准入法律制度研究是政府权力与市场权利的新探索。民营医疗机构市场准入法律制度体现了政府与市场、权力与权利的矛盾统一。市场准入中的“市场主体”要求经济自由、开放，充分保障私权利。但由于医疗市场失灵，政府对民营医疗机构实行市场准入制度，政府公权力介入市场私权利。因此，研究民营医疗机构市场准入法律制度，正是要把握好市场准入中政府与市场、权力与权利的关系，立足本国国情，借鉴他国经验，制定出符合中国特点的宽严适度的民营医疗机构市场准入法律制度。

最后，民营医疗机构市场准入还具有十分重要的实践意义。

一是民营医疗机构市场准入是实现党的十八大提出的“提高人民健康水平”，保证人人“病有所医”的必然选择。因此，为向群众提供安全、有效、方便、价廉的公共卫生和基本医疗服务，应进一步鼓励社会办医，促进民营医疗机构市场准入。

二是有利于打破公立医院行业垄断，增加医疗卫生资源，扩大服务供给，满足消费者多层次、多元化的医疗服务需求；有利于建立医疗市场竞争机制，提高医疗服务效率和质量，完善医疗服务体系；有利于强化医疗服务的市场竞争，促进公立医院的改革，使得公立医院不得不改善服务质量，提高服务效率，同时也可以在一定意义上有效地缓解医药费用上涨的趋势。

三是有利于减轻政府负担，弥补政府财政投入不足，增加服务供给量，缓解供求矛盾。在国家投入医疗服务领域的财力不足的情况下，民营医疗机构的进入拓宽了筹资渠道，可以调动社会各方面的积极因素。

四是弥补市场失灵和政府失灵。虽然市场机制能很有效率地提供大部分私人产品，但由于医疗服务市场存在着严重失灵现象，如果医疗服务完全市场化必将导致服务的低效率。而医疗服务不仅应保持效率，更应体现公平。由于消费者的支付能力各有差异，因此支付能力差的消费者将有可能被排除在医疗服务市场之外，其医疗服务需求也无法得到满足。这说明仅仅依靠市场经济的运行，无法达到帕累托最优❶。而非营利性民营医疗机构因受到其经营目的的限制，其利用信息不对称获利的情形就会比较少。此外，医疗服务市场也存在政府失灵，例如政策的滞后、政府机构臃肿、官僚化等。而非营利性医疗机构的公益性正好可在一定程度上弥补这些缺陷。

五是应对“入世”后带来的机遇和挑战。“入世”后，我国医

---

❶ 帕雷托最优(Pareto Optimality)，也称为帕累托效率、帕累托改善，是博弈论中的重要概念，在经济学、工程学和社会科学中有着广泛的应用。帕累托最优是指资源分配的一种状态，在不使任何人境况变坏的前提下，使得至少一个人变得更好。一方面，帕累托最优是指没有进行帕累托改进的余地状态；另一方面，帕累托改进是达到帕累托最优的路径和方法。帕累托最优是公平与效率的“理想王国”。参见 Douglas Baird，Robert Gertner，Randal Picker. Game Thoery and the Law. New York Press，1995：114－120。

疗服务市场将进一步开放，必将为我国医疗服务发展带来新的机遇和挑战。外资医疗机构的进入将会使那些资金不足、技术落后、机制僵化的公立医疗机构处于劣势，一些高级专业人才将流向条件好、待遇高的外资医院。因此，要未雨绸缪，积极构建民营医疗机构市场准入法律制度，提高医疗技术和服务水平，增强竞争力。

1.2　国内外文献综述

1.2.1　国外研究现状

国内外学者对医疗服务政府规制方面的研究较为丰富，主要集中在政府对医疗服务市场规制的必要性及医疗服务市场规制的具体内容等方面。

第一，关于医疗服务的属性研究。对于医疗服务业的内涵，国外学术界有不同的看法。Pauly Feldstein 指出，医疗服务具有较强的正外部性❶，具有准公共产品的属性，因而无法按“谁受益，谁分担”的原则进行补偿。Sherman Folland、Allen C. Goodman 和

---

❶　外部性除了负外部性和正外部性之分外，还有技术外部性和货币外部性之分。技术外部性指不通过价格系统的作用和传导的外部性。如工厂排出污水给当地居民造成伤害，这就是典型的技术外部性。货币外部性指通过价格系统的作用并传导的外部性。比如一家企业对某种原材料的需求增加，进而使原材料的价格上升，引起其他企业的生产成本上升。这种货币外部性一般不包括在外部性中。因为货币外部性是在产权清晰的情况下，由于价格机制的作用使产权市值发生变化，是市场在起作用，而不是市场失灵。因此，一般外部性就是指技术外部性。参见张培刚. 微观经济学的产生与发展. 长沙：湖南人民出版社，1997:425－428。

Miron Stano 认为医疗服务并非公共产品或准公共产品，而是私人产品❶，这为医疗服务市场化改革提供了理论依据。世界上许多国家都把医疗服务看成公共产品，把医疗服务业看成社会福利事业或公益事业，认为政府对医疗服务业负有不可推卸的管制责任。亚当·斯密在《国富论》第五章中就专门讨论了政府对公共产品干预的必要性，之后约翰·穆勒也对政府在微观经济中的角色进行了开创性的讨论。我国相关研究认为，医疗服务业是社会保障体系的重要组成部分，属于社会公益性事业，其最重要的基本功能是医治和预防疾病，保障全民身体健康，提高全民身体素质。❷

第二，关于政府规制医疗服务市场的理论。关于政府规制医疗服务市场的理论主要有公共利益理论、利益集团理论、公共选择理论和可竞争理论。这些理论为民营医疗机构市场准入法律制度的研究提供了很好的借鉴。公共利益理论认为医疗服务市场存在各种形式的市场失灵，如不确定性、信息不对称、公共品和外部性等，而政府是公众利益的天然代表保护者，政府规制能纠正偏差，提高社会福利。在市场失灵的情况下，政府应当介入，对医疗服务市场进行一定程度的规制。合理有效的医疗服务市场规制能够实现“公共利益”目标，使公民享有更好的健康状况、卫生资源得以合理配置。公共利益理论的代表 Posner 在《Theories of Economic

---

❶ 参见 Sherman Folland, Allen C. Goodman and Miron Stano D. The Economics of Health and Health Care Upper Saddle River: Prentice Hall, 2001: 19 – 135。

❷ 国家信息中心编著的《CEI 中国行业发展报告(2004)——医疗服务业》中指出：“医疗服务业是为全社会提供医疗卫生服务产品的活动和关系的总和，其最重要的基本功能是医治和预防疾病，保障全民身体健康，提高全民身体素质。医疗服务业是社会保障体系的重要组成部分，属于社会公益性事业。它的发展与每一个公民的切身利益息息相关，甚至关系到全民族的健康素质。”参见国家信息中心中国经济信息网编著. CEI 中国行业发展报告(2004)——医疗服务业. 北京: 中国经济出版社, 2005: 3。

Regulation》一文中指出，市场是脆弱的，如果放任自流就会趋向不公平和低效率，而政府规制是对社会的公正和效率需求所做出的无代价、有效和仁慈的反应。❶ Hantke Domas 在《The Public Interest Theory of Regulation：Non － Existence or Misinter Pretation》一文中指出：政府作为公众利益的代表，通过规制能够降低医疗市场中的信息不对称❷，确保医患双方的信任代理关系，从而优化医疗资源配置、提升社会福利。Stigler 在《The Theory of Economic Regulation》一文中主张放松或取消规制❸，认为规制的作用主要是提高更有影响力的集团的收益。他认为政府规制并不能真正保护公共利益，政府在医疗领域的规制措施只是医院和医生利益团体维持其独占或寡占利益的工具。因此，政府规制不但使医疗服务成本提高，更形成一种专业上的垄断。Mitnick 在《The Political Economy of Regulation》中指出政府管制是针对私人行为的公共行政政策，目的是控制被规制者对价格进行垄断或者对消费者滥用权力❹，具体表现为控制进入、决定价格、确定服务条件等。Utton 认为公共利益理论仅以市场失灵和福利经济为基础是不够的。除了纠正市场失灵之外，政府还有许多别的宏观经济目标。❺ 在许多市场规制中政府期望规制介入，可能与市场失灵关系不大。Djankov 对进入

---

❶ 参见 Posner，H. A. Theories of Economic Regulation. Bell Journal of Law and Economics，1974(19)：2。

❷ 参见 Hantke Domas. The Public Interest Theory of Regulation：Non － Existence or Misinter Pretation. European Journal of Law and Economics，2003，15(2)：127 －173。

❸ 参见 Stigler G. J. The Theory of Economics Regulaition. Bell Journal of Economics，1971，2(1)：21 －57。

❹ 参见 Mitnick，B. The Political Economy of Regulation. New York：Columbia University Press，1980：23 －56。

❺ 参见 Utton，M. A. The Economics of Regulation Industry. Basil Blackwell，1989：56 －66。

规制的研究表明，严格的规制必然引发腐败和“政府”低效，并不能带来高的出产率和优质服务。[1]

部门利益理论[2]的代表 Peltzman 认为，规制是各种利益斗争的产物，是各利益集团博弈的均衡结果，并提出了著名的规制俘获理论。 Kalt、Zupan 认为，规制的职能使决策过程往往被企业所左右，那时规制不但无法约束垄断价格，相反还会通过国家干预的手段来支持垄断行为。 Peltzman 认为政府规制的范围越小越好，即使在最低限度内，也难以保证规制结果是有效的。

公共选择理论[3]创始人美国经济学家詹姆斯 · 布坎南认为，没有任何逻辑理由证明公共服务必须由政府官僚机构来提供，政治家总是从自身利益最大化出发来做出决策，这样的决策当然很难代表

---

[1] 参见 Djankov, La Porta, Shleifer. The Regulation of Entry. Quarterly Journal of Economics, 2002(2): 1 -37。

[2] 部门利益理论认为由于政府规制限制了竞争，实质上增加了特殊利益集团的利益，所以应该放松甚至取消规制，包括医疗服务市场领域的规制。斯蒂格勒认为规制主要不是政府对社会公共需求的有效和仁慈的反应，而是产业中的部分厂商利用政府权力为自己谋取利益的一种努力；规制过程被个人和利益集团利用来实现自己的欲望；政府规制是为适应利益集团实现收益最大化的产物，进而发展出“规制市场”理论。该理论认为，所有的规制安排同样由需求和供给决定，并发现政府对产业的规制调控进程往往为少数存在利益相关性的企业所左右。参见 Stigler, G. J. The Theory of Economics Regulaition. Bell Journal of Economics, 1971(2): 21 -57。

[3] 公共选择理论认为在公共服务领域必须要打破行政垄断和行业垄断，减少政府不应有的职能，而由市场来调控公共产品和服务的供给，引入竞争机制，实现公共服务供给方式的多元化，提高公共服务供给的效率。因此，民营化改革的实质与公共选择理论是一脉相承的，放宽公共服务领域的市场准入，鼓励民营企业和外资参与公共产品和服务的建设、经营和管理。参见〔美〕布坎南，马斯格雷夫. 公共财政与公共选择：两种截然不同的国家观. 类承曜，译. 北京：中国财政经济出版社，2001：145 -159。

公共利益。可竞争市场理论[1]的著名代表人物 W. J. Baumol、J. C. Panzar 和 R. D. Willing 认为一个产业或市场，如果沉淀成本为零，进入者会约束在位者实行竞争性定价，以零利润的最低成本进行效率生产，最终确保市场效率，此时自然垄断领域内的政府规制是无效的。Rees、Wooely、Dranove、Melnic 的研究表明，医疗机构之间的竞争能够降低成本和价格，而且这种效果很明显。Keeler、Michael G. 认为，不仅营利性医院竞争是有利的，非营利性医疗机构之间的竞争也是有效的。不仅如此，通过医疗市场竞争，可起到积极抑制不合理价格上涨、医疗道德风险问题，同时也有利于医疗信息传递和医疗服务透明度的提高。[2]

第三，关于医疗服务市场准入的依据。医疗服务市场与其他商品或服务市场有很大差别，存在各种形式的市场失灵。医疗市场失灵为政府介入医疗市场提供了有力的依据，主要包括以下方面：

---

[1] 可竞争市场理论的假设前提是企业进入和退出市场或产业是完全自由的，相对于现有企业，潜在进入者在生产技术、产品质量、成本等方面不存在劣势；潜在进入者能够根据现有企业的价格水平预测进入市场的盈利性；潜在进入者能够采取“打了就跑”(hit and run)的策略，甚至一个短暂的盈利机会都会吸引潜在进入者进入市场参与竞争，而在价格下降到无利可图时，他们则会带着已获利润离开市场。可竞争市场理论对医疗服务市场有着重要的启示，即医疗服务市场要降低由进入“门槛”而产生的对潜在进入者的压力，使现有单位实施竞争性的定价行为，而不会获取垄断性的利润、侵蚀患者的剩余。进入壁垒来自于多方面因素：政策限制，市场的不确定性等。良好的政策环境和市场基础条件是创造可竞争性市场的前提。我国医疗服务系统竞争创新激励的缺乏、卖方市场形成的垄断性以及市场信息的不对称和不透明等问题，都是与可竞争性市场的背离。参见 Baumol W. J, Panzar, J. C, Willig, R. D. Contestable Markets and Theory of Industry Structure. New York: Harcourt Brace Jovanovich Ltd, 1982: 115 - 118。

[2] 参见 Keeler, E, Melnick, G. Effects of Competition on Nonprofit and for - profit Hospital Prices. Journal of Health Economics, 1999(18): 243 - 258。

一是信息不对称与供给诱导需求。Kenneth Arrow 在《医疗保健的不确定性和福利经济学》一文中，特别强调了医疗服务市场中供需双方的信息不对称问题和不确定性，医疗部门既有需求方的不确定性，又有供给方的不确定性❶。由于医疗服务中严重的信息不对称，传统的保险市场产生了“逆向选择❷”，进而出现了“市场失灵”。M. V. Pauly 和 M. Gaynor 对医疗市场的信息不对称进行了分析。J. E. Stiglitz 认为信息不对称是医疗市场的特征之一。Shain 和 Roemer 的研究发现，在信息不对称的情况下，医疗服务市场容易发生供给诱导需求问题❸。Conover、Sloan 认为，医生和患者利益没有冲突时，其将会做出和患者相一致的决定，但当其和患者的

❶ 参见 Arrow，K. J. Uncertainty and the Welfare Economics of Medical Care. American Economic Review，1963(53)：941－973。

❷ 逆向选择指买卖双方在达成契约之前，在信息不对称的状态下，处于信息优势的一方利用自己的信息优势签订对另一方不利的契约。在保险市场上，非对称信息是多重的、多边的。无论保险的买方(投保人)还是保险的卖方(保险人)都处于对交易对方的信息劣势。在保险交易的过程中还常涉及第三方，比如保险中介人或是自然环境，这些都在投保人与保险人中间形成障碍。在保险交易市场中，信息传递的过程越多越复杂，信息传递的经手人越多，保险交易的信息所受到的干扰和波动就越大。面对外部复杂多变的自然信息，投保人对于自己所面临的健康风险也没有全面认识与十足把握。这样在交易的环节中，每个环节的信息交换都伴随着信息的流逝和扭曲，使得投保人掌握的保险人的信息、保险人掌握的投保人的信息都变得模糊，最终影响保险人对投保人的风险的判断和投保人对保险合同信息的判断，使得保险合同的定价偏离实际风险，也促使投保人对是否购买保险合同做出敏感的选择。大量优质客户由于保险合同达不到预期效用而放弃购买，于是就有了逆向选择现象。参见王莹莹，张友. 我国商业医疗保险市场中的逆向选择及其防范. 劳动保障界，2011(5)：25。

❸ 所谓供给诱导需求(SID)，指的是医生作为患者的建议者和医疗服务的提供者，利用其信息优势去影响患者的需求，来谋取私利。供给诱导需求的起源可以上溯到谢恩和罗默发现的“短期普通医院的每千人床位数与每千人住院天数之间的正相关关系”，这就是“罗默法则”，即“只要有病床，就有人来用病床”。参见 Shain Max，Roemer Milton. Hospital Costs Relate to the Supply of Beds. Modern Hospital，1959(92)：71－73。

利益发生分歧时，就有可能违背患者的利益，从而为供给诱导需求的产生提供基础。Hart在供给者诱导需求方面的研究也表明，有些诱导需求是由于不对称信息和代理问题而出现的。但是，追求利润可能也会鼓励通过提高价格和降低不可观察的质量来运用市场势力，此情况可能会出现在医疗市场中，需要政府干预。❶在信息不对称的情况下，患者掌握的医疗服务价格、质量、供给者的努力程度等方面的信息十分有限，医疗服务供给者完全有能力利用信息优势做出更符合自身利益最大化的决策。这就要求政府相关部门对医疗服务价格和质量进行一定的规制，保护处于弱势地位的医疗服务消费者的利益。Feldstein认为，供给诱导需求行为极易导致医疗费用上涨❷，因为医疗服务在很多情况下是缺乏价格弹性的。Newhouse认为，医疗服务市场第三方付费的存在使消费者对医疗服务的价格不太敏感，缺乏搜寻市场上最低价格的激励，很可能产生过度使用医疗服务的倾向。❸

二是垄断论。不同医院提供的医疗服务是不同的，消费者在选择医院提供的医疗服务时，首先会考虑的因素是医疗服务的价格，除此之外还会考虑从住所前往医院所花费的成本、医院技术水平以及其所能提供的医疗服务品种，加之医疗服务产品的需求弹性低，所以医疗服务市场具有垄断性。公共利益规制理论认为市场竞争可以改变医疗服务领域的市场失灵，因此政府应当强化对医疗服务的市场规制。Leffer Keith认为，国家在医疗服务领域强制实

❶ 参见Hart，O，A. Sheleifer，R. W. Vishny. The Proper Scope of Government：Theory and an Application. Quarterly Journal of Economics，1997(112)：347－387。

❷ 参见Feldstein，M. S. Economics Analysis for Health Service Efficiency，Amsterdam：North－Holland，1967:423－442。

❸ 参见Newhouse，J. P. Reimbursing Health Plans and Providers：Selection Versus Efficiency in Production. Journal of Marketing Reseach，1980(11)：342－331。

施的医疗质量标准将导致患者付出高昂成本来获得质量方面的信息，因此医疗市场的信息不对称将会降低医疗服务质量。❶ 乌韦·莱因哈特认为，政府对医疗市场的规制应建立在这样一个前提之下，即当供给诱导需求已经严重影响医疗服务市场，并成为医疗服务市场的一个主要问题时，市场力量已不可能限制医疗服务的消费，也不可能实现医疗资源最优配置，因为消费者此时在很大程度上受到医疗服务供给者的影响，所以规制就应成为必要。❷ 依据经济学理论，规模经济是产生自然垄断的基础。当一家企业存在规模经济，那么基于此而形成垄断的地位是有利于市场资源的优化和配置的。此时，政府就有必要维护企业的自然垄断地位并有效控制其定价行为。由此可见，规模经济是判断市场是否存在垄断的依据，也是政府实行管制的依据。Carr 和 Feldstein、M. S. Feldstein、Ingbar 和 Taylor、J. R. Lave 和 J. B. Lave 等人所进行的早期研究，证明了医院存在规模经济和垄断行为的观点。Cowing 和 Holtmann 选用了结构性的方法，发现医院存在规模经济。在一项针对护理医院质量的研究中，Certler 和 Waldman 指出，在不考虑质量问题的情况下，医院存在规模经济。Frech 和 Mobley 的一项控制了质量与医院提供服务种类的高级生存法研究指出，规模达 370 张床位的医院存在规模经济。

第三，关于医疗服务市场准入内容的研究。在医疗机构进入规制方面，John Ford、David L. Kaserman 发现，管制对新企业进入有显著的负效应，认为进入管制通过维持不必要的高集中度，维护

---

❶ 参见 Leffer Keith B. Physician Licensure: Competition and Monopoly in American Medicine. Journal of Law and Economics, 1978(21): 165－186。

❷ 参见 Uwe Reinhardt. Economists in Health Care. American Economic Review, 1989(79): 337－342。

了在位者的市场势力，损害了消费者利益。❶ 丹尼尔·史普博认为，对于某些特殊市场，进入规制还包括政府对专业技术人员进入某一职业的规制，从而限制买卖双方订立契约的机会。Michael R. Pollard 对医疗市场竞争机制建立的规范进行了分析❷，指出多元化的供给方式有利于消费者福利的提高。医疗机构通过提供高质量服务和有竞争力的价格来吸引患者的情况通常发生在那些患者可以从几家机构中选择的情况之下。

第四，关于市场准入制度的概念。目前对于民营医疗机构市场准入概念，国外尚未达成共识。主要观点分为两类，一类是来自发达国家学者的观点，另一类是来自发展中国家学者的观点。以 Joel P. Trachtman 教授为代表的发达国家学者们认为，市场准入是指一国市场的自由度实际上是以国民待遇表现出的自由市场准入❸。欧洲国家及其他发达国家学者们持此相似观点。日本专家石黑一宪认为，市场准入原则的提出是发达国家为争夺国际市场所设立的一个新的陷阱，其实质只是想打破各国的贸易壁垒，无阻碍地进入世界市场。

1.2.2 国内研究现状

国内学者系统研究民营医疗机构市场准入法律制度的成果尚未形成。目前与本书相关的一些研究主要集中在以下几个方面。

---

❶ 参见 John Ford, Avid L. Kaserman. Certificate – of – Need Regulation and Entry: Evidence from the Dialysis Industry. Southern Economic Journal, 1993(3): 783 – 791。

❷ 参见 Miehael R. Pollard. Fostering Competition in Health Care. Proeeedings of the Academy of Political Science, 1980: 158 – 167。

❸ 参见 Joel Prachtman. Trade in Financial Services under GATs, NATFA and the EC: A Regulatory Jurisdiction Analysis. Columbia Journal of Transnational Law, 1995(34): 321 – 334。

第一，关于医疗服务的概念与属性的研究。对于医疗服务的概念，国内理论界至今还没有一个权威的定义。大部分专家、学者对医疗服务定义的依据主要来自于医疗卫生界的有关政策和研究报告。夏彩霞在《公立医院与医疗服务性质问题思考》中指出，医疗服务在经济学性质上属于私人产品。政府在制定医疗服务的供给与生产制度时，应注意到“医疗服务的经济学属性”不同于一般意义上的公共产品，也非完全意义的准公共产品，因此，向公众提供医疗服务时应有别于公共产品和准公共产品的提供模式。金碚在《医疗卫生服务：“具有社会公益性的经济私人品”》中指出：医疗卫生服务是“具有社会公益性的经济私人品”。医疗卫生的公益性并不必然只能由公立医疗机构来实现。公立医疗机构如果滥用其垄断地位牟取利益，同样可能严重偏离公益性目标。当前在公立医疗机构无力满足患者不断增长的医疗需求的情况下，限制民营医疗机构的发展是违背公益目标的。杨伟民在《论医疗服务的公共属性和社会属性》中运用公共政策和社会政策的基本原理分析了医疗服务的性质，认为医疗服务的一部分属于公共服务，另一部分属于社会服务。周春红在《论我国医疗服务市场中的信息不对称》中指出，医疗服务市场中存在信息不对称，容易导致供给诱导需求、医疗服务和药品消费不合理以及医疗纠纷等，因此应通过信息披露等措施，规范医疗服务市场，促进医药卫生体制改革顺利进行。郭祎在《我国医疗机构公平竞争的立法思考》中指出，民营医院和公立医院的发展存在环境不公平问题。为进一步保障消费者生命健康权，应修订、完善现有法律、法规，为营造医疗机构公平的竞争环境提供法律保障。曹煜玲等在《医疗服务市场信息不对称及其规制》中指出，由于医疗服务具有专业性、垄断性、技术性等特点以及医疗体制上存在的一些问题，致使医疗服务中广泛存在信息不对称。政府干预和市场机制的互动是有效削弱信息不对称对医疗服务消极影响的根本之道。

第二，关于民营医疗机构的法律地位研究。郭祎在《论民营医院执业遭遇的法律瓶颈》中指出，由于我国对民营医院的法律定位不明确，引发了民营医院执业遭遇纳税争议、权利义务不对等和政府监管乱象等法律瓶颈，解决的出路在于落实现有规定和制定专门的法律法规。邹涛、田侃在《台湾地区民营医疗机构法律地位浅析》中介绍了台湾地区民营医疗机构的法律概念及基本法律特征，台湾地区民营医疗机构的设立条件和设立程序，台湾地区民营医疗机构的权利、义务关系，认为医疗法人制度使台湾地区民营医疗机构享有独立法人地位，而且还解决了其持续经营、继承以及合伙等诸多法律问题。台湾地区的医疗法人制度对我国民营医疗机构市场准入有着重要的借鉴作用。袁蓓蓓、于保荣、高光明在《日本非营利性医疗机构资金投入、退出研究》中介绍了日本非营利性医疗机构的发展状况，重点研究了非营利性医疗机构在资金投入、退出等方面的规定和做法，并提出了进一步完善我国非营利性医疗机构发展政策的建议。

第三，关于民营医疗机构的发展现状研究。邱虹、杨宇在《2004—2009年云南省民营医疗机构发展研究》中分析了云南民营医疗机构发展的现状、存在的主要问题及面临的新问题，提出了发展云南民营医疗机构的建议。尤其是针对政府在民营医疗机构的准入中，对民营医疗机构监管不力、审批过多、审批不严等现象，提出应严格准入制度，把好医疗机构准入关，鼓励和引导社会资本举办非营利性医疗机构，并给予与公立医院相同的政策支持。王虎峰在《国际非营利医疗机构发展概述》中以美国、德国、日本和英国为例，考察了其非营利医疗机构的治理模式，从理论和实践上验证了非营利组织在医疗领域的价值和制度优势，总结了国际上医疗机构制度的变革趋势。韩平、牟丽娟在《对医疗卫生服务中公平性问题研究》一文中指出，我国医疗服务领域存在诸多不公平问题，例如资源分配不公等，应引入竞争机制，把公平目标放在首位。

第四，关于民营医疗机构市场准入制度的必要性研究。朱晓红在《公共医疗服务的有效供给——民间资本的引入与治理》中指出，允许民间资本进入医疗服务领域，有利于打破公立医院的垄断。因此，应积极建立市场竞争机制，建立公平合理的准入规则和透明的准入监管体系。董协良在《投资主体多元化才能有效激活医疗市场》中指出，在政府财力有限的情况下，应本着公平的原则鼓励民营资本的介入，让民营资本成为我国医疗资源中有效的组成部分。对民营医院应实行严格准入制度和退出机制，建立民营医院的考核评价机制，做到有破有立。同时，加大政府监管力度，认识发展民营医院的重要意义，支持引导民间资本、境外资本兴办多种形式的医疗机构，促进投资主体多元化。政府的定位是监管而非办医。汪志强的《论我国基本医疗卫生服务中存在的问题与对策》提出，提供公共产品和服务是政府重要的职能之一。无论是出于社会责任的考虑还是由于市场失灵的原因，政府都有义务向公众提供公共产品与服务。当前，政府应制定具有公益性和均等化特点的服务目标，构建以公有制为主体、多种所有制并存的医疗卫生服务体系，对医疗机构在准入标准等方面进行监督管理，规范市场服务，以促进政府更好地为人民群众提供基本医疗卫生服务。万宗瓒在《医院交易优势地位的法律规制研究——以新一轮医疗体制改革为背景》中指出我国公立医院在医疗市场凭借其交易优势地位滥用权利，其行为严重侵害广大患者的合法权益。因此，政府应构建医疗机构供给主体多元格局，通过设置非营利机构和营利机构，引入市场竞争机制，对公立医院的垄断地位进行制约。同时，为克服医疗市场失灵，政府应对医疗机构进出市场进行规制。

顾昕在《政府转型与中国医疗服务体系的改革取向》中指出，在中国医疗卫生服务领域，出现了市场失灵和政府失灵并存的现象。市场与政府双失灵导致医疗卫生资源呈“二元化”格局分布，大部分医疗资源集中在城市和经济发达地区。因此，一方面应放宽对社会资本进入医疗卫生服务领域的管制，为所有的医疗机构，不论是民营还是公立，不论是非营利性还是营利性，创造一个公平竞争的制度环境。另一方面，政府可将新增公共资源更多地投入到市场不足的地方和市场失灵的领域，从而引导整个医疗卫生服务体系健康均衡的发展。刘志博在《我国医疗机构立法思考》中指出，由于没有适用于全国范围的医疗机构管理基本法，现有的法律法规不能覆盖医疗机构管理的方方面面，现有的法律法规在调节力度上不够理想。因而，有必要在原有医疗机构管理体系的基础上，专门制定针对民营医疗机构市场准入的法律制度。封进、张涛在《医疗服务体系中多元所有制模式比较及中国的选择》中指出，医疗服务存在较严重的信息不对称问题，完全由市场提供会使消费者福利受损，完全由政府提供又会产生效率损失。在医疗服务领域，引入竞争机制已成为共同趋势。我国应采用公立医院为主导、民营医院为补充的模式，满足基本医疗需求；并逐步过渡到公立医院与民营医院相互竞争的模式，实现公平与效率的统一。吕本友在《基于垄断分析的医疗机构管理体制改革》中指出，医疗服务垄断包括市场垄断和医疗服务产品垄断两种形式。医疗服务垄断带来医疗资源利用效率下降和医疗费用上升，导致“看病难、看病贵”。打破医疗服务市场主体垄断的方法是引入市场竞争机制，鼓励社会资本和外资进入医疗市场。梁惠仪在《浅议基本医疗服务多元供给体系中的政府主导责任》中指出，医疗服务领域存在市场失灵、政府失灵等现象，加之政府在基本医疗服务多元供给体系中的责任缺失，因此有必要建立基本医疗服务多元供给体系；即在政府主导的前提下，适当引入其他供给主体，来营造基本医疗服务领域内具竞争性、互补合作的供给氛围。张艳梅、郭乡村在《西方国家医疗公正基本理论论析》中从内容和形式两方面分析了西方国家医疗公正基本理论对于西方国家制订医疗政策的影响。周小梅在《论医疗服务行业的管制政策体系》中指出，我国医疗服务市场化改革过程中出现了不少问题，为确保医疗服务行业的市场化改革顺利进行，必须建立健全医疗服务行业管制政策体系，重新评审已经批准执业的医疗机构，严格审核新医疗机构的资质；按照营利性和非营利性对医疗机构进行市场准入管制。

第五，对医疗服务规制依据的研究。关于政府规制医疗服务的依据主要是医疗服务具有信息不对称、外部效应、垄断、诱导需求等特征。吴晓东、程启智在《论我国私人医疗卫生服务市场的特点、规制失当与调整》中指出医疗卫生服务资源应该由政府配置还是市场配置，不能一概而论。医疗卫生服务包括公共卫生服务和私人医疗卫生服务。私人医疗卫生服务具有信息不对称等特点，因而需加以规制调整，加大医疗卫生服务的供给，改变公立医院一统天下的格局。藏悦在《公立医疗机构民营化进程中政府与市场关系》中指出，在医疗服务领域存在着供方诱导需求或称“供方诱导消费”的问题，即医生利用其信息优势，诱导病人过度利用医疗服务，从而谋取私利。由于政府与医院之间传统的行政命令关系尚未被彻底打破，政府干预过多限制了市场的有效参与。因而，有必要引入竞争机制，打破行政垄断，对符合准入标准的民营医院应及时核发证件，不得设置任何审批障碍。政府通过进一步规划、整合卫生资源，建立并且维护一个公平的市场竞争环境和监管体系，使民众多样化和多层次的医疗需求得以满足。李丽和王传斌在《医疗服务市场政府规制研究述评》中指出，医疗服务市场与其他商品或服务市场有很大的差别，存在各种形式的市场失灵，主要包括信息不对称与委托代理关系、供给者诱导需求、市场机制难以实现医疗服务的公平性以及垄断，因而政府必须对该领域进行规制。孙晓云在《中国医疗服务市场准入制度的困境与出路》中分析了我国医疗服务市场准入的困境，并指出为更好地满足人民医疗需求，我国医疗服务市场准入制度中政府和市场应有机结合，发挥各自作用。

第六，关于医疗服务市场准入内容的研究。华林明在《加强民营医疗机构管理的对策思考》中对民营医疗机构准入机制提出了可行性建议。林皓在《美国政府管制与医疗市场效率》中分析了美国医疗市场的政府规制及效率，指出美国医疗服务市场的进入规制主要有新医院加入的管制、旧医院扩建的管制及新增医疗仪器设备的规制，还包括限制医院投资和扩充医疗供给的措施。褚淑贞在《医药产业市场进入退出分析及对策研究》中指出，市场准入规制包括进入者投资规模、技术管理水平、产品或服务质量的资格审查；手段包括许可、认可、特许、注册、审批等。贾红英、吴奇飞、乐虹等的《发达国家和地区医疗机构监管法律法规研究》通过对英国、美国、日本、新加坡等国家在医疗机构监管方面的研究，介绍和分析了发达国家和地区医疗机构设置审批方面的规定：如是否存在医疗机构设置规划；若存在，该规划对各类医疗机构的约束程度如何；申请设置医疗机构的条件；设置医疗机构的标准等；执业登记方面的规定；医疗机构违反有关规定的处罚措施等。

第七，关于市场准入制度相关问题的研究。目前与本研究相关的一些文献仅包括一般性市场准入制度的相关理论，学界暂无系统研究民营医疗机构市场准入法律制度的专题。从笔者搜集的文献资料来看，对市场准入制度的研究及成果主要体现在以下几方面。

一是市场准入的概念。国内部分学者对市场准入概念的理解与发达国家学者的观点相似，但大多数人的理解已有了变化，这种变化要从市场准入的内涵和外延的演变说起。从中文的字面意义出发，市场准入就是准许进入市场的意思。李昌麒教授认为市场准入是有关国家和政府准许公民和法人进入市场，从事商品生产经营活动的条件和程序规则的各种制度和规范的总称。李金泽认为，市场准入是为了防止资源配置低效率或过度竞争，确保经济效益和提高经济效益，政府部门通过批准和注册，对企业的市场进入进行管理。孙南中认为市场准入即“开放市场”，是指一国允许外国货物、服务及资本进入本国国内市场的程度。市场准入是服务贸易自由化的具体表现，意味着本国市场将对外国服务业开放。盛世豪认为，主体和交易对象进入市场的条件和程序都是市场准入的内容。焦玉良认为市场准入是指政府部门或行业组织出于公共利益的需要，以矫正和改善市场机制内在问题为目的所制定的对社会经济活动主题进行限制的各种规则。彭红彬认为市场准入是准许进入市场之意，它是国家通过设置一定的条件对市场主体及其生产的产品或提供的服务进出市场进行的管制。贾晓燕、封延会对市场准入的概念、市场准入基本原则进行了界定，并从市场准入实体法和市场准入程序法角度提出了市场准入制度构建的具体设想。

二是市场准入法律制度的类型分析及其特征。戴霞的博士论文《市场准入制度研究》以及廖志雄的博士论文《中国市场准入法律制度研究》对市场准入相关问题从抽象高度进行了宏观性的思考，并将市场准入划分为三种类型，即一般市场准入、特殊市场准入和国际市场准入。

三是关于市场准入制度的法律定位。王全兴教授认为市场准入法是关于企业法律资格的制度，作为组织法的企业法必然含有关于企业法律资格的规定。企业法中的市场准入法部分，比企业法的其他部分具有更强的公法属性，甚至可以说公法为主，将其划入经济法更符合市场准入法的法律属性。同时，企业依法获得进入市场的权利，是企业从事交易和竞争的前提条件。实践中，不合格企业进入市场，或者合格企业在市场中突破其法律资格参与交易与竞争，是导致市场秩序混乱的重要原因。因而，市场准入法是市场规制法的重要组成部分。吴弘、胡伟（2005）认为，市场准入制度从性质上讲，属于市场监管法。彭红彬（2009）认为市场准入法是含有私法因素的公法，是实体法和程序法的结合，以主体法为主、行为法为辅。尽管市场准入法与民商法、行政法存在极为密切的联系，但从总体上说，市场准入法属于经济法的范畴，是经济法中市场规制法的重要组成部分。

四是市场准入法律制度的价值研究。吴弘、胡伟认为在健全我国市场准入制度的过程中，安全的价值观是其始终必须坚守的重要理念。雅维茨认为“没有责任，自由就会变成无政府状态，而人的权利就会成为无限制的任性”。世界各国的市场准入法律制度中都对违反市场准入制度、擅自进入专业市场、破坏市场秩序的主体设定了严格的法律责任，以确保经济和社会安全。郑鹏程教授从行政垄断对效率的危害性出发，分析了经济效率的意义与经济效率的价值。詹国彬认为公立医疗机构民营化改革本身不是目的，仅仅是手段或者说工具而已。改革的目的是通过在医疗服务供给中引入市场竞争机制，从而发挥市场机制在资源配置方面的效率优势。在努力追求和发挥市场机制效率优势的同时，应最大限度地保证医疗服务供给中的公平。张文显教授认为“既然效率是社会的美德，是社会发展的基本价值目标，那么，法律对人们的重要意义之一，应当是以其特有的权威性分配权利和义务的方式，实现效率的最大化”。张文显认为正义是一种公正的体制。市场准入法律制度所追求的公平价值包括平等和正义两个方面。在市场准入法律制度中，其蕴含的平等概念应包括市场主体之间的平等对待和监管当局对市场主体的同等对待，更多、更重要地体现为后者。市场准入法律制度的制定、执行必须要对行政权力和个体权利依法约束，以实现正义（公平）。

五是对我国市场准入制度的内容研究。目前对国内市场准入制度加以系统研究的成果较少。现有的研究比较分散，比较值得关注的研究成果有：廖志雄探讨了不同所有制不同组织形式主体的市场准入条件。王林昌、宣海林、郑鸣分析了市场准入制度的构成要素：市场主体、市场进入规则和制度、市场进入控制力；市场经营主体进入行为规范；市场进入规制健全和完善；市场进入壁垒；企业进入市场的能力；市场进入的政府管制。马跃进认为，企业市场准入在目的、主要内容、前提和立法原则等方面不同于企业设立登记。企业市场准入制度的基本原则是法定原则、合理原则、效益原则、公众参与原则、公开原则和公正原则。在行政法领域，学者还特别关注政府在市场准入制度中的角色转换。封延会、贾晓燕分析了行政许可法在构建市场准入制度中的作用，认为行政许可法是界定政府与市场关系的标尺，行政许可法确定了市场准入的宗旨和原则：市场准入的公开性原则、市场准入的公平性原则、市场准入的信赖保护原则及市场准入的效率原则。袁曙宏、宋功德两位学者在《WTO与行政法》一书中全面阐述了加入WTO对中国政府的影响，尤其是在贸易领域，由于打破了贸易壁垒实行自由市场准入制度给政府工作带来的冲击。因此，我国市场准入制度的构建与完善，不仅是市场主体和交易对象的问题，更是国家政府的问题。

1.2.3 国内外研究现状评述

通过对国内外相关文献的梳理，可以得出以下结论和启示：

第一，现有文献大多从经济学、管理学等视角分析医疗服务的发展问题，已有的研究成果主要集中在医疗价格管制、医疗服务质量管制、政府医疗管制等方面。从经济法视角研究民营医疗机构市场准入制度尚处于起步和探索阶段，目前国内尚未有系统的关于民营医疗机构市场准入制度的专题研究。

第二，有关民营医疗机构市场准入法律制度的基础理论研究十分薄弱。目前对于市场准入制度的理论主要集中在经济学领域，这些研究成果从一般意义上论证了医疗服务市场失灵的表现和政府介入医疗服务领域的必要性，形成了公共利益理论、集团利益理论和公共选择理论等。近年虽零星有一些关于市场准入方面的文章，但从经济法视角研究为什么要实行民营医疗机构市场准入法律制度的理论成果尚未见到，其研究尚未形成完整的理论体系和系统的研究方法。

第三，国内外学者对医疗服务的属性持不同观点。现有研究表明，对于医疗服务的属性主要有三种观点：公共产品、准公共产品、私人产品。因而有必要对医疗服务的属性加以厘定，为本书的研究奠定基础。

第四，虽然学界已经认识到发展民营医疗机构的必要性、可行性，但对于民营医疗机构的法律地位、民营医疗机构市场准入现存的问题以及其难以进入医疗服务领域的原因，却鲜有深入系统的论证。例如，对民营医疗机构市场的准入范围、准入条件、准入方式、准入体制、准入程序、准入后的退出问题及法律救济手段均缺乏深入研究。

当然，不可否认，现有文献在医疗服务规制等方面所形成的各种丰富的研究成果，为本书研究民营医疗机构市场准入法律制度起到了良好的启示作用，奠定了重要的理论与实践基础。

1.3 研究思路与方法

1.3.1 研究思路

全书分为6章，第1章绪论介绍了本书的选题背景和意义，指出民营医疗市场准入法律制度缺失是民营医疗机构准入难的关键所在。因此，应建立合理、科学而规范的民营医疗机构市场准入法律制度，规范其准入，保证医疗服务安全，促进医疗事业发展。第2章从民营医疗机构市场准入法律制度的正当性着手，分析了民营医疗机构的概念、法律地位及其类型，并从宪政、经济学和法哲学视角，分析了为什么要实行民营医疗机构市场准入制度。第3章政府干预民营医疗机构进出市场的界限，分析了政府干预民营医疗机构进出市场的决定因素、政府干预的基本原则、政府应当干预什么以及政府应如何干预的问题。第4章民营医疗机构市场准入法律制度的缺陷及其原因和后果，分析了民营医疗机构市场准入的缺陷，从政策目标定位、市场准入体制、公立医疗机构行政垄断以及市场准入规制的越位与缺位四个方面，分析了民营医疗机构市场准入受阻的原因，并从实证视角分析了民营医疗机构发展不足的后果和表现。第5章民营医疗机构市场准入法律制度的基本方略选择，主要从政策目标视角，分析了如何对待公立医疗机构和民营医疗机构、医疗安全与医疗发展以及从严规制与从宽规制的关系。此外，对民营医疗机构市场准入立法模式进行了比较分析，提出我国应以单行法形式制定《民营医疗机构市场促进法》。第6章我国民营医疗机构市场准入法律制度的建议，通过比较相关国家和地区民营医疗机构市场准入的实践，对我国民营医疗机构市场准入范围、市场准入条件、市场准入方式、市场准入体制、市场准入程序等方面提出了可行性建议。

1.3.2 研究方法

本书采取的具体解决方案：

（1）充分利用各种数据库，尽可能广泛采集资料与信息。

（2）密切联系实际，及时了解和跟进国内外关于民营医疗机构市场准入方面相关的理论与实践，通过观察和分析其中暴露出来的矛盾与问题，从中领会问题的本质所在，并提出有针对性的解决建议。

（3）基于本书的论题和理论旨趣，在研究中将重点使用以下方法：

第一，语义分析方法。语义分析方法是实证分析主义法学的一种重要方法，用于揭示民营医疗机构的概念及其市场准入法律制度的概念、属性和法律特征是十分适宜的。

第二，科际整合研究方法。民营医疗机构市场准入法律制度涉及宪法学、经济法学、民法学、经济学以及医学等多学科知识，应将这些独立学科知识有效地融为一体，综合研究民营医疗机构的法律地位、民营医疗机构市场准入的正当性以及医疗服务供给需求的现状等问题。

第三，实证分析方法。实证分析方法是本书用得比较多的一种方法之一。对于民营医疗机构的现状，本书搜集了大量数据，运用统计学中的图表分析方法，从不同视角对当前民营医疗机构的现状进行了较为系统、全面的分析。

第四，历史研究的方法。民营医疗机构市场准入法律制度是随着社会经济、政治、文化条件的变化而不断变化的。无论是在观念层面上还是在制度层面上，为了更为深刻地了解当下民营医疗机构市场准入法律制度体系、本质等问题，有必要考察民营医疗机构市场准入的观念历史与制度历史，追溯其制度变迁轨迹，来分析、归结民营医疗机构市场准入法律制度发展的基本路径，从而为本书的研究提供历史依据。

第五，比较分析的方法。比较分析方法可以说是贯穿全书始终的一种分析方法，无论是对民营医疗机构及其市场准入制度的界定，还是民营医疗机构市场准入法律制度的缺陷及其具体构建等，均需要运用比较分析方法，探寻适合中国民营医疗机构市场准入的法律制度。

1.4 本书的创新之处

总体而言，本书的创新点有以下几点：一是选题新。本书选题新颖，虽然在经济学、政治学、公共管理学等领域关于医疗服务改革的学术成果非常丰厚，但从经济法视角对民营医疗机构市场准入制度进行系统专题研究的成果，目前在国内尚未见到。二是观点新。本书从民营医疗机构市场准入的正当性和政府干预民营医疗机构进出市场的界限着手，对当前我国民营医疗机构市场准入的缺陷与原因及其后果进行了深入分析，提出了本书的观点：民营医疗机构市场准入应在政策目标上作出正确选择，打破政策目标对民营医疗机构市场准入的束缚，坚持民营医疗机构与公立医疗机构并重、坚持医疗安全与医疗发展并重、坚持从宽规制与从严规制并重。在立法模式上，应采用单行法立法模式，制定《民营医疗机构市场促进法》，对民营医疗机构予以特别保护。同时，明确民营医疗机构市场准入范围、准入条件及准入方式，完善准入体制，规范准入程序。三是视角新。首次较为系统地从市场规制的端口——市场准入的视角，研究如何促进民营医疗机构发展的问题，改变了以往从质量规制、价格规制等方面加以研究的传统方法。首次较为系统地从宪法学、法哲学和经济法的视角，研究民营医疗机构市场准入法律制度的理论基础。首次较为系统地对民营医疗机构市场准入问题加以分析。四是举措新。首次较为系统地将实体法与程序法，将经济法、民法与宪法学融会贯通，对本书主题加以研究。首次较为系统地从经济法视角，以统计学实证分析方法对本书主题加以研究。

第 2 章　民营医疗机构市场准入法律制度的正当性

2.1　民营医疗机构的界定

民营医疗机构是我国经济改革开放中出现的一种新型医疗经济主体。目前学界和相关法律并未对民营医疗机构作出科学的界定。而对民营医疗机构的含义作出界定之前，有必要对“医院”“医疗机构”“公立医疗机构”“私立医疗机构”和“民营医疗机构”之间的含义加以区别，从而确定本书的研究范围。

2.1.1　民营医疗机构及其相关概念辨析

首先，医院和医疗机构的含义。依据日本《医疗法》第 1 条第 1 款的规定，医院是指医生或者牙科医生为民众或者特定人群提供医疗或者牙科治疗活动的场所，病床数应在20张以上；而诊所是指在上述条件下，但病床数在20张以下或无床位的医疗机构。台湾地区《医疗法》第4条规定，台湾私立医疗机构是指由医师设立的医疗机构。而公立医疗机构，依据台湾地区《医疗法》第3条规定，指由政府机关、公营事业机构或公立学校设立的医疗机构。依据我国《医院基本标准》规定，“医院”是指住院床位总数在20张以上，同时依据医院资质与级别的不同，具备符合要求的相关设备的疾病诊断和治疗场所。我国《医疗机构管理条例》及《医疗机构管理条例实施细则》规定，医疗机构是指依法设立并经法定程序登记取得医疗机构执业许可证❶，从事疾病诊断、治疗活动的医院、卫生院、疗养院、门诊部、诊所、卫生所(室)以及急救站等卫生服务机构的总称。❷ 我国有学者认为，医疗机构是以救死扶伤、防治疾病，以公民的健康服务为宗旨，从事疾病预防、诊断、治疗活动，拥有一定的名称、组织机构、设施和专业卫生技术人员，有必要经费和相应规章制度，并能独立承担法律责任的社会组织。由此可见，从内涵和外延看，医疗机构包括医院，医院属于医疗机构的一部分。医院是指具备一定规模的医疗机构。

其次，民营与私营、国营、民办、公立、私立的区别。在《辞海》中，“民”有“人民”“公民”“市民”的含义。❸ 在法律中，“民”是与“政府”“官”相对应的一个词，指具有法律人格的个体或者社会组织。因而，与“民”相近的一个词是“私”。民营是相对于国营而言的，民营并不代表所有制的性质，民营也不

---

❶ 参见卫生部.医疗机构管理条例实施细则.中华人民共和国卫生部令第35号,1994。

❷ 参见国务院.医疗机构管理条例.国务院令第149号,1994。

❸ 辞海.第六版缩印本.上海:上海辞书出版社,2009:1308。

等于私立。民营是经济学中的一种经营方式，其强调的是产权的组成，以及产权带来的经营权、收益权等。因此，从经济学产权角度而言，民营医疗机构应是由民间资本全资或控股的医疗机构。尽管在一定范围内，私营与民营在内涵上具有一定的重合性，但私营只是民营的一种形式，民营包括私营，民营的范围要比私营广得多。民营不等于私营。民营包括民有民营和国有民营两种形式。本书所指民营包括这两种形式。国营实质上是表明所有制的性质[1]，在我国“国营”即“国有”，国营是指国家所有和国家经营，它表明所有制的属性。私立是与公立相反的一个概念。私立与公立是依据投资主体的不同来区分的：公立的投资主体是政府或者国家，而私立的投资主体是除政府、国家投资主体以外的其他主体。私立、民办分别是与公立、公办相对应的一组概念，二者均表示所有制的性质：公立、公办是指投资主体为国家或政府，资金来自国家财政全额拨款；而私立、民办是指投资主体为国家或政府以外的个人或者其他社会组织等主体，资金来源于非国家财政性经费。本书所指民营医疗机构是指除由政府财政或者政府机关、事业单位、国有企业投资举办的医疗机构之外的医疗机构。民营医疗机构与公立医疗机构的划分依据是投资来源不同。

事实上，国外并没有关于民营医疗机构的概念。按照国际惯例，国外医疗机构根据发起人的不同，分为公立医疗机构和私立医疗机构。私立医疗机构依据其设立目标和运行规则的不同包括两

[1] 《宪法》第7条：“国营经济是社会主义全民所有制经济，是国民经济中的主导力量。国家保障国营经济的巩固和发展。”1993年《宪法修正案》将“国营经济”修正为“国有经济”。因此，在我国“国营”即“国有”。

类，即营利性医疗机构❶和非营利性医疗机构❷。公立医疗机构的投资主体是政府和军队，私立医疗机构的投资主体是自然人、法人和社会团体等非政府组织。

日本的医院分为公立医院和私立医院。私立医院主要包括医疗法人开办的医院、私人举办的医院、私立大学和医科大学的附属医院、公益团体和宗教慈善团体举办的医院和私营保险团体举办的医院。台湾地区的医疗机构由民众医疗机构和军事医疗机构组成。民众医疗机构分为医院、诊所和其他医疗机构，其中医院包括公立医疗机构。私立医疗机构、财团医疗机构及教学医院等形式。公立医疗机构是指由政府机关、公营事业机构或公立学校设立的医疗机构。私立医疗机构是指由医师或者依有关法律规定办理医疗业务的公益法人及事业单位所设立的医疗机构。医疗法人是台湾私立医疗机构的典型代表。根据台湾地区《医疗法》第5条的规定，医疗法人包括医疗财团法人及医疗社团法人。其中，医疗财团法人指以从事医疗事业办理医疗机构为目的，由捐助人捐助一定财产，经中央主管机关许可并向法院登记的财团法人。医疗社团法人指以从事医疗事业办理医疗机构为目的，经中央主管机关

---

❶ 由于国外政府不得举办营利性医疗机构，因此相对于公立医疗机构而言，营利性医疗机构一定是民营的，因而可以省去“民营”二字。在我国也是如此，国家不得举办营利性医疗机构，因而公立医疗机构就名正言顺地被定性为非营利性医疗机构。

❷ 在国外，非营利性医疗机构一般是民间举办的，不以营利为目的，具有合法的免税资格和捐赠人就捐赠资本减免所得税的合法思维的社会组织，所以一般不加“私立”二字。而我国由于公立医疗机构都是非营利性的，所以必须明确该非营利性医疗机构具体是公立的还是民营的。

许可登记的社团法人。香港的诊疗所❶属于私家医院，与内地民营医院有相似之处。

综上所述，笔者认为民营医疗机构是指由自然人、法人或其他组织以民间资本全资或者控股形式在我国境内依法设立，具备一定的规模，自主经营，自负盈亏，自担风险，以从事疾病诊断、治疗活动为宗旨的医院、卫生院、诊所（卫生所、医务室）等机构❷的总称。

综上所述，国外对于私立医疗机构注重其营利性与非营利性之分，其非营利性医疗机构一般由宗教团体或慈善机构举办，设立后既不属于政府所有，也不属于私人所有。这与我国民营非营利性医疗机构有所不同。国外公立医疗机构主要由政府举办，不得以营利为目的。这些国家并不将公立医疗机构界定为非营利性医疗机构。从这一意义上讲，国外私立医疗机构与我国的民营医疗机构在内涵上有一定的重合。因此，本书后面比较介绍国外及其他地区“私立医疗机构”市场准入相关内容时，其内涵和外延与本书所称“民营医疗机构”同义。

---

❶ 根据香港特区《诊疗所条例》第343章第2条的规定，“诊疗所”(clinic)指用作或拟用作对患上任何疾病、受伤、精神上无能力、身体伤残或相信是患上任何疾病、受伤、精神上无能力、身体伤残的人进行诊断或医疗的任何处所。“处所”(premises)包括任何地方，不论该地方是否由建筑物组成，以及任何车辆或船只，不论该车辆或船只能否移动(由1964年第22号第2条增补)。但香港特区《诊疗所条例》中所说的处所不包括香港特区政府的任何部门、香港大学或香港大学经办或控制作前述用途的处所；注册医生在自行执业过程中使用的私人诊症室；注册牙医专用的处所；注册的视光师所专用的处所等。由此可见，从经营范围和特色上看，香港的诊疗所相当于专科医院。

❷ 依据医疗执业设置标准的不同，民营医疗机构还可以是疗养院、社区卫生服务中心(站)、门诊部、村卫生室、妇幼保健院(所、站)、专科疾病防治院(所、站)、急救中心(站)等机构。

2.1.2 民营医疗机构的类型化分析

所谓类型化是指依照一定的标准，根据对象的相同点和不同点，将其划分为不同类别。在法学方法论上，类型化是一种演绎法和归纳法相结合的逻辑方法❶。简而言之，类型化就是分类。美国分析法学家约翰·格雷就说过："分析法学的任务就是分类，包括定义，谁能够对法律进行完美的分类，谁就能获得关于法律的完美的知识。"❷类型化分析可以使原本混沌无序的世界变得井然有序。因此，一般人类思维大多从对现实世界的分类开始来把握世界。在法学方法论上，"类型"的意旨在于便于对研究对象的分析和把握。台湾学者吴从周认为，类型学是指运用类型的要素去掌握某一特定对象的科学研究方法。

2.1.2.1 国外医疗机构的分类

美国根据医院经营方式和所有权不同，将医院分为营利性医院、非营利性医院和政府办的公立医院三种类型。营利性医院与非营利性医院❸的区分，并不在于是否盈利，而在于前者的利润投资于其他营利活动或分红，而后者的利润仅用于医院自身的发展。

---

❶ 转引自郑友德，范长军. 反不正当竞争法一般条款具体化研究——兼论《中华人民共和国反不正当竞争法》的完善. 法商研究，2005(5):75。

❷ 参见 John Chipman Gray. The Nature and Sources of the Law. The Macmilian Company. 1931:3。转引自陈新民. 德国公法学基础理论(上). 济南：山东人民出版社，2001:185。

❸ "营"有"谋求之意"，具有主观性，因此"营利"是指以利润为目的(seek profits, for profits)。"营利"与"盈利""赢利"是有区别的："赢"相对于"赔"，"赢利"指赚的利润(make profits)或者指利润(profits)；"盈"是"充满、多余"的意思，"盈利"指利润(profits)。"非营利性医疗机构"中的"营利"不可用其他两个词替代，"非营利"主要是指主观上是否是以赚取利润为目的，而不是意味着没有利润。

所有医疗单位，包括公立医院都必须有盈利，否则必将倒闭。美国联邦卫生健康部还依据医院的社会行为来区别“非营利”和“营利”，即非营利性医院不能拒绝所有的病人，而营利性医院不能拒绝在医疗紧急状况下的病人，但可以拒绝非紧急状况下的无支付能力的病人。

政府主办的公立医院包括政府兴办的非联邦公立医院和政府兴办的联邦公立医院。前者主要服务于一般群体，而后者主要服务于特殊群体，包括现役军人、退伍军人和残疾人等。私立非营利性医院既不是由政府举办也不是由私人举办的医院。非营利医院与政府没有附属关系，而是出于对穷人的救济，由社区医院、教会医院、自愿捐助者医院或其他非营利性组织运营的医院，属于慈善性质，无需赋税。美国的私立医院约占其医院总数的70%。在私立医院中，非营利性医院占医院总数的60%左右，拥有床位数约占全国总床位数的15%。在美国，宗教团体和慈善机构创办了非营利性医院。依据美国税法501c3条款的规定[1]，非营利性医院必须同时具备四个条件，才能被认为是非营利性医院。

1954年的美国国家税务章程规定，非营利组织不能以营利为目的。非营利性医院没有股东，而只有一个志愿服务的、不付薪金的信托委员会，由其指导和领导医院工作[2]。非营利性医疗机构可以免税，但需要具备一定的条件。例如，完成各级政府交给的提

---

[1] 美国税法501c3条款规定非营利性医院必须具备的四个条件是：第一，为非个人利益的公益性机构；第二，不得参与政治活动和与医院业务无关的集团活动，不得接受政治性捐款；第三，不得进行资产分配和支付额外工资；第四，关闭时不得对私人分配资产。参见Joseph P. Newhouse. Towards a Theory of Nonprofit Institutions: An Economic Model of a Hospital. American Economic Review, 1970(60): 64-73。

[2] 参见David M. Studdert. Regulatory and Judicial Oversight of Nonprofit Hospitals, The New England Journal of Medicine, 2007(6): 154-160。

供一定水平的义诊和社区卫生服务等任务，且必须得到各级政府的准许。美国营利性医院主要以营利为目的，不能获得免税资格，还需提供一些慈善服务，但可将盈利用于投资者(股东)的分红。

日本的医院分为公立医院和私立医院。1998 年，日本《促进特定非营利活动法》将一些没有法人资格的非营利组织纳入法律框架中加以规范。日本的非营利性医疗机构可以是上面提到的所有非营利法人举办的医疗机构。按法律规定，日本非营利医疗机构的盈利不能分红，只能用于医疗机构发展；实行全国统一的收费标准。2004 年，在所有私立医院中，医疗法人医院占 61.7%，共有 5 608 家。1948 年，日本通过《医疗法》并规定实行医疗法人制度，医疗法人医院的盈利不能分红，只能用于医疗机构发展，并实行全国统一的收费标准。医疗法人是指由地方政府正式批准的社团和财团(基金会)，其活动是建立和经营医疗机构、诊所。日本医疗法人既不能从事营利业务，更不能注册为以营利为宗旨的团体。依照医疗法人制度成立的私立非营利性医疗机构，与公立医疗机构一样可以得到诸如设施设备补助费等。但这种医疗法人却不得享受税收优惠，因为这种医疗机构可以不遵循民法中规定的"公益团体要做到的公益标准"。医疗法人在后来的发展中又产生了两种新的类型，即特定医疗法人和特殊医疗法人❶。但这两种类型的医疗法人仍必须做到不以营利为目的、不能分红。

德国的医院分为公立医院、私立非营利医院和私立营利医院。

---

❶ 特定医疗法人是指承担公益事业、被判定有公益性，实行与公益团体相同的税收待遇的医疗法人。特殊医疗法人是将医疗机构所有权放弃(放弃份额)，捐献给国家的医疗法人。这类医疗法人可以从事一定营利业务，可以享受政府资金的投入，有部分公立性。参见王虎峰. 日本医疗法人制度及借鉴意义. 中国卫生产业，2004(11)：84－85。

德国非营利医院是独立于政府的、不得以营利为目的自治组织，但其可从政府获得基本建设所需要的资金，并接受政府对于医院规划、投入机制等方面的指导和监督。德国私立非营利医院在医疗服务提供方面发挥了重要作用，其数量占德国医院总数的三分之一。

综上所述，国外医疗机构一般依据医疗机构发起人的不同，分为公立医疗机构和私立医疗机构两大类。依据设立目的和运行规则的不同，私立医疗机构分为营利医疗机构和非营利医疗机构。一般各级政府出资或军队兴办的为公立医疗机构，自然人、法人、社会团体等非政府组织出资兴办的为私立医疗机构。无论是营利性医疗机构还是非营利性医疗机构，都必须履行一定的公益义务。但各国对非营利性医疗机构是否享有税收优惠以及政府补贴，却有着不同的规定。美国非营利性医疗机构在具备法定条件下可以免税。但美国税法对其运行规则、公益性等方面做出了严格的规定。德国非营利医院具有极强的独立性，其不仅享有税收优惠，而且还可从政府获得一定的财政补贴。日本在医疗服务模式上，以私立医疗机构为主导、公立医疗机构为补充。日本私立医疗机构有着丰富的法律组织形式，其中医疗法人是日本民营非营利性医疗机构的最具特色的、最典型的组织形式，但医疗法人却不享有税收优惠。上述国家关于民营医疗机构的分类，均建立在发达的经济发展水平、健全的医疗服务法律制度，尤其是完善的非营利组织立法基础之上。通过分析，我们发现：医疗机构的所有制形式与医疗机构性质并无必然联系，民营医疗机构可以是营利性的也可以是非营利性的。民营医疗机构并非意味着必须是营利性质的。决定民营医疗机构经营性质的主要因素是财政税收政策和组织管理模式。医疗机构所有制性质并不影响其社会公益性：对公立医疗机构监管缺位，其同样会丧失公益性；而对民营医疗机如果能够有效监管，则同样可使其发挥社会公益性。

2.1.2.2 我国民营医疗机构的类型

医疗机构依据不同的标准可以划分为不同的类型。这些划分标准可以是医疗机构的服务内容，也可以是执业设置标准。❶ 当前我国民营医疗机构的类型划分均不是依据上述两类标准，而是根据2000年《关于城镇医药卫生体制改革的指导意见》的规定，医疗机构依据其经营目的、服务任务，以及执行财政、税收、价格政策和财务会计制度的不同，可分为营利性医疗机构和非营利性医疗机构。❷

1. 营利性民营医疗机构的含义及其特点

营利性民营医疗机构指民间资本以全资或者控股形式依法设立，以营利为目的且其医疗服务所得收益可用于投资者经济回报，自主经营，自负盈亏，以从事疾病诊断、治疗活动为宗旨的医院、卫生院、诊所等一系列机构的总称。在我国，公立医疗机构只能是非营利性的，所以营利性医疗机构均指民营医疗机构。

营利性民营医疗机构具有以下特点：一是营利性。其经营目的是利润的最大化，并且在盈利后，投资者可对税后利润进行分红。如因经营不善而终止时，营利性民营医疗机构投资者可自行

---

❶ 依据医疗机构的服务内容、特征的不同，其可分为综合性医疗机构、专科医疗机构、社区卫生服务中心及医疗体检机构等。依据执业设置标准的不同，医疗机构可分为医院、妇幼保健院、乡镇街道卫生院、门诊部、诊所、村卫生室、专科疾病防治院（所、站）、急救中心（站）、临床检验中心及护理院等。参见王虎峰．医疗机构分类管理亟待深化和加强．中国医院院长，2006(11)：7。

❷ 参见卫生部卫生经济研究所．医疗机构分类管理若干问题综述．中国医院，2000，4(5)：304－306。

处置其剩余财产。营利性民营医疗机构可根据市场自主调节医疗服务价格，自主经营，照章纳税，但其在一般情况下不享受政府补助和税收优惠。二是公益性。营利性民营医疗机构是以营利性为主，兼具公益性的医疗主体。可见，救死扶伤、治病救人以及特定情形下的公益义务是营利性民营医疗机构的法定义务，不能因为其营利性而否认其社会公益性。❶

2. 非营利性民营医疗机构的含义及其特点

事实上，我国立法并未对非营利性的含义作出明确规定，只是强调其盈利不得分配。非营利性民营医疗机构是指不以营利为目的的民间资本，以全资或者控股形式依法设立医疗机构，其收入不能用于分红，只能用于弥补医疗服务成本和医疗机构自身发展。非营利性民营医疗机构也可提供少量的非基本医疗服务。非营利

❶ 《医疗机构管理条例》第31条规定："医疗机构对危重病人应当立即抢救。对限于设备或者技术条件不能诊治的病人，应当及时转诊。"第39条规定："发生重大灾害、事故、疾病流行或者其他意外情况时，医疗机构及其卫生技术人员必须服从县级以上人民政府卫生行政部门的调遣。"《中外合资、合作医疗机构管理暂行办法》第26条规定与《条例》第39条作了同样的规定。这些规定充分表明了医疗机构的社会公益性。

性民营医疗机构作为非营利组织[1]的表现形式之一，具有非营利性、非政府性、自愿公益性[2]和独立性等特点。

所谓“非营利性”是指其最终目标不是财富积累或者实现利润，其收入不得用于分红，只能用于自身发展。但不以营利为目的并不等于不盈利，如果非营利性民营医疗机构不盈利只能倒闭或者破产。非营利性民营医疗机构与营利性民营医疗机构最主要的区别也在于“盈利是否可以分配”。同时，非营利性民营医疗机构中的“非营利性”具有强制性规范的性质[3]，只要举办者设立了非营利性医疗机构，就必须接受其非营利性的限制。

“非政府性”指非营利性机构既不隶属于政府也不隶属于企

---

[1] 非营利性组织（Non－Profit Organization，缩写为 NPO）作为社会组织的基本形式之一，在西方具有悠久的发展历史，但是作为一种主要的社会力量，在世界范围内的兴起主要是在 20 世纪 80 年代以后，其与福利国家、公共管理的危机、政府改革、治理理念等相关联。美国学者莱斯特·M. 萨拉蒙曾在其经典文献《非营利部门的兴起》一文中宣称：我们正处在一个全球性的“社团革命”中，它也许终将证明，它对 20 世纪晚期的意义，如同民族国家的兴起对 19 世纪晚期的意义一样重大。与非营利性组织在内涵上颇为接近的还有许多不同的词汇，如非政府组织（Non－Governmental Organization，缩写为 NGO）、免税组织（Tax－Exempt Organization）、志愿组织（Voluntary Organization，缩写为 VO）、市民社会组织（Civil Society Organization，缩写为 CSO）、第三部门（Third Sector）等等，其中 NGO 一词由于应用广泛且历史更久，常常和 NPO 互换使用。参见〔美〕莱斯特·M. 萨拉蒙. 非营利部门的兴起. 载于何增科主编《公民社会与第三部门》. 北京：社会科学文献出版社，2000：3－6。

[2] 参见王虎峰. 医疗机构分类管理亟待深化和加强. 中国医院院长，2006（11）：7。

[3] 就功能而言，私法自治中的强制规范在大多数情况下，只是从另一个角度去支持私法自治而已。强制规范并不“管制”人们的私法行为，而毋宁是提供一套自治的游戏规则。尽管这些强制性规范不同于私法中的任意性规范，不能通过约定排除，但其所适用的“不得”仅具有“权限”的规范内涵，即法律上有权无权，或做不做得到的问题。立法者完全没有禁止或强制一定“行为”的意思。而管制规范基于一定政策目的而设。强制性的管制规范，经常含有禁止或强制的内涵，则是法律上允不允许做的问题，其强制的对象是行为，即该行为为法律所禁止。参见苏永钦. 走入新世纪的私法自治. 北京：中国政法大学出版社，2002：10。

业，而是一种独立自主的自治组织，它通过竞争来获得各种必要的社会资源并提供竞争性的公共产品。“自愿公益性”是指非营利医疗机构资金主要依靠志愿者和社会捐赠。“独立性”表现为非营利性民营医疗机构享有自主经营权、决策权，可以依法独立进行业务活动，其在人事任免、财政等方面不受卫生行政部门的统一管理与支配。

此外，对于非营利性民营医疗机构的理解还应注意以下几点：第一，非营利性医疗机构与慈善机构不同。前者的经营目标不是为了追求盈利，而是向社会提供质优价廉的医疗服务。当然，它负有向低收入者提供免费服务的义务，但也可向其他普通患者服务并收取费用。第二，不以营利为目的并不等于没有盈利。所谓不以营利为目的，指非营利性医院作为自负盈亏的实体只能将其经营所得用于医院自身发展，不得将其所得在投资者之间分配。非营利性医院如果没有盈利，长期亏损，就只能申请破产。第三，非营利性医院可通过提供服务收取费用的方式在一定程度上弥补其成本支出，依靠其自身力量实现组织经费部分自给，这就使得其在很大程度上摆脱了全部依靠慈善捐款的窘境，这也是非营利性医院与其他非营利性组织最大的区别。

2.1.2.3 我国民营医疗机构分类的弊端

我国民营医疗机构的分类在很大程度上盲目借鉴了国外医疗机构分类管理的经验，而未考虑我国经济发展水平、医疗服务市场现状和医疗机构立法情况。因此，这种分类从某种意义上看，既有照抄国外分类的嫌疑，又在实际运行中给医疗机构监管带来许多问题。

其一，国外民营医疗机构分类的背景与我国民营医疗机构分类的背景并不相同，因此，国外的这种分类并不符合我国实际情况。我国民营医疗机构的分类虽借鉴了国外的分类方式，但其与国际惯例又不尽相同。发达国家民营医疗机构的分类是建立在其民营医疗机构的经营规模、经济实力、技术水平、服务质量等方面与公立医疗机构不相上下，甚至强于公立医疗机构的基础之上。而我国医疗市场几乎由政府举办的公立医疗机构垄断，合资、股份制、合伙等民营医疗机构形式只是最近几年才有所发展，其规模、实力、设备和技术远比不上公立医疗机构，双方难以形成充分竞争，分类管理的基础并不成熟。事实上，我国公立医疗机构从预算体制、经营体制、法律地位以及其与政府的关系上看，并不是完全意义上的非营利性医疗机构。公立医疗机构不仅以非营利之名行营利之实，而且其隶属于政府，资金来源于政府，而非依靠志愿者或者社会捐赠，其实际上是一种“畸形”的非营利性医疗机构。因此，我国应在现有医疗机构分类的基础上，明确有关非营利性医疗机构的认定，制定有关的税收优惠、收入分配以及监管制度，以最大限度地发挥非营利性医疗机构的作用。

其二，对“非营利性”的含义缺乏明确的法律界定。目前，我国对非营利民营医疗机构“非营利性”的含义尚缺乏明确的规定，仅在财政部颁发的《民间非营利组织会计制度》（征求意见稿）第 2 条中可以找到关于非营利组织的含义。❶。该征求意见稿将“非营利性”界定为“盈余的非分配性”，尽管这一界定与国际惯例基

❶《民间非营利组织会计制度》(征求意见稿)第 2 条中明确规定:“本制度适用于在中华人民共和国境内依法成立的各类民间非营利组织，包括社会团体、基金会和民办非企业单位。这些非营利组织应符合以下三个条件：不以营利为目的；任何单位或个人因为出资而拥有非营利组织的所有权，收支结余不得向出资者分配；非营利组织一旦进行清算，清算后的剩余财产应按照规定继续用于社会公益事业。”

本一致，但由于财政部的意见仅属于部门规章，而且是非正式的征求意见稿，因此非营利性的含义缺乏法律的权威性。非营利性含义不明，将不利于非营利性医院执行“不分配政策”，直接影响投资人的出资回报问题。但事实上，没有哪个非营利性民营医疗机构不将利润加以分配的。因此，实践中民营营利性医疗机构与民营非营利性医疗机构实质上并无区别，只是登记机关不同而已。从长远看，如果任由非营利性民营医疗机构以“非营利性”之名，大行营利性之实，将最终损害民营医疗机构公平有序发展和市场竞争。为解决非营利性医疗机构的出资回报问题，有学者认为，可借鉴《民办教育促进法》允许民办学校出资者获得一定的“合理回报”的做法，也允许非营利性民营医疗机构的投资者获得一定的“合理回报”。但笔者认为，这样一来无疑更加模糊了营利性与非营利性的界限。因为“合理回报”本身就有很大的自由裁量空间，如何回报才属于“合理回报”只怕是无论在立法上还是在司法实践中都很难界定的。此外，“合理回报”本质上就是承认“分配盈利”，这严重违反了民营非营利性医疗机构的核心要件——“不分配盈利”，超越了“非营利性”的范畴。因此，对于非营利性民营医疗机构的出资回报问题，应通过立法对相关的财政、税收、金融等优惠制度与政策作出明确规定，以鼓励民间资本兴办非营利性民营医疗机构。

其三，民营医疗机构的产权归属问题。营利性与非营利性的重要判断标准之一就是办医资产属性。国外非营利性医疗机构的出资人与办医者、管理者彼此分离。我国《民办非企业单位登记管理暂行条例》将非营利性民营医疗机构界定为“民办非企业单位”。依该条例的规定，非营利性民营医疗机构在我国的法律组织形态，既可以是股份制形式的法人，也可以是合伙，同时又可以是个体。我国对于民办医疗机构的投入资产、办医经营积累资产的归属问题均未作出明确规定。对于民营医疗机构，尤其是民营非营利性医疗机构终止后其剩余资产如何处理，更是缺乏明确的可操作性法律规定。因而，为既保护出资者的积极性，又加快民营医疗机构的发展，在实行医疗机构分类管理时，我们应遵循国际惯例，明确民营医疗机构出资人与管理者、与办医者分离，明确剩余资产的归属。

2.1.2.4　我国民营医疗机构分类的建议

第一，结合我国实际并参照国际惯例，将医疗机构划分为公立医疗机构、民营营利性医疗机构和民营非营利性医疗机构。通过分析，我们发现决定营利性与非营利性的关键是医疗机构的税收政策和组织管理模式，而不是医疗机构的所有制形式。因此，我国在医疗机构的分类方面，可以借鉴西方发达资本主义国家的实践，将医疗机构划分为公立医疗机构和民营医疗机构，民营医疗机构包括非营利性民营医疗机构和营利性民营医疗机构。同时，公立医疗机构应定性为非营利性医疗机构，但非营利性医疗机构并非只能是公立的，非营利性医疗机构与医疗机构的所有制形式并无必然联系，不能简单地按照医院所有制形式进行医疗机构分类。公立医疗机构可以举办非营利性医疗机构，民营医疗机构也可举办非营利性医疗机构。非营利性医疗机构占主体地位，并不意味着公立医疗机构在数量上越多越好，在规模上越大越好。美国的公立医院占其医院总数的80%，法国只占16%，加拿大、法国、瑞士等国公立与非公立医院的比重大体相当。营利性医院均为民营医疗机构。医院分类的界定应该是一个动态的过程，而不是一成不变的。随着医院经营状况的改变，其性质也可能发生变化。因此，当前建立、完善相应的营利性和非营利性判定标准显得尤为重要。医疗机构的这一划分是成熟、健全市场经济的必然反映和结果，也折射出政府、民营营利性医疗机构和民营非营利性医疗机构在医疗领域的合理分工。

第二，进一步完善对“非营利性”内涵的界定。对“非营利性”的界定将直接关系到如何监督和保障非营利性医疗机构执行不分配盈利的政策。美国《示范非营利法人法》❶（修订版）对此并没有做出定义，理由是实在找不到令人满意的答案。❷ 当前，关于非营利性的界定一般有两种路径：一种是“功能主义的方法❸”，即限定非营利法人活动的领域。美国各州的立法规定了非营利法人的活动领域。❹ 1998 年日本的《特定非营利活动促进法》第 2 条以及附录也采取了功能主义的立法模式，并在附录中规定了非营利

---

❶ 在美国，非营利法人属于州的立法范围，因此各州都有非营利法人法。美国律师协会制定了《示范非营利法人法》，该法律没有法律效力，只是为各州立法提供范本。

❷ 起草委员会在此问题上认为，法律不应主观地界定事务的本质，而应该以事务的本质作为立法的基础。非营利组织有多种本质，如果采用某一经济或者哲学理论来界定非营利组织的地位或因此将某些非营利组织排斥在非营利领域之外，将会危及社会的多元化。参见 Aristotle ,Lyndon Baines. Thirteen Ways of Looking at Blackbirds and Nonprofit Corporations. The ABA's Revised Model Nonprofit Corporation Act,39c Case W. Res, 1989:751 -756。

❸ 当然，功能主义的方法也遭到了学者们的批评，其观点主要有：第一，列举的活动领域不周全；第二，列举的非营利目的可能因为其用语的一般化而导致含义模糊不清；第三，立法机构列举的活动领域是基于其对公司目的的价值判断，而这种价值判断也会随着社会发展而变迁。参见齐红. 单位体制下的民办非营利法人——兼谈我国法人分类. 北京：中国政法大学，2003:44。

❹ 例如美国某些州的立法就规定，非营利法人可以从事的活动领域，大致包括慈善、社会、娱乐、贸易与职业教育、文化、民俗、宗教和科学。同时，在具体的类别上，各州也罗列得十分详细。例如得克萨斯州就把其中的娱乐性社团活动领域之一规定为“自行车……钓鱼、打猎和划船俱乐部”。参见金锦萍. 非营利法人治理结构研究. 北京：北京大学出版社，2005:15。

性法人的活动领域。❶ 在德国，根据非营利法人是否以经济性的经营活动为主，将其分为经济性社团和非经济性社团。德国学界对此亦存在新旧学说。❷ 旧学说认为，区别的标准主要在于界定社团的目的或主要目的是否通过经营性活动达成，而新说则以社团是否已从事企业性活动作为决定性的标准。但德国学者也发现这一学说仍然没有能够避免可能带来的问题。❸ 因为，在界定非经济性社团的时候，有学者认为其是以教育、慈善、政治或者社会福利为目

---

❶ 1998年日本的《特定非营利活动促进法》第2条规定："本法所称特定非营利活动是指附录中列明的以促进多数不特定人的利益为目的的活动。"在附录中具体罗列了所有活动领域，包括：促进健康、医疗或者福利事业的活动；促进社会教育的活动；促进社区发展的活动；促进文化、艺术或者体育的活动；环境保护活动；灾害救援活动；促进社区安全的活动；人权或者促进和平的活动；促进国际合作的活动；促进形成一个良性平等参与的社会的活动；促进对青年的健全培养的活动；对上述活动的组织进行行政管理或者提供与上述活动有关的联络、咨询或者协助的活动。参见北京大学法学院非营利组织法研究中心. 国外非营利组织立法译汇（内部资料），2000：23－24。

❷ 德国学说一般认为，非以营利性事业为宗旨的社团，在追求其非营利宗旨的过程中经营某项营利性副业，并无不利影响，而且也是必不可少的。例如，体育俱乐部经营一家食堂，并出租其体育馆中的广告位置；戏剧协会出售节目单，并在节目单上刊登广告。这就是所谓的副业特权（Nebenzweck privilege）。但是务必避免对其做广义解释，例如联邦足球甲级联赛中天价的转会费以及教练员、运动员的高额酬金或者俱乐部经营不善时的债台高筑都表明营利性的副业已经摧毁了追求非营利宗旨的基础，因此有必要对副业特权做出必要限制。参见迪特尔·梅迪库斯. 德国民法总论. 北京：法律出版社，2003：202－205。

❸ 旧学说认为，区别的标准主要在于界定社团的目的或主要目的是否通过经营性活动，即对外进行的有计划的和长期性的营利活动，以获取经济利益，并将其归属于社团本身或者以某种方式归于社员所有，从而将追求营利目的作为经济性活动的特别标志。而新说则引入了一个新的概念：企业性活动，首先是指社团在外部或者内部市场上有计划长期地和有报酬地提供产品或者劳务；其次指参与社团企业的那些分散的部门性的职能活动。以社团是否已从事企业性活动作为决定性的标准。当然，如果社团的企业活动在依社团宗旨所进行的全部活动中仅占次要地位时，则不予考虑。参见金锦萍. 非营利法人治理结构研究. 北京：北京大学出版社，2005：16。

的的社团。

另一类则是“经济关系方法”。这一方法是通过界定法人与其成员之间的经济关系来厘定非营利目的。这一方法首先只是要求非营利法人不得以赚取利润为目的，最后发展到只是要求非营利法人“不分配公司所得”即可。❶ 美国明尼苏达州的法律规定，非营利法人的具体目标可以由法人章程来做出具体说明，其总体目标是从事合法活动，当然，法人的成员对于法人的收入或者财产没有所有权。

综上所述，笔者认为以经济关系方法界定非营利性比较合适。传统的功能主义方法存在以下缺陷：第一，立法上无法穷尽非营利法人的活动领域，也无法预期新出现的活动领域。第二，对于非营利法人从事营利活动的限制是不切实际和不合理的。

那么，非营利法人能否从事营利活动或者商业活动呢？学者一般认为，非营利法人可以从事某种程度的收益事业或者从事附带的营利事业，但是要求其收益必须用于公益目的，若将收益分配给其

❶ 例如，美国加州1931年《非营利法人法》就明确非营利法人可以追求“任何合法目的”，只要不分配法人所得即可。该州法律后来经过多次修改，但是在非营利目的的界定上始终关注法人的利润是否分配给其成员。1980年生效的加州《非营利法人法》第5111条、第7111条均规定，非营利法人可以基于任何目的而成立，只要不是为了私利；同时法人必须不可撤回地将资产用于慈善、宗教、公共利益，并且法人在解散时，其资产必须交给从事慈善、宗教或者公共目的人。参见郑国安，赵璐，吴波尔，等. 国外非营利组织法律法规概要. 北京：机械工业出版社，2000：87。

组成成员，就会违反非营利法人之本质。❶ 当然，如果采取经济关系立法方式，只要非营利医疗机构不将其利润在成员之间分配，就无须对其从事营业活动进行限制。但是如果对其进行营利活动不作任何限制，就会使营利性法人遭受不平等的税收方面的竞争。于是，各国在非营利法人从事营利活动的问题上采取了不同的立场：第一种是以菲律宾为代表的绝对禁止主义；第二种是以新加坡为代表的相对禁止主义；第三种是以泰国、澳大利亚为代表的附条件的许可主义。美国则把非营利法人从事的营利活动分为两类，即相关的营利活动与不相关的营利活动。前者指与非营利法人的宗旨紧密相连的活动，如果非营利法人从事与其宗旨相关的营利活动，则可享受税收优惠政策。否则，该法人就不享有税收优惠。❷ 例如，一个艺术馆出售印有艺术图案的贺卡和纪念品，一所非营利大学出售教科书等，很显然后者的活动与非营利法人的宗旨不相关联。可见，对于非营利法人的营利性活动，大多数国家的立法是允许的，但对其因从事营利活动而对其他营利性法人产生的不公平

---

❶ 例如尹田教授认为，是否从事经营活动并谋取经济利益，与法人成立的目的并不完全吻合。某些公益法人为达到其公益目的，也必须从事经济活动。例如基金会为了维持其财产的价值或者使其增值，以便完成其扶助公益事业的任务，必须将其资金用于投资；救济院等慈善机构为了维持和扩大慈善救济范围而兴办各种企业或从事其他营利事业等，并不影响其公益性质。显然，关键问题不在于法人是否从事营利活动，而在其营利活动所得之归属。如果营利所得完全归属于法人即用于法人目的，则不构成营利法人；如果营利所得被分配给法人成员，即法人成员投资于法人即为盈利(如公司股东投资于公司主要是为了分红)，则属于营利法人。所以，所谓营利性并非指法人本身之盈利，而是指法人营利的目的是为其成员营利。参见尹田．民事主体理论与立法研究．北京：法律出版社，2003:168。

❷ 美国有些州的法律规定，如果非营利法人未将从事营利行为所得的一定比例以上用于该非营利法人的设立目的，则该法人就不得享有税收优惠，以符合市场公平竞争原则。参见金锦萍．非营利法人治理结构研究．北京：北京大学出版社，2005:101。

问题，则通过税收政策予以协调。

因此，笔者认为，非营利性医院“非营利性”的含义应包括以下内容：第一，“非营利性”是指非营利性医院的设立是为了实现一种公益，而不是为了获取利润。第二，不得进行剩余收入或者利润的分配。非营利法人可以开展与其业务相关的营利性活动，但其所得收入不得在其成员之间分配，这一原则即“不分配限制原则”。第三，不得以任何形式将非营利法人的剩余资产变为私人财产。当前，各国法律均规定非营利法人的剩余财产只能转交给其他公共部门（政府或者其他非营利法人）[1]，而不能将剩余财产在股东间进行分配。

我国至今对于“非营利”的界定尚未明确，对其是否能够从事营利活动也是采取相对禁止主义原则。从我国当前非营利性民营医疗机构的实际情况来看，笔者认为应当允许其从事与其设立宗旨一致的营利性活动。这不仅有利于促进非营利性民营医疗机构自身的发展，而且也符合我国当前财政投入不足的现状。当然，对于非营利性民营医疗机构从事相关营利性活动还是应该有相应的限制性规定，否则非营利性民营医疗机构因从事风险较大的投资活

---

[1] 例如南非1997年《非营利组织法》第12条第2款第15项规定，非营利组织终止或者解散时，全部债务清偿完毕之后的剩余财产应当转移给和该组织目的相似的其他非营利组织。而日本《特定非营利活动促进法》第11条规定，非营利活动法人的章程应当记载关于解散的事项，而且如果章程规定剩余财产归属一个组织，那么那个组织必须是一个特定非营利活动法人或者属于下列组织中的一种：中央政府或者地方公共机构，依据《民法》34条成立的法人、《私立学校法》第22条规定的学校法人、《社会福利法》第22条规定的社会福利法人等。该法第32条又规定，章程中没有规定剩余财产的归属问题的，清算人可以在政府主管机关批准后，把剩余财产转移给中央政府或者一个地方公共团体。如果章程中既没有规定剩余财产的归属，而清算人也没有转移财产，那么该非营利法人的剩余财产应当归属于国库。参见金锦萍. 非营利法人治理结构研究. 北京：北京大学出版社，2005：20。

动，势必有可能遭受失败的损失，从而影响其公益目的的实现。因此，从某种程度上说，严格遵循“剩余利益不分配”原则比规范其行为本身更为重要。

2.1.3 民营医疗机构的法律地位

所谓“法律地位”，不同的学者有不同的观点。王全新教授认为对市场主体进行法律定位，应依据其所参与的各种社会关系，将市场主体置于其所在的社会关系中把握其地位。有学者指出法律地位是指法律主体享有特殊资格或执行特殊任务时才享有的权利或承担的责任。有学者认为是法律地位决定了市场主体的权利和义务，法律地位是法律人格的属性之一。也有学者认为，法律地位是指法律主体在各种不同法律关系中享有的权利和承担的义务。综上所述，首先，法律地位主要是法律主体的地位。从理论上讲，凡是能够参与一定法律关系的任何个人和组织，都可以是法律主体，都应享有一定的法律地位。其次，法律地位应是法律关系中的地位。界定某一法律主体的法律地位应将其置于所在的社会关系中，从其所参与的各种社会关系多方位把握其法律地位。最后，法律地位的核心问题是权利和义务。法律主体是在法律关系中享有的权利和承担的义务。

笔者认为，对于法律主体法律地位的界定，不仅要注重其在法律关系中的地位及权利义务关系，更应从其所参与的各种社会关系中多方位把握其法律地位。因此，民营医疗机构法律地位，是指依据法律规定民营医疗机构作为市场主体在各部门法中所处的位置以及在不同法律关系中享有的权利和义务。民营医疗机构作为市场主体必然受到政府规制，作为医疗服务供给方又必然与医疗服务需求方——患者产生一定的法律关系。为此，笔者在下文中将从宪法、行政法、经济法、民法的视角分析民营医疗机构的法律地位。

2.1.3.1 民营医疗机构法律地位的宪法维度分析

民营医疗机构作为非公有制经济的组成部分，其法律地位有必要从宪法视角加以审视。新中国成立以来我国共制定了四部宪法。1954 年《宪法》对于非公有制经济主体的保护虽然是有限的，但却明确承认非公有制经济主体的合法地位。1975 年《宪法》彻底否定和排斥了非公有经济主体的合法存在，全国上下进入计划经济体制时代。“文化大革命”结束后，由于受到“两个凡是”“左倾”思想的影响，1978 年《宪法》对非公有制经济主体仍持否定态度。1982 年《宪法》可以说是新中国成立以来最完善的一部宪法。1982 年《宪法》继承和发展了 1954 年《宪法》的基本原则，克服了 1978 年《宪法》的缺陷，总结了三十多年来我国社会主义发展的丰富经验，第一次明确非公有制经济的宪法地位，即非公有制经济是社会主义公有制经济的补充。[1] 尽管宪法第一次正式为非公有制经济正名，明确了其在宪法中的合法地位，而此时非公有制经济仍只限于个体经济，其宪法地位也只是“补充”地位。

随着改革开放的不断深入和发展，非公有制经济在促进经济发展与满足人民群众日益增长的物质需求方面起到了极大的促进作用，非公有制经济主体的地位也由“补充”地位逐渐上升为“重要组成部分”。1988 年《宪法修正案》承认私营经济是社会主义公有制经济的补充。这次修宪虽然对非公有制经济的保护范围从个体经济扩大到了私营经济，但对私营经济的保护仍在宪法规范层

[1] 《宪法》第 11 条明确规定:“在法律规定范围内的城乡劳动者个体经济，是社会主义公有制经济补充。国家保护个体经济的合法的权利和利益。”

面，因而具有封闭性、单向性的特点。1999 年《宪法修正案》将非公有制经济的宪法地位由“补充”地位上升到了“重要组成部分[1]”，标志着非公有制经济在社会主义市场经济中地位的飞跃，但此次修宪却带来了许多不确定性，给非公有制经济带来了许多疑惑。首先，“在法律规定的范围内”的非公有制经济，意味着只要法律予以保护的，都应是社会主义市场经济的重要组成部分。我国《中外合资经营企业法》[2]已经颁布实施并于 1990 年 4 月第一次修正，换言之，法律已经承认外资企业在我国的合法地位。但 1999 年《宪法修正案》第 16 条却仅以列举的形式提及了“在法律规定的范围内的个体经济、私营经济等非公有制经济”，加之一个“等”字虽具有一定的兜底性、灵活性，但却使得“外资企业”能否成为宪法明确保护的对象变得更加不确定。因为，外资企业是否属于这一“重要组成部分”不得而知，有待于通过宪法规范解释加以明确。2004 年《宪法修正案》对非公有制经济的宪法地位进行了较为完整的确认。[3] 由此推知，只要是我国立法予以明确保护的非公有制经济，其合法地位自然也会在宪法中得到承认和保护，这自然包括已经拥有合法地位的外资企业。通过这次修改也可看

---

[1] 1999 年《宪法修正案》第 16 条规定：“在法律规定范围内的个体经济、私营经济等非公有制经济，是社会主义市场经济的重要组成部分”；“国家保护个体经济、私营经济的合法的权利和利益。国家对个体经济、私营经济实行引导、监督和管理”。

[2] 1979 年 7 月 1 日第五届全国人民代表大会第二次会议通过，1990 年 4 月 4 日第七届全国人民代表大会第三次会议《关于修改〈中华人民共和国中外合资经营企业法〉的决定》第一次修正，2001 年 3 月 15 日第九届全国人民代表大会第四次会议《关于修改〈中华人民共和国中外合资经营企业法〉的决定》第二次修正。

[3] 2004 年《宪法修正案》第 21 条规定：“国家保护个体经济、私营经济等非公有制经济的合法的权利和利益。国家鼓励、支持和引导非公有制经济的发展，并对非公有制经济依法实行监督和管理。”非公有制经济的宪法地位至此最终得到了比较完整的确认。

出，宪法不仅强调对非公有制经济的平等保护，鼓励、支持和引导非公有制经济的发展，并积极体现“大力发展和积极引导”的方针，而且也强调对非公有制经济的监督和管理。

我国四部宪法的制定及四次修宪顺应了经济发展和社会的变化，遵循了社会发展客观规律。宪法对非公有制经济从承认、有限保护到彻底否定，再到合法保护，从非公有制经济的“补充”地位到其为市场经济的“重要组成部分”，历经曲折与变迁，表明立法者对非公有制经济逐步有了正确、科学的认识。民营医疗机构作为非公有制经济的组成部分，其合法地位自然也应受到宪法的保护。健康权是人权的重要内容之一，作为一个文明的法治国家，有义务更有必要为消费者提供更好的医疗服务，使人人享有健康权。而民营医疗机构在缓解医疗服务供给需求矛盾方面起着十分重要的作用。我国宪法鼓励和支持民营医疗机构的发展和市场准入[1]，因此，作为非公有制经济组成部分的民营医疗机构与公立医疗机构应享有平等的法律地位，二者均为社会主义市场经济的重要组成部分，平等参与市场经济的发展。保护非公有制经济的发展既是国家的义务，同时也是非公有制经济应有的权益。

由于“宪法是大纲，是一切现行法的基础。它不仅具有至高无上的地位，而且还必须有其他各种法律的配合。宪法无论写得如何美妙、完善，如果不通过其他部门法具体化，也只是些空洞的原则和口号”。因此，在宪法制定出原则性、纲领性的规定后，仍需要其他部门法遵循宪法的规定，制定相对应的法律制度将宪法规

---

[1] 《宪法》第21条规定：“国家发展医疗卫生事业，发展现代医药和我国传统医药，鼓励和支持农村集体经济组织、国家企事业组织和街道组织举办各种医疗卫生设施，开展群众性的卫生活动，保护人民健康。”由此可见，为提高人民健康水平，国家鼓励和支持除政府以外的各种社会力量兴办民营医疗机构。

范具体化，才有可能将宪法精神落实。 就民营医疗机构而言，仅仅在宪法层面承认其合法地位，仍然是不够的。 要促进民营医疗机构市场准入，还必须有相应的、具体的促进民营医疗机构市场准入的法律制度。 综上所述，笔者认为明确以下几点非常重要：

第一，非公有制经济是我国社会主义市场经济的重要组成部分。 民营医疗机构作为非公有制经济的组成部分，其与公立医疗机构是我国医疗服务体系中不可或缺的两个重要组成部分，二者应具有平等的法律地位。 因此，我国在政策以及立法上应改变以往将“民营医疗机构作为公立医疗机构的补充”的目标定位，将民营医疗机构与公立医疗机构放在同等重要的地位。 承认民营医疗机构是医疗服务的重要组成部分，并非否定公立医疗机构的主导地位。 经济基础决定上层建筑，也决定着一国的法律制度。 当前，我国仍然是以公有制为主体、多种所有制形式共同发展的基本经济制度。 因此，在我国医疗服务体系中，应建立公立医疗机构为主导、多种所有制形式医疗机构共同发展的医疗服务体系，以促进医疗服务业的健康发展。 民营医疗机构市场准入制度的构建并不是为了让公立医疗机构退出医疗服务供给市场，而是为了能确保民间资本进入医疗服务领域，弥补政府财政的不足，形成医疗服务多元供给模式，从而更好地保障消费者的医疗健康权。

第二，市场经济是法治经济，民营医疗机构的发展和市场准入必须有法律的保障。 尽管宪法赋予了民营医疗机构作为非公有制经济主体合法的法律地位，但由于宪法不具可实施性，民营医疗机构市场准入仍需具体法律制度予以支持。 因此，如何将宪法规定的民营医疗机构的法律地位“具体化”是涉及宪法效力的重要问题。 这就要求应以宪法为基础，构建民营医疗机构市场准入法律制度，使民营医疗机构市场准入具有合法性、确定性、强制性和可操作性。

第三，民营医疗机构具有双重属性。就其所有制形式和投资主体而言，具有私有性；而就其提供的医疗服务而言，其又具有社会公益性。因此，民营医疗机构与一般的企业有着很大的不同。基于其私有性，有必要对民营医疗机构市场准入予以理性的、合理的规范；基于其公益性，应将民营医疗机构与公立医疗机构放在同等重要的位置，并赋予二者平等的法律地位。事实上，从“公私二元结构”看，二者均是医疗服务体系的重要组成部分，其不同之处仅在于投资主体和所有制形式不同而已。投资主体和所有制形式的不同，不应成为制约民营医疗机构作为非公有制经济发展的理由。因此，法律应赋予民营医疗机构与公立医疗机构公平竞争的机会，使其具有与公立医疗机构平等的法律地位。当然，这并不是说民营医疗机构可以完全取代公立医疗机构在医疗服务市场乃至在国民经济中的地位和作用，而只是强调对不同所有制的医疗机构应予以平等的法律保护。

民营医疗机构市场准入法律制度的构建是市场经济法治化的必然要求。民营医疗机构市场准入制度既涉及市场主体的既得利益，又制约着市场主体的营业自由等宪法权利，因此必须将政府干预市场的权利限定在法律范围之内，才能确保民营市场准入制度的制度化、法律化。因此，笔者认为既要依据宪法保护、鼓励和促进民营医疗机构的发展，又要基于民营医疗机构的逐利性，对其市场准入因势利导，予以科学、合理、理性的规范和监管。只有健全民营医疗机构法律制度才能既有效保护民营医疗机构的合法地位与权利，又防范市场风险，确保医疗服务的安全。

2.1.3.2 民营医疗机构法律地位的行政法维度分析

医疗服务市场失灵为政府干预民营医疗机构市场准入提供了合

法依据。于是，政府便在医疗服务市场中扮演着医疗服务公共产品的提供者、社会公共利益的维护者和医疗市场信息不对称及外部性消除者的角色。与世界大多数国家一样，我国对民营医疗机构和医疗技术人员市场准入也实行许可制度。依据我国《医疗机构管理条例》及《关于城镇医疗机构分类管理实施意见》的规定，民营医疗机构必须先经卫生行政部门许可取得医疗机构执业许可证，然后到相关部门进行登记。具体而言，非营利性民营医疗机构和营利性民营医疗机构经许可后，要分别到民政部门和工商部门进行登记。因此，无论其以何种法律组织形式设立，均必须得到行政机关的行政许可方能设立，并依法登记后方可进入医疗市场执业。同时，还需根据其性质接受有关国家行政机关的监督和管理。可见在行政法中，民营医疗机构处于行政相对人的地位。

而作为行政相对人的民营医疗机构与行政机关在行政法律关系中处于不平等的地位。这种不平等地位主要表现为：一是二者权利义务不平等。卫生行政机关处于主导和决定性地位，作为行政相对人的民营医疗机构则必须接受其管辖，受其制约。尽管民营医疗机构作为行政相对人也享有一定的权利，但相对于其享有的权利而言，民营医疗机构更多的则是必须履行的义务。❶ “有权利则必有救济，没有救济的权利不是真正的权利。”例如，民营医疗机构和其他市场主体一样，享有依法执业的权利。行政机关应当保证民营医疗机构能够正常安全执业。但立法却未规定当这一权利受到侵犯时，应该如何救济或者行政机关未能保证民营医疗机构依法执业时应承担的法律责任，致使这些权利形同虚设。❷ 二是民营医疗机构市场准入决策过程的不平等，未能体现经济民主。经济民主是贯穿经济法始终的一个基本价值理念，其基本含义是以经济自由为基础，通过市场主体多元化的决策参与，在共同体内实现机会、权力（利）的均衡。实现经济机会和经济资源的平等，是经济平等的体现，也是经济民主的要求。然而，在民营医疗机构市场准入过程中，民营医疗机构并不享有自主权利，不能充分表达其自身的意愿和要求，不能根据市场需要和信息在法律允许的范围内做出进出市场的自由选择。在民营医疗机构市场准入过程中，已有

---

❶ 民营医疗机构的主要义务有：(1)遵守法律、法规，依法经营。民营医疗机构作为市场主体，必须遵守法律、行政法规，遵守社会公德、商业道德，诚实守信，接受政府和社会公众的监督。(2)承担社会公益责任。依据《关于城镇医疗机构分类管理实施意见》的规定，当发生重大灾害、事故、疫情等特殊情况时，各类医疗机构均有义务执行政府指令性任务。这自然包括民营医疗机构在内。可见，民营医疗机构虽然在所有制形式或产权上具有私有性，但仍属于社会主义公益事业的一部分。(3)依法接受监督。民营医疗机构作为行政相对人，从其市场准入到运行与经营，受到卫生部门、工商、民政部门、税务等部门的监督。多头管理与监督造成监管的越位与错位并存，并且导致行政机关监管各自为政，给民营医疗机构市场准入带来了极大的阻碍。(4)依法纳税的义务。民营营利性医疗机构必须服从征税机关的税款征收、税务管理、税务检查、税务违法处罚等管理。

❷ 例如《医疗机构管理条例实施细则》第6条规定：“医疗机构依法从事诊疗活动受法律保护。”由此可见，保证民营医疗机构依法从事诊疗活动是行政机关的义务。但该实施细则却未规定，当民营医疗机构依法执业的权利受到侵犯时，行政机关的法律责任。由此可见，这一规定并不具有实际意义。

的权利是早已预设的，民营医疗机构并没有选择权和决策权，更无话语权，民营医疗机构只能选择服从，无法体现经济民主。经济决策话语权的缺失导致掌握决策权的行政机关将利益的天平偏向了与其有着密切联系的公立医疗机构。这一方面使公立医疗机构长期居于行政垄断地位，另一方面也使民营医疗机构与公立医疗机构在市场准入的起点上丧失了平等竞争的机会。

在民营医疗机构市场准入过程中，如何减少政府行政权力的干预，缩减政府对经济资源及经济机会的垄断，成为一个至关重要的问题，这从本质上而言正是政府与市场的界限问题。“权力使人腐化，绝对的权力使人绝对腐化。”行政许可权本身就是滋生腐败的温床。如果权力没有制约，必将滥用。“在法治国家中，政府的行政活动乃是在规则或标准的范围内展开的，而且行政官员在作一项政策或个别裁决之前，必须严肃考虑他的行为是否超越了法律所赋予的自由裁量权的范围。”因此，在民营医疗机构市场准入过程中，应对政府行政权力予以必要限制，合理限制政府自由裁量的行政许可权符合法治社会的要义。

2.1.3.3　民营医疗机构法律地位的经济法维度分析

要正确地理解民营医疗机构在经济法中的法律地位，应将其置于其所在的社会关系系统中，根据其所参与的社会关系多方位把握其地位。在医疗服务领域中存在着市场主体（医疗服务的供给者）、政府、消费者（医疗服务的需求者）等错综复杂的多方经济法主体。

首先，从政府与民营医疗机构的关系看，二者是规制者与被规制者的关系。市场准入制度本身就是政府对市场最初始的一种干预，是政府对资源配置的一种制度安排。政府作为宏观调控者，基于医疗服务市场失灵，为保障医疗服务的安全必会对民营医疗机构进出市场进行干预。民营医疗机构是被规制的对象，而政府是规制者。在规制过程中，民营医疗机构作为被规制者处于被动地位，受到政府的干预，但其又具有某种程度的博弈能力和能动性。例如，从积极方面看，当政府制定的有关民营医疗机构市场准入制度有悖公平时，民营医疗机构可能会诉诸各种救济途径以维护自身的合法权益；从消极方面看，一些实力雄厚的民营医疗机构可能会采用寻租等方式与政府交换利益，使政府制定有利于自身的政策或法规。❶ 民营医疗机构与政府的关系实质上体现了政府与市场、权利与权力的博弈。因此，在对待民营医疗机构与政府的关系上，应确保民营医疗机构独立、平等的法律地位。市场主体独立的法律地位是其经济发展的根本动力。民法将市场主体抽象为平等的主体，通过确认市场主体的平等地位和自由来保证其独立性。但市场主体在现实社会和经济中是不平等的，由此产生了许多社会和经济问题。因此，有必要建立倾斜保护与矫正机制，同时赋予市场主体独立的法律地位。对民营医疗机构与公立医疗机构，在相同的法律关系中，应该受到平等的保护和平等对待，不能依据市场主体的所有制形式而有所区别。确保民营医疗机构平等独立的法律地位，并非是说民营医疗机构要完全代替公立医疗机构，而是强调二者在形式和实质上的平等，这种平等是一种正当差别的平等。

其次，民营医疗机构与公立医疗机构、消费者的关系。与公

❶ 例如在西方国家，政治献金构成了国家民主制度的重要组成部分，大的企业利益集团运用政治献金在很大程度上影响甚至左右政府的规制政策与行为。美国1974年的《联邦选举法》就明确规定了个人和企业对政党选举的所谓“硬捐款”和“软捐款”的数额。对于企业界而言，政治献金的确是影响政府规制政策与行为的捷径。参见陈伯礼．美国在立法过程中对利益集团的控制：理论假设与法律规制．外国法评译，1996（4）：11。

立医疗机构相比，民营医疗机构处于弱者地位。二者原本应为平等的市场主体，但事实上却为不匀质的市场主体，主要表现在：其一，税收方面的不平等。公立医疗机构属于非营利性医疗机构，因此，其按照国家规定的价格，取得医疗服务收入，免征营业税。而民营非营利性医疗机构尽管也具有“非营利性”，但却不能与公立医疗机构一样享有税收优惠。其二，享受财政补贴方面的差别。公立医疗机构享受同级政府给予的财政补助，而民营非营利性医疗机构不享受政府财政补助。事实上，公立医疗机构享受财政补贴的前提应仅仅只能是其提供的具有公共产品属性和准公共产品属性的公共医疗服务而言，并不包括其所提供的具有私人产品属性的医疗服务。其三，医保资格方面的差别待遇。民营医疗机构难以进入社会医保体系，很难被确定为医保定点医院。而当前城市居民看病，费用主要是依靠社会医疗保险。对于民营医疗机构而言，不能取得医保定点的资格，就会失去大量的病人，从而影响其经营，其生存之艰难可想而知。其四，融资方面的差别。我国《担保法》规定，学校、医院等以公益为目的的企事业单位、社会团体不得当保证人。《物权法》规定，医院是以公益为目的的事业单位，因此其设备不得抵押。而按照现有的规定，法人型非营利性民营医疗机构为“民办非企业单位”，这一尴尬的身份使得民营医疗机构很难获得贷款，更无法与公立医疗机构一样享受金融机构的无息、低息甚至贴息贷款。

与消费者相比，民营医疗机构处于优势地位，而消费者则处于弱势地位，主要体现为：一是消费者与民营医疗机构存在严重的信息不对称。尽管在诉讼程序中，立法者已考虑到消费者的弱势地位因素，因而设置了举证责任倒置这一规则。但由于医方享有保存证据的权利，消费者不具备医疗服务常识，因此消费者要在事故发生第一时间获得证据的难度很大，而医方在事故发生时篡改证据则相对容易。二是消费者与医生之间信息不对称。消费者患病后，由于缺乏专业知识，对自己的病因以及所需医疗服务了解甚少，大部分决策由医生做出。而且即使患者完全了解了某些信息，也不一定能完全正确地理解，这增加了患者选择医疗服务时的风险，使得不确定性信息的存在成为可能，必然引发道德风险。医生将利用自己的信息优势为自己牟取信息租金。医疗服务的这一特点使得医生可以通过多开药、开高价药等手段损害患者利益。三是消费者的风险负担远远重于医疗机构。消费者在接受治疗后，医疗机构此时已经就其提供的服务获得了回报，而消费者人身安全和健康保障的风险已完全由消费者承担。加之消费者可能因同一疾病而在不同医疗机构接受治疗，一旦发生风险或事故，由于专业知识的匮乏和经济能力的限制，消费者很难确定和追究侵害其权利的具体医疗机构的责任。四是格式合同交易过程中，消费者对格式合同条款的理解和选择余地远远不及医疗机构。例如，消费者接受手术治疗之前，必须要由家属签字，医生才实施手术。尽管消费者也许知道有潜在的医疗风险，但出于求生的本能，大多数消费者不得不同意签字接受手术治疗以及承担术后风险责任。

市场主体平等是市场经济得以存在和发展的基础。市场主体地位平等受保护的力度越大，市场经济的发展水平和程度越高。在经济法的视域中，各类市场主体不论其所有制形式如何，也不论其经济实力大小，均应属于平等的市场主体。这种平等不仅仅只是一种形式平等，更强调是一种实质平等。形式平等强调的是对公立医疗机构和民营医疗机构这一不匀质市场主体赋予相同的权利和机会，即“不同情况同等对待”。而实质平等强调的是“不同情况不同对待”。这种公平是一种充满了人文关怀的实质公平，作为以社会本位为价值追求的经济法则，不仅应承认民营医疗机构与公立医疗机构的差别，更应正视民营医疗机构的弱势地位，并贯彻保护弱势群体的社会本位理念，明确“倾斜立法，保护弱势”的倾斜保护原则。对于处于弱势地位的民营医疗机构给予特别保护，在权利配置上对民营医疗机构进行倾斜保护，矫正民营医疗机构的弱势地位，使之具备与公立医疗机构公平竞争的机会和竞争能力，最终形成真正的医疗市场竞争机制。

2.1.3.4　民营医疗机构法律地位的民法维度分析

民营医疗机构的法律形态决定了民营医疗机构的法律地位。民营医疗机构法律形态，是指民营医疗机构依不同的法律标准和条件所形成的具体的组织形式。因此，要厘清民营医疗机构的法律地位，有必要首先分析和了解我国当前民营医疗机构的法律形态。当前，我国民营医疗机构的法律形态大致有以下几种[1]：独资医疗机构、股份制医疗机构、股份合作制医疗机构、合伙医疗机构和中

---

[1] 依据 2000 年《关于城镇医疗机构分类管理的实施意见》(以下简称《实施意见》)的规定，营利性民营医疗机构一般以城镇个体诊所、股份制、股份合作制和中外合资合作医疗机构等形式设立，但《实施意见》却未对民营非营利性医疗机构的法律形态做出明确规定。依据《关于城镇非营利性医疗机构进行民办非企业单位登记有关问题的通知》的规定，民营非营利性医疗机构经依法审核符合登记条件的，应到民政部门进行民办非企业单位登记，并且可以法人、合伙和个体工商户形式出现。但该《通知》对于民营非营利医疗机构的具体法律形态却未明确。为了促进非公立医疗机构持续健康发展，2012 年卫生部颁发了《关于社会资本举办医疗机构经营性质的通知》(以下简称《通知》)，并对《实施意见》的规定做出了新的调整：民营医疗机构享有自由选择经营目的的权利，可自主申办营利性或非营利性医疗机构。这改变了以往民营医疗机构在很大程度上只能选择以营利性医疗机构形式设立的做法。同时，《通知》还规定原《实施意见》中“城镇个体诊所、股份制、股份合作制和中外合资合作医疗机构一般定为营利性医疗机构”的规定不再适用。这意味着无论是营利性还是非营利性民营医疗机构，均可以个体诊所、股份制、股份合作制和中外合资合作医疗机构的形式设立。

外合资合作医疗机构。

1. 民营医疗机构的法律形态之一：股权制医疗机构

股权制民营医疗机构是指由投资者设立的，投资者以其所拥有的股权对医疗机构的债务承担有限责任，而医疗机构以其全部财产对其债务承担无限责任，具有法人资格的医疗机构。股权制民营医疗机构主要有两种形式，一种是股份制医疗机构，另一种是中外合资合作医疗机构。股份制医疗机构指股东以其出资或所持股份为限，对医疗机构的债务承担有限责任，而医疗机构则以其全部资产对其所负债务承担全部责任的法人医疗机构。股份制医疗机构又分为有限责任公司形式的医疗机构和股份有限公司形式的医疗机构两种类型。爱尔眼科医院集团便是以股份有限责任公司形式设立的民营医疗机构的成功典范之一,2009 年 10 月 30 日公司在深圳证券交易所上市，是中国第一家 IPO。❶

股份制医疗机构具有以下特点：一是具有独立的法人资格，医疗机构能以自己的名义独立承担民事责任；二是投资者承担责任的有限性，投资者以其出资额或者所持股份为限对医疗机构债务承担有限责任。股份制民营医疗机构包括以民间资本设立的股份制医疗机构和由全民所有制或者集体所有制改建的股份制民

---

❶ 爱尔眼科医院集团是中国规模最大的民营眼科医疗机构之一，集团总部位于湖南省长沙市，公司前身系 2003 年 1 月 24 日成立的长沙爱尔眼科医院有限公司。公司于 2007 年 12 月 5 日由爱尔眼科医院集团股份有限公司整体变更设立，并且取得营业执照。2007 年 9 月 25 日，公司经中国证监会批准，首次向社会公众发行人民币普通股 3 350 万股,2009 年 10 月 30 日公司在深圳证券交易所上市。爱尔眼科医院集团是中国第一家 IPO。IPO 的全称是 initial public offering，即首次公开发行，指股份有限公司首次向社会公众公开招股的发行方式。IPO 新股定价过程分为两个部分，先通过合理的估值模型估计上市公司的理论价值，然后通过选择合理的发行方式来体现市场的供求，并最终确定价格。参见 http://hr. aierchina. com/Company/company. asp?comid = 1651，2012 - 11 - 21。

营医疗机构。1984 年，广州益寿医院成为中国第一家民办股份制医院。❶

中外合资合作医疗机构指经中国政府主管部门批准，外国医疗机构、公司、企业和其他经济组织，按照平等互利的原则，在中国境内（香港、澳门及台湾地区除外）与中国的医疗机构、公司、企业和其他经济组织以合资或者合作形式设立的医疗机构。尽管我国现行立法只规定了中外合资企业具有法人地位，且属于有限责任公司形式的法人，但并未规定中外合作企业必须是法人。我国《中外合资、合作医疗机构管理暂行办法》第 8 条却明确规定，中外合资合作医疗机构必须是独立的法人，即无论是中外合资医疗机构还是中外合作医疗机构，均必须是对外独立承担民事责任的法人。笔者认为，中外合资合作医疗机构属于中外合资合作企业的一种特殊市场主体，尽管从法的属性上看，前者是普通法，后者是特别法。当普通法与特别法的规定发生效力冲突时，特别法优先于普通法适用。但根据民营医疗机构法律形态的多元化趋势看，中外合资合作医疗机构的法律形态不仅可以是能独立承担民事责任的法人，还可以是能独立承担民事责任的其他组织，甚至可以是能独立承担民事责任的自然人。

我国对中外合资合作医疗机构的发展呈现出逐步放宽的倾向，20 世纪 80 年代末以来，我国先后制定了一系列法律法规❷促进其发展。2000 年的《中外合资、合作医疗机构管理暂行办法》对中

---

❶ 参见 http://www.sina.com.cn,2011-12-20。

❷ 1989 年我国制定了《关于开办外宾华侨医院诊所和外籍医生来华执业行医的几条规定》，于是在此规定出台之后的几年中，全国出现了创办中外合资合作医疗机构的高潮。之后，为进一步明确中外合资合作医疗机构的审批程序，规范其管理，1997 年，原外经贸部和卫生部制定了《关于设立外商投资医院的补充规定》，并做出了中方股权比例不得低于 50% 的严格限制。

外合资合作医疗机构的设置条件、要求等做出了规定。其中放宽了外资持股比例限制，最高可达70%，但却规定了较为复杂的市场准入审批程序，中外合资合作医疗机构的设立必须经卫生部和商务部联合审批后才能正式设立，且不能设置分支机构。2010年，《关于进一步鼓励和引导社会资本举办医疗机构的意见》将境外资本举办医疗机构由限制类调整为允许类，并且简化了外资医疗机构设立的审批程序，中外合资合作医疗机构的设立审批权限由卫生部下放到省一级，逐步取消对境外资本举办医疗机构的股份限制。对具备条件的境外资本在我国境内设立独资医疗机构进行试点，逐步放开。2011年的《外商投资产业指导目录（2011年修订）》则正式将外商投资医疗机构从限制类调整为允许类，这意味着彻底取消了对外资最多不超过70%的股份限制。上述这些政策规定的变化表明，我国对中外合资合作医疗机构市场准入呈现不断放松规制的趋势，政府不仅重视国内民营医疗机构的发展，也极其关注外资民营医疗机构的发展；不仅关注医疗服务安全，也更加重视民营医疗机构的发展。

2. 民营医疗机构法律形态之二：股份合作制医疗机构

股份合作制医疗机构是我国市场经济发展中的一种新的组织形态，属于股份合作制企业。对于股份合作制企业的含义至今尚无统一的规定，仅在一些部门规章和地方法规中可以看到与其有关的规定。概而言之，股份合作制企业的含义大概有以下几种：一是强调其合作制的特点❶；二是强调其股份制的特

❶ 农业部发布的《农民股份合作企业暂行规定》第2条规定："农民股份合作企业是指，由三户以上劳动农民，按照协议，以资金、实物、技术、劳动等作为股份，自愿组织起来从事生产经营活动，接受国家计划指导，实行民主管理，以按劳分配为主，又有一定比例的股金分红，有公共积累，能够独立承担民事责任，依法批准建立的经济组织。"

点[1]；三是认为其既具有股份制又具有合作制的特点[2]；四是认为股份合作制企业既不是股份制企业，也不是合伙企业，而是以自己的名义独立对外承担民事责任的法人[3]。

通过比较分析，股份合作制民营医疗机构是指医疗机构的全部资本划分为等额股份，并以职工股份为主，股东共同出资、共同经营、共担风险、共享收益，出资人以其出资额为限对医疗机构的债务承担责任，而医疗机构以其全部财产对其债务承担责任的医疗机构。因此，股份合作制民营医疗机构主要有以下特征：一是股份合作制民营医疗机构具有法人地位，并对其债务承担有限责任；二是股份合作制民营医疗机构实行劳动联合和资本联合的产权制度。而股份制医疗机构是纯粹的资本联合，合作制医疗机构则强调劳动的联合；三是股份合作制医疗机构主要以职工持股为主，并实行按劳分配和按资分配相结合的分配制度；四是股份合作制医疗机构股东转让所持股份受到限制，股东只能在内部转让其所持股份，不得将其所持股份对外转让或者带走。浙江台州温岭骨伤科医院是我

---

[1] 如《深圳经济特区股份合作公司条例》规定："股份合作公司是指依照本条例设立的，注册资本由社区集体所有财产折成等额股份并可募集部分股份构成的，股东按照章程规定享有权利和承担义务，公司以其全部资产对公司债务承担责任的企业法人。"参见深圳经济特区法规汇编(1994).深圳：海天出版社，1995:16。

[2] 《河北省乡村股份合作企业条例(试行)》第2条规定："本条例所称乡村股份合作企业，系指依照本条例设立，注册资本由股份构成，股东按照股份制和合作制相结合的原则享有权利和承担义务，企业以全部资产对债务承担责任的企业法人。"参见孔祥俊.股份合作企业法概论.北京：经济科学出版社，1997:218。

[3] 依据《关于发展城市股份合作制企业的指导意见》第4条及其他相关条款的规定，股份合作制企业是指出资人通过劳动合作和资本合作有机结合，在自愿基础上，共同出资，共享利益，共担风险，出资人以出资额为限对企业的债务承担责任，企业以其全部资产对外承担民事责任的企业法人。

国最早的股份合作制民营医疗机构。❶

3. 民营医疗机构法律形态之三：独资医疗机构和合伙医疗机构

独资医疗机构是指由一个自然人设立的，财产为投资者个人所有，投资者以其个人财产对医疗机构债务承担无限连带责任的经济实体。独资医疗机构具有以下特点：一是投资主体数量有限，投资者仅有一人；二是投资者责任的无限，即投资者对医疗机构的债务承担无限责任；三是独资医疗机构不具有独立的法人资格。依据我国《医疗机构管理条例》第9条的规定，个人可以设立独资医疗机构。《关于城镇非营利性医疗机构进行民办非企业单位登记有关问题的通知》也规定，个人举办的民营非营利性医疗机构应进行“民办非企业单位登记”，并且符合条件的经核准登记后发给民办非企业单位（个体）登记证书。可见，无论民营营利性医疗机构还是民营非营利性医疗机构均可以独资医疗机构形式设立。

现行政策对独资医疗机构市场准入也呈放宽态势。当前，我国虽只允许国内独资医疗机构的合法存在，对外商在我国境内设立独资医疗机构尚未有明确的法律规定，但对于外商在我国设立独资医疗机构的态度却经历了从过去的绝对禁止到现在允许特定城市进行独资医疗机构试点的转变。根据《中外合资合作医疗机构暂行管理办法》的规定，外商不得在中国境内独资设立医疗机构，只能采取合资或合作的形式。2010年，《关于进一步鼓励和引导社会资本举办医疗机构的意见》规定，对外商独资医疗机构先行试点，然后逐步放开。为了鼓励外资兴办各类医疗机构，形成“公立医院与非公立医院相互促进、共同发展的格局”。2010年内地与澳

---

❶ 参见公立医疗机构民营化改革的几种模式. http://www.hxyjw.com/guanli/jyts/1149612/2.shtml, 2012-12-10。

门、台湾分别签订了《关于建立更紧密经贸关系的安排》补充协议七和《海峡两岸经济合作框架协议》。2011年12月，内地又与香港签订了《关于建立更紧密经贸关系的安排》补充协议八。这些协议规定，允许港澳台服务提供者在上海市、重庆市、广东省、福建省、海南省所属的直辖市及省会城市以独资形式设立医院。[1]可见，我国对于港澳台地区在内地设立独资医疗机构的态度已非常明朗，但允许港澳台在内地举办独资医疗机构并不意味着其他国家也能在我国设立独资医疗机构，其他国家在我国设立外商独资医疗机构在立法上仍未明确。虽然对于我国为何禁止外商在境内设立独资医疗机构的背景不得而知，但这一规定却有违世贸组织公平透明原则。我国早已允许外商独资企业在中国境内设立，并赋予其法人地位。我们相信随着我国医疗服务贸易市场的日渐开放，外商独资医疗机构不久也会出现。

所谓合伙性民营医疗机构是指由两个或两个以上的投资主体签订合伙协议，共同经营、共享收益、共担风险，对医疗机构债务承担无限连带责任的医疗机构。合伙民营医疗机构具有以下特征：一是必须有两个以上的合伙人；二是有书面合伙协议；三是合伙人对合伙医疗机构的债务承担无限连带责任；四是合伙医疗机构不具有独立的法人资格。依据《关于城镇非营利性医疗机构进行民办非企业单位登记有关问题的通知》的规定，对于已经领取医疗机构执业许可证的合伙非营利性民营医疗机构，登记管理机关对符合登记条件的依法核准登记，发给民办非企业单位（合伙）登记证书。

综上所述，从民事主体的类型看，民营医疗机构分为法人型民营医疗机构和非法人型民营医疗机构。尤其是法人型民营营利性

[1] 只不过内地与香港地区《关于建立更紧密经贸关系的安排》补充协议规定，独资医院的设立应符合内地关于外商投资设立独资医院的有关规定。

医疗机构，实践中一般将其纳入企业法人之列进行规制。对于法人型民营非营利性医疗机构，我国将其界定为“民办非企业单位”，这一做法与世界其他各国和地区的规定都有所不同。依据我国现行民事立法的规定，法人型民营营利性医疗机构具有当然的民事主体法律地位，但独资医疗机构和合伙医疗机构等非法人组织医疗机构是否具有民事主体法律地位问题却有待进一步澄清。而法人型民营非营利性医疗机构的法人类型归属问题也是一个比较棘手的问题，笔者将在下文进一步探讨上述问题。拉仑兹认为，“确定某人具有权利主体资格意味着将通过行使权利所获得的利益归属于权利主体”。根据《中华人民共和国民法通则》第2条的规定，我国民法当前采用二元结构民事主体架构体系，仅赋予了自然人和法人民事主体资格，而未承认合伙、独资企业等非法人组织享有民事主体地位。其中，法人又分为企业法人、事业单位法人、机关法人和社会团体法人。尽管由于立法对于这四类法人的内涵与外延均未做出规定，使得各类法人的特征和各自的权利义务无法明确，从而使这种分类不具有任何意义❶，但股份制医疗机构、中外合资合作医疗机构以及股份合作制医疗机构因具有独立法人资格，其民事主体地位却是十分明确的。我国民法不承认在自然人和法人之外，还存在第三类民事主体。如此一来，合伙医疗机构和独资医疗机构民事主体资格的不确定性将直接影响民营医疗机构

❶ 学者们认为这种分类的主要缺陷如下：第一，分类没有体现民法的社会功能，即没有对民事主体的私法性予以充分的认识和体现；第二，这一分类具有明显的计划经济的痕迹而且类型不周延；第三，这一划分存在逻辑缺陷，即在每种分类的具体类型之间不具有共同的成立基础，致使法律无法对亚分类层面的具体类型的共同特征二次抽象，而不得不通过特别立法做出非常繁琐的规定，这反过来又使分类本身丧失了意义。参见马俊驹《完善我国法人制度的几点建议》，2002年7月14日在经济法学研讨会暨两岸经济法学术研讨会上的发言。

民事主体的法律地位。笔者认为，民事主体资格问题事关民法规定的利益落实问题，因此有必要澄清此问题。

4. 民事主体的判断标准

民事主体制度经历了从一元到二元，从“人可非人”到“非人可人”的发展历程。罗马人虽然创造了显赫的罗马法，但却一直坚持个人是私法上的唯一主体。1900年《德国民法典》在继承个人主体制度基础之上，首次确认了法人制度。至此，在民法领域形成了自然人与法人并列的二元民事主体结构。民事主体制度在本质上是一个价值判断问题。在一个社会中，立法者将哪些社会存在确认为民事主体，与立法者的主观意识有关。因此，特定民事主体制度的构架是立法者立法思维选择的结果。现在大多数国家均承认在自然人和法人之外，有第三类民事主体的存在。虽然各国对其称谓及类型规定不同❶，但基本含义却大致相同，均指不具有法人资格但可以自己的名义从事民事活动，界于自然人和法人之间的社会组织，我国学理上将其称之为“非法人组织❷”。那么，明确合伙医疗机构和独资医疗机构作为合伙组织和个人独资企业的具体表现形式能否具有民事主体地位这一问题对于民营医疗机构的发展十分重要。

---

❶ 德国立法上称其为“无权利能力社团”，指未经法人登记的社团或财团；日本称其为“非法人的社团或财团”，是指为实现某种目的而集合多数社员组成的无权利能力的团体；英美法称其为“非法人团体”或“非法人社团”，是指为了某种合法目的而联合为一体的非按法人设立规则设立的人的群体，它们或依章程设立，或不拥有章程。

❷ 在学理上通常将不具有法人资格但可以自己的名义独立从事民事活动的组织称为“非法人组织”或者“非法人团体”。在立法中则将其称为“其他组织”。例如，《合同法》第2条规定：“本法所称合同是平等主体的自然人、法人、其他组织之间设立、变更、终止民事权利义务关系的协议。”本书中“其他组织”“非法人组织”和非法人团体属于同义。

民事主体的判断标准对于界定合伙医疗机构等非法人组织是否具有民事主体资格至关重要。学者们从各个不同的角度对民事主体的判断标准提出了自己的观点，可谓仁者见仁、智者见智。具体而言，这些学说主要有“传统四要件说❶”“抽象人格说❷”“民事权利能力说❸”“独立意志说❹”和“民事主体功能论❺”。上述理论对于民事主体的判断起到了很好的启示作用，并具有一定的合理性，但也存在着诸多缺陷和不足，使其不具有实在意义。

首先，传统四要件说强调民事主体的“独立性”，并将能否独立承担民事责任作为判断能否取得民事主体资格的条件，实则是一

---

❶ 传统四要件说认为判断民事主体的实质标准主要有：(1)名义独立；(2)意志独立；(3)财产独立；(4)责任独立。该学说强调民事主体的独立性，认为自然人和法人都必须独立对外承担民事责任，均以自己所支配的财产作为承担责任的基础。参见陈华，刘勇. 合伙可成为独立民事主体和民事诉讼主体. 法商研究，1999(5)：44－49。

❷ 抽象人格说认为，衡量组织能否成为民事主体的标准，应当看其是否具有独立的法律人格，即是否具有民事权利能力，而不是把具备行为能力或者责任能力作为判断标准。抽象人格是指人们平等普遍、独立自由且终身享有的不可变更、不可转让的民事权利能力，具有抽象性、平等性和独立性、终身性、不可变更性、不可转让性。参见曹新明，夏传胜. 抽象人格论与我国民事主体制度. 法商研究，2000(4)：59－66。

❸ 民事权利能力说认为，凡是法律关系的主体，都应具备能够依法享有权利、履行义务的法律资格。权利能力是一个自然人或社会组织在法律上的人格确认。具备法律上的人格才具备法律上的主体地位，才能成为法律关系的主体。不同的法律主体应具备不同的权利能力。什么样的人或组织可以成为法律主体及何种法律主体是由一国法律规定或确认的。参见李明华. 论合伙企业的民事权利能力. 四川师范大学学报，2000(2)：30－35。

❹ 独立意志说认为，衡量一个事物能否成为民事主体的标准应为是否具备独立意志。具备独立意志是一个事物能够成为民事主体的标准。参见张晓鸥，吴一鸣. 论“其他组织”的法律地位：兼论民事主体标准. 南通职业大学学报，2003(2)：49－55。

❺ 民事主体功能论认为，法律对于民事主体的规定，至少有两个方面的含义：一是在人文主义的影响下，赋予所有自然人民事主体地位，使其参与民事法律关系，享有相应的权利义务；二是为了达到特定的目的和发挥特定的功能而对一定的社会存在赋予民事主体地位，确认其权利能力。这主要是针对社会组织和特定财产而言的。转引自马骏驹，宋刚. 民事主体功能论：兼论国家作为民事主体. 法学家，2003(6)：56－64。

种错误认识。其错误地将法人的特征与法人成立的条件混为一谈，并将其能否独立承担责任作为取得民事主体的条件，使大量事实上存在的民事主体无法纳入法律的规制范围，已明显不适应社会和经济的发展。

长期以来，学者们认为法人之所以具有民事主体资格是因为其能独立承担民事责任，其他组织由于不具有法人资格，不能独立对外承担民事责任，所以不具有民事主体资格。其实能独立承担民事责任并不是法人取得民事主体资格的条件，而只是其一个重要法律特征而已。同理，能独立承担民事责任也只是社会组织取得法人资格的结果，而不是其取得法人资格的条件，更不是其取得民事主体资格的条件。之所以产生这样的错误认识是因为立法者为了能给国有企业所有权和经营权相分离的改革提供法律依据，在《民法通则》中规定能独立承担民事责任为法人的成立要件。而《中华人民共和国民法（草案）》“法人”这一章节更是对《民法通则》这一规定采取了全面移植的态度，并明确规定能够独立承担民事责任是法人成立的一项实质要件。此规定颠倒了法人人格和责任之间的因果关系。其次，纵观世界各国民事立法，有学者认为独立责任只是法人的责任形式之一。❶ 独立责任根本不是法人的必

---

❶ 有学者对世界范围内的法人责任立法模式进行了总结，指出主要存在四种模式：一为责任独立型法人，即法人以独立拥有之财产为限独立对外承担责任，法人成员原则上不对法人之债务有责任，主要是有限责任和股份有限公司及财团法人。二是责任半独立型法人，即法人以其名下拥有的财产对外承担责任的同时，法人部分成员（无限责任者）应与其连带负责的责任形态。这种法人主要是两合公司、股份两合公司。三是责任非独立型法人，即法人在以其名下拥有的财产对外承担责任的同时，法人所有成员均应与其连带无限负责，主要是无限公司及商事合伙。四是责任补充型法人，即法人以其财产不足以清偿第三人债务时，法人成员或所有者有义务承担补充责任的法人形态。如俄罗斯民法典中有关法人成员补充责任的规定。参见虞政平. 法人独立责任质疑. 中国法学，2001(1)：129－139。

要条件，更遑论作为民事主体的标准。从本质上讲，某种社会组织是否能够独立承担民事责任，是从促成交易和保护交易两个方面来考虑的，是法律规定的结果。法人之所以具有民事主体资格，并非因其能独立承担民事责任，而是立法者基于社会共识将这种能够促进和保护交易的组织现象确认为判断民事主体的依据，这是立法者的价值判断和选择。法人的责任和法人成员的责任相分离，其目的旨在事先锁定风险，使个人的投资风险被限定在一个有限的范围，让投资者排除因投资可能招致的倾家荡产的风险，从而鼓励私人资本投资的积极性，使分散的资本走向集中。正是这种通过使财产独立化而产生的限制责任效果，构成了设立法人的本质动机。

可见，传统民法主体理论将独立责任能力作为确立民事主体资格的依据，旨在保证交易安全。而事实上，独立责任能力与交易安全之间并无太大关系。现阶段如果我们依然保守地将独立责任能力作为判断民事主体的依据，只会降低市场准入效率，更不符合我国民营医疗机构发展的需要。

其次，抽象人格说虽很好地解释了各种类型的民事主体何以平等，但对民事主体的判断标准并没有提出实质性的见解。因为该学说认为在“抽象人格”之下，还有各种具体人格，包括自然人、法人、第三民事主体等，但这种具体人格的判断标准是什么，则未提出。因此，该学说陷入逻辑上的循环论证，因为法律上的人格是人的资格，亦即主体资格。

然后，民事权利能力说则颠倒了因果关系。民事主体的地位、民事权利能力都是法律赋予的。民事权利能力在民事主体制度中只具有抽象意义。为了将法人引进民事主体领域，立法者赋予了民事主体的民事权利能力。民事权利能力只是对民事主体共同特征的一种抽象，其本身是立法者为将法人引进民事主体领域的一种立法设计而已，并不是民事主体的本质。民事主体真正的判断标准是法律为什么赋予社会存在民事权利能力以及具体标准。民事权利能力只是民事能力的一种，是民事主体的一种具体特性。民事能力还包括行为能力、责任能力。

再次，独立意志说虽具一定合理性但却未能提出客观的实质要件，具有很大的主观性。因为独立意志是行为能力的要素，是行为人对自己行为的性质、内容、后果的认识和表达的能力，现实中没有独立意志甚至不具有行为能力的民事主体是大量存在的。而独立意志说则主要从主观特征来说明民事主体，但未能与物质基础相结合，不是完整的要件。

最后，民事主体功能说看似论证角度独特、很有新意，将特定功能作为民事主体确立的重要依据，但同样未能揭示构成民事主体的实质要件，只是说明法律为何要确认民事主体。该理论重在说明确立民事主体的必要性，并没有真正说明团体何以能够成为民事主体。因此，这些学说均不能成为判断民事主体的实质要件。我们仍有必要继续探究民事主体的实质要件。

5. 非法人组织应具有民事主体法律地位

民事主体理论应与时俱进，打破二元主体结构，承认非法人组织的民事主体地位。当前，我国民营医疗机构呈现出迅速发展的趋势，不仅投资主体呈多元化，而且医疗机构的法律形态也呈多元化发展，合伙医疗机构、独资医疗机构等各种法律形态的医疗机构在社会中大量存在。实际上，民事主体从一元结构转变为二元结构这本身就表明民事主体结构具有开放性和选择性，而决定这一特征的关键因素在于社会现实的需要。正如博登海默所言，当我们身处一个变换世界之中时，仍将法律视为一种永恒的工具，那就永远不会发挥它的有效作用。因为如果一个法律制度跟不上时代的需要，它就是毫无价值的。因此，结合社会现实和法律看，民事主体的本质条件包括两个方面："为权利之主体，第一须有适于享有权利之社会的存在。第二须经法律之承认"。也就是说合伙医疗机构等非法人组织要成为民事主体必须具备两个条件：一是具有独立的意志；二是必须经法律承认。

首先，独立的意志是民事主体成立的首要条件，即社会存在能否以独立的名义存在或进行民事活动。人与动物最大的区别在于人具有独立的意志，因此自然人首先被承认为民事主体。民事主体只有具有独立意志，才能与其他主体发生意志交流，并且确定其交易对象，明确双方的权利义务关系，从而建立民事法律关系。非法人团体是个人实现其意志的工具，团体的意志实际上是一种法律拟制，自然人将其意志以团体的名义和形式表达出来，团体就具有了自身的意志。而非法人团体独立意志的形成则需要具备以下条件：

一是能以自己的名义从事民事活动，即具有独立的名义。独立的名义是非法人组织独立性的外在表现，也是其对外表达意志的载体。独立名义对于非法人组织法律人格的取得具有决定性作用。否则，非法人组织的意志无以指代、无从区别。在社会生活中，交易对象主要依据非法人组织是否具有独立名义来判断其独立性，因此非法人组织必须借助一定的社会符号使之区别于其他主体。"对组织体特别意味着能够用组织的名称与第三人为民事法律行为，而不是以法定代表人或其他组织成员的名义。"这就要求非法人组织必须有自己特定的名称，代表组织的意志。法人分支机构和法人所属职能部门最大的区别在于前者有自己的名称并可以自己的名义从事民事活动，而后者没有自己的名称且只能以所属法人名义对外交往。我国《民法通则》第33条和《合伙企业法》第11条第2款，分别从正反两面规定合伙具有独立的名义。前者规定合伙可以起字号，经依法核准登记，在核准登记的范围内从事经营；后者则规定合伙企业领取营业执照前，合伙人不得以合伙企业名义从事合伙业务。换而言之，即合伙企业领取营业执照后，便可以合伙企业名义从事合伙业务。此外，合伙还可以其商号参与诉讼，可以在银行或信用社开设账户。不仅如此，合伙人为了实现经济目的，都有权参与合伙事务的执行（有限合伙中的有限责任合伙人除外），合伙事务的执行人也必须以合伙的名义参加民事法律关系。这充分表明，合伙组织具有独立的名义，可以自己的名义对外参加民事活动。

二是具有意志形成机关和意志传达机关。非法人组织要成为民事主体，必须如同完全行为能力的自然人一样，能以自己的名义参与社会生活，具有形成和表达组织意志的机关。非法人组织的意思形成机关能将组织个人的意志上升和转化为组织整体的意志。对于非法人组织而言，不管其名称为何，总有一个机构按照组织章程或合同的规定来形成其意志。这个意志是独立于组织成员之外的意志。非法人组织的意思表达机关，即代表人、管理人或者执行人，其对外代表组织的意志，执行组织事务。合伙组织的执行人对外代表合伙，并表达和执行合伙的意思。而且无论合伙的代表人更换为何者，非法人组织代表人或者管理人对外代表组织执行和表达组织意志的这一机制始终存在，合伙代表人可以代表合伙人的共同意志执行合伙事务。因此，合伙的意思表达机制在主观上使其具备了成为独立民事主体的条件。

三是拥有一定的可支配财产或者经费。独立的财产是非法人组织成立和运作的物质基础，同时也是其对外承担债务的基础，其财产状况如何关系到交易安全和经济秩序。虽然没有财产和经费并不妨碍组织形成独立意志，但组织要对外进行活动以实现自己的意志，一般均要有一定的财产和经费作为基础。就非法人组织而言，其财产和经费也具有相对的独立性，一般表现为有一个独立的账户或一定数量的共有财产，组织的收支皆经此处。《合伙企业法》第20条和第21条分别规定了合伙企业财产的构成及合伙人的财产分割规则。这充分表明了合伙财产的独立性，也证明合伙组织能够独立支配该财产。

其次，为一个国家的民事立法所承认是民事主体成立的另一个重要条件。一个国家的法律是否将非法人组织确认为民事主体取决于国家立法的价值取向。生活中的社会关系有很多，但并不必然会得到法律的承认和保护。对于哪些社会关系给予法律确认和保护，取决于国家意志。确认和保护某种社会关系是国家干预现实经济生活的阶级意志的反映。社会组织必须首先具备成为民事主体的一切要件，然后经国家通过立法对其进行确认和保护才能成为民事主体。换而言之，如果某一社会组织具备了成为民事主体的一切要件，但立法者对其未能感知，法律对其未予承认，这一社会组织仍然不能享有民事主体资格。因此，非法人组织要成为民事主体，必须首先具有独立民事主体的要件并得到法律的承认。

纵观我国民事立法，我国不仅在程序法上承认其他组织的民事诉讼主体地位[1]，而且在实体法上也赋予其独立的民事主体资格。

---

[1] 我国《民事诉讼法》第49条规定，公民、法人和其他组织可以作为民事诉讼的当事人。法人由其法定代表人进行诉讼。其他组织由其主要负责人进行诉讼。我国《关于适用〈民事诉讼法〉若干问题的意见》第40条更是在明确其他组织的范围后明确规定了其他组织享有民事诉讼主体资格。可见，我国民事程序法已将其他组织视为民事诉讼主体。

民事主体从一元结构到二元结构的转变，充分表明民事主体结构具有开放性、发展性，而对这种变化起决定性作用的乃是社会现实的需要和社会经济的发展。因此，特定时代的某一民事主体结构应该符合这一时代的现实需要。我国《民法通则》虽然只承认了自然人和法人的民事主体资格，然而，在我国现实生活中却存在着大量的不具有法人资格的非法人组织。这些非法人组织或依据法律、法规和规章产生，或在政策允许下自由成立。民营医疗机构中的合伙、独资医疗机构便属于在国家政策允许下成立的非法人组织。而且我国民事特别法均承认非法人组织的民事主体资格。因此，合伙等非法人组织事实上已经成为我国第三类民事主体。虽然当前我国《民法通则》未赋予其民事主体资格，但这些非法人组织却作为一种社会存在大量出现于现实生活之中，并以自己的名义参加民事法律关系，同时在其中享有民事权利和承担民事义务。从现实来看，随着民营医疗机构的不断发展，将来还会出现更多的新的社会组织，因此我国应打破民事主体二元结构，承认非法人组织民事主体地位，这既是现实的需要，也是符合时代发展要求的明智选择。

6. 民营医疗机构法律地位的厘定

通过分析我们知道，民营医疗机构无论以何种法律形态设立和存在，其与公立医疗机构一样都应享有独立的民事主体资格。无论营利性民营医疗机构还是非营利性民营医疗机构均可以股份制、股份合作制和中外合资合作、合伙、独资等法律形态设立。对于以股份制、股份合作制、中外合资合作形式设立的民营医疗机构，其对外能以自己的名义独立承担民事责任，具有法人资格，其法律地位十分清晰，理应属于当然的法人民事主体。以个体工商户形式登记设立的个体诊所在现实生活中大量存在，因我国立法将其视为自然人的一种特殊形式，因此其与法人同为民事主体。对于以合伙、独资等法律形态设立的民营医疗机构，虽然其不具有法人资格，属于其他组织，但基于其在社会生活中大量存在，并且我国程序法和民事特别法中均承认其他组织的民事主体地位，而我国现行政策也允许民营医疗机构以合伙、独资等非法人组织形式设立。因此，合伙、独资等非法人组织医疗机构应与法人型医疗机构同为民事主体。笔者认为，民营医疗机构法律地位的确定，其关键在于财产来源和是否以营利为目的，对于民营医疗机构的法律地位应依据其法律形态加以界定。

从现有的相关规范性文件的内容看，非法人型民营营利性医疗机构的法律地位较明确，将其界定为“其他组织”应该不存在太多疑问。对于法人型民营营利性医疗机构，将其界定为企业法人比较合适。因为，其一，从财产来源看，法人型营利性民营医疗机构的财产是来自于民间投资；从经营目的看，法人型营利性民营医疗机构在主观上是以营利为目的，而且盈利后利润可以用于分配。其二，将法人型营利性民营医疗机构定位为企业法人，便能使其具有独立的法律人格，保障其对外承担责任和履行义务，有利于其融资。其三，企业法人也是实现医疗机构去行政化的重要途径，能较好地实现对医疗机构准入行为的规制。因此，笔者认为尽管法人型营利性民营医疗机构具有一定的公益性质，但其主要仍然是以营利为目的的经济实体，因此将其归属于企业法人比较适宜。

此外，笔者认为，民营医疗机构作为民事主体的法律地位的确认和保护不仅仅只是可以通过立法加以体现，在某种意义上讲，国家政策对民营医疗机构法律形态多样化的承认、投资主体的多元化的许可也同样可以表明民营医疗机构法律地位的变化。现行政策不仅对中外合资合作医疗机构的发展和市场准入呈逐步放松规制的趋势，而且对于独资医疗机构市场准入也呈放宽态势。当前，我国虽对外商在我国境内设立独资医疗机构尚未有明确的法律规定，但对于外商在我国设立独资医疗机构的态度却经历了从过去的绝对禁止到现在允许特定城市进行独资医疗机构试点的转变。我国关于民营医疗机构市场准入的政策变化过程表明，国家正通过不断丰富民营医疗机构的法律形态，形成多元化投资主体，促进民营医疗机构的发展和市场准入。同时，国家对民营医疗机构市场准入政策的变化过程也从侧面反映出我国民营医疗机构发展不足，当前的重中之重乃是民营医疗机构的发展。虽然从生命的珍贵性和不可复制性角度来看，医疗事业发展与医疗安全具有同等重要的地位，任何一者均不可偏废，但在医疗供给严重不足的现状之下，面对医疗服务的可及性和公平性不断下降，积极促进民营医疗机构市场准入与发展，形成医疗投资主体和供给主体多元化则是当前医疗服务体系的当务之急。

尽管现行相关法规和规范性文件已明确了民营医疗机构的法律形态，但现有的民营医疗机构的法律形态仍然难以涵盖诸如社区服务站、社区卫生服务站、农村个体诊所等社会资本举办的医疗机构。此外，法人型民营非营利性医疗机构的法人类型归属问题和非法人型民营非营利医疗机构执行“不分配政策”的监督仍是两个十分棘手的问题。

我国将民营非营利性医疗机构界定为民办非企业单位[1]。依据《民办企业单位登记管理暂行条例》第12条以及《关于城镇非营利性医疗机构进行民办非企业单位登记有关问题的通知》的规定，民营非营利性医疗机构可以为自然人、法人或者合伙，其具体的法律形态可以为个体诊所、股份制、股份合作制和中外合资合作医疗机构等形式。但法人型非营利性民营医疗机构却无法划归到我国现有的四种法人类型之中。首先，法人型非营利性民营医疗机构不是机关法人。机关法人是指从依法享有行政权力，并具有民事责任能力的国家机关。机关法人从国家财政或地方财政获得活动经费(预算拨款)。国家机关是指代表国家权力和行使国家相关职能，组织协调各种活动的依靠国家财政的独立核算的单位，例如各级政府机关、人民法院等。而法人型非营利性民营医疗机构从事的不是国家行政管理活动，办医经费也不是国家预算拨给，所以不属于机关法人。其次，法人型非营利性民营医疗机构也不属于社团法人。依据《社会团体登记管理条例》，社会团体法人是指由自然人或者组织自愿组成，为实现会员共同意愿，按照其章程开展活动的非营利性法人。再次，法人型非营利性民营医疗机构的经营性质更决定了其不属于企业法人。法人型非营利性民营医疗机构不是事业单位法人。最后，法人型非营利性民营医疗机构也不

---

[1] 所谓民办非企业单位指企业事业单位、社会团体、其他社会力量以及公民个人利用非国有资产举办的，从事非营利性社会服务活动的社会组织。民办非企业单位最早起源于1996年。1996年，为完善我国社会组织管理，中央决定把民办事业单位交由民政部门进行统一归口登记，称为民办非企业单位。于是“民办非企业单位”首次出现在中共中央办公厅《关于加强社会团体和民办非企业单位管理工作的通知》(中办发〔1996〕22号)政府文件中。1998年的《民办企业单位登记管理暂行条例》第一次从法律上规定了民办非企业单位，民办非企业单位这一组织名称正式诞生。参见陈金罗，等. 中国非营利组织法的基本问题. 北京：中国方正出版社，2006：90-91。

是事业单位法人。事业单位法人是指国家为了社会公益目的，由国家机关举办或者其他组织利用国有资产举办的，从事教育、科技、文化、卫生等活动的社会服务组织。事业单位法人的资产是国有资产，而法人型非营利性民营医疗机构的资金完全来自于民间或者个人，显然不符合这一要求，所以它不是事业单位法人。❶ 事业单位法人和法人型民办非企业单位之间除了是否以国有资产出资的不同点之外，事业单位具有公益性，而民办非企业单位具有非营利性。也就是说，作为法人型事业单位的公立医疗机构与法人型民营非营利性医疗机构其区别就在于此。依文义解释原则，即我国法人型非营利性民营医疗机构具有非营利性特征，但却不一定具有公益性特征。而事实上非营利性医疗机构无论是公立还是民营均具有公益性。显然，这一推论有违非营利性医疗机构公益性的实然特征。此外，依据事业分类改革的相关主张，对具有市场营利能力的生产经营类事业单位，按照企业的组织定位和管理，将其归入营利法人范畴；对于按照行政机构模式运行和管理并主要承担行政职能的事业单位则归入公法人的体系；对于既不营利也不承担行政职能的事业单位，则应探究新的管理模式。❷

我国所建立的民办非企业单位制度并非什么独创，不过是一个简陋型的财团法人制度。因此，笔者认为可借鉴日本和台湾地区医疗法人制度的有关规定，建立医疗法人制度，这样法人型非营利性民营医疗机构的法人归属问题将得以明确。尽管我国立法上并

❶ 《事业单位登记管理暂行条例》第2条："事业单位是国家为了社会公益目的，由国家机关举办或其他组织利用国有资产举办，从事教育、科技、文化、卫生等活动的社会服务组织。"

❷ 参见国有事业单位改革与非营利组织建设课题组. 中国事业单位改革：回顾与展望. 中国公共科研事业机构（财务）改革与非营利组织建设国际研讨会会议材料，2003(10)：1-20。

未有财团法人和社团法人的划分，法人型非营利性民营医疗机构与财团医疗法人制度也存在一些差异，但这些差异可通过对现行法人型非营利性民营医疗机构的改造而消失。将法人型非营利性民营医疗机构在学理上归属于财团医疗法人具有如下好处：

首先，在制度的功能和目的上。非营利性民营医疗机构定位为民办非企业单位是我国单位体制改革的产物，其深受所有制观念的束缚，尚未摆脱层级式的单位管理体制，仍然属于我国“单位体系”中的一员。在立法观念上，无论非营利性民营医疗机构还是营利性民营医疗机构，在缓解“看病难”问题等方面已经发挥了积极的作用，成为我国当前医疗服务体系中不可缺少的组成部分，因此对其应积极扶持、鼓励和保护。由于其投资主体是民间投资，因此承认它们是实现公民自由的一种途径。而财团医疗法人则正好相反，其是从实现捐助人意愿的角度，为私人从事自己的事业提供更多的自由出发；同时，因其对社会有益，所以法律承认、鼓励并保护它，赋予其法人人格，其承载着个人意志自由的价值取向，是法律尊重个人权利和人本意识的重要体现。这种深层次立法观念上的不同意味着对当事人意愿尊重程度的不同，也就必然会在具体制度上形成一些差异。❶

其次，法人设立形式的多样性。大陆法系的财团法人的设立，既可依据生前捐助行为设立，也可依据遗嘱设立。而法人型非营利性民营医疗机构并没有为遗嘱设立方式提供制度安排，只能依生前行为设立。采用财团法人制度则为其提供了生前捐助设立和遗嘱捐助设立两种制度安排，为捐助人提供了方便，更利于捐助人设立法人型非营利性民营医疗机构行为的完成。

---

❶ 参见马俊驹．对我国民法典制定中几个焦点问题的粗浅看法．王利明主编．民商法前沿论坛(第一辑)．北京：人民法院出版社，2004:184－185。

再次，设立人的身份及设立人的数目无限制。大陆法系的财团法人制度对于捐助人是以个人身份还是法人身份设立以及设立人的数目均无限制。大陆法系的财团法人是民法上的团体，但是并不妨碍政府作为出资者。但依据《民办非企业单位登记管理暂行条例》《关于城镇非营利性医疗机构进行民办非企业单位登记有关问题的通知》的相关规定，均排除了政府作为法人型非营利性民营医疗机构出资人的可能性。对于设立时的财产，虽然并不禁止其中有国有资产成分，但却特别规定了国有资产不得超过一定的比例。《民办非企业单位登记暂行办法》（以下简称《暂行办法》）还规定个人不得单独捐助设立法人型民办非企业单位，而须与其他个人或者单位共同举办。从上文中有关法人型非营利性民营医疗机构的设立主体也可看出，个人不得设立法人型非营利性民营医疗机构。但在我国实践中却出现了以个人独资形式设立法人型非营利性民办非企业单位的实例，例如李嘉诚捐赠的汕头大学。笔者认为，这种法人的成立须具备以下条件：只有个人独资捐赠且个人不担任负责人；捐赠后其个人的出资与自己的其他财产严格分离，形成作为法人的独立财产；其出资在产权上不再属于出资人个人所有；符合我国法律关于法人成立的基本条件。因此，如采用医疗法人制度，将为丰富我国法人型非营利性医疗机构的设立方式提供极大的空间。

对于非法人型非营利性民营医疗机构，即合伙型和个体性非营利性民营医疗机构如何保证其对“非营利性”规定的执行问题，透过法律逻辑背后的利益衡量，我们会发现合伙型和个体型非营利性民营医疗机构的权利义务存在严重失衡。非法人型非营利性民营医疗机构既然不具有法人资格，那么只能承担无限责任。由于以合伙或者个体形式设立的非营利性民营医疗机构不具有独立的财产，在此情况下既要求其不得从非营利性医疗机构中获得利益，又要求其对民营非营利性医疗机构承担无限责任，实属勉为其难，乃是对人性的估计过高。合伙型和个体型非营利性民营医疗机构的设立人不仅无法享有任何法定权利，还需为自己的捐助行为承担无限连带责任，完全违背了权责一致性原理。做出这样的规定，很显然既打击了非营利性民营医疗机构市场准入的积极性，又使得非营利性民营医疗机构在实践中执行“不分配”政策几乎成为一厢情愿的幻想。如此一来，我们不得不反思：合伙型和个体型非营利性民营医疗机构安排到底有何妥当性可言？因为民办非企业单位非营利特征所要求的财产独立性与合伙型和个体型非营利性民营医疗机构财产的自身属性完全相悖。因此，我国立法应尽快完善对“非营利性”的规定，监督非营利性医疗机构对于“不分配政策”的执行，使合伙型和个体型非营利性民营医疗机构在我国设立具有可行性。此外，笔者还认为，在现行法律框架下，若能借鉴他国经验，结合我国实际，按照财团医疗法人制度的内容来解释民办非企业单位制度的各种法律问题，构建一整套适合我国国情的体系清晰、制度完善的财团医疗法人制度，将法人型非营利性民营医疗机构定位为财团医疗法人，代替原有“民办非企业单位（法人）”这一概念，将会更好地促进我国法人型非营利性民营医疗机构的发展。

2.2 民营医疗机构市场准入法律制度的界定

市场准入标准的高低决定了市场主体进入该市场的成本和难易程度。一般而言，对于一般产品市场，市场准入标准低，市场主体进入该市场相对容易。 医疗服务属于一个特殊的市场，如果民营医疗机构市场准入标准较低，市场准入成本不高，在目前医疗市场监管体系不规范的情况下，民营医疗机构便不会关注患者利益，在获取超额利润后退出市场，带来医疗安全隐患；而如果民营医疗机构市场准入标准过高，则将给民营医疗机构市场准入带来障碍，使民间资本难以进入医疗服务市场。 因而科学界定市场准入的基本内涵，制定合理而规范的民营医疗机构市场准入制度十分必要。

2.2.1　市场准入的含义

民营医疗机构市场准入制度既是政府对微观层次的经济运行进行规制的起点，又是政府对其进入市场后进行规制的基础。 同时，市场准入还是一个复合型命题，涉及多学科的元素。 因此，在学者们关于市场准入含义的研究基础之上，笔者将从经济法角度透视民营医疗机构市场准入的含义。

市场准入制度产生的动因源自于国家要掌握和控制税源。 税收是国家财政收入的重要组成部分，是国家运转和职能实施的经济保障。 为了掌握税源，国家建立市场主体的登记制度，对企业进行财政性管理。 当时市场主体的数量、规模很小，交易方式和交易关系简单和分散，参与经济的范围有限，登记只是政府掌握市场主体信息的一种途径，只具有市场准入制度初步的功能和特征。在 20 世纪 80 年代之前，我国国内官方文件中尚未出现“市场准入”一词。 最早使用“市场准入”一词的法律文件是 1992 年的《中美市场准入谅解备忘录》。 至此，市场准入作为一种制度或机制被广泛运用于学界。 关于市场准入的含义，可谓仁者见仁、智者见智。 纵观国内外学者的研究，关于市场准入大致包括以下几个方面的内容:

一是在国际经济贸易领域，市场准入是指一国市场向他国开放的程度。大多数发达国家赞成这一观点。《服务贸易总协定》（GATS）第17条规定："市场准入是贸易自由化的具体体现，意味着本国市场对外国服务业的开放。"市场准入即"开放市场"，是指一国允许外国货物、服务及资本参与本国国内市场的程度。"市场准入在WTO的一系列协议中的共同含义是市场开放问题，即一成员国通过关税和非关税的措施控制其他成员国的产品、服务和资本进入自己国内市场的问题。"市场准入是指成员国方的国内法规（政策、法令、行规）对服务要素（机构、资金、人员等）作跨国流动的阻挡或限制。我们知道，市场准入制度与一国经济发展水平、法制健全状况有着紧密联系。相比而言，经济发达、法制健全的发达国家大都赞成自由的市场准入制度，而经济落后、法制不健全的发展中国家对于市场准入制度大都实行严格管制，以保证自身经济的安全。

二是指有关国家和政府准许公民和法人进入市场，从事商品生产经营活动的条件和程序规则的各种制度和规范的总称。有学者认为市场准入是政府参与经济和干预经济的一种必要手段。政府通过法律规定市场主体可以进出哪些领域，哪些领域限制其进入，哪些领域禁止其进出。有的学者从保障市场安全和政府适当控制机构进入的角度出发，认为市场准入是一种政府管理行为，即政府对交易对象和市场主体进入市场的一种管理。有学者认为，市场准入的目的是政府为了提高市场配置效率，防止过度竞争，通过审批和注册对市场主体进出市场进行管理。

三是从市场准入的内容和本质上界定市场准入制度的内涵与外延。有学者认为市场准入制度在经济学中，其本质实际上是一种进入壁垒（barriers to entry），即那些能够阻止进入市场、导致竞争减弱的因素。这些因素的存在一定程度上限制了市场主体自由进入和退出市场的可能性，如法律规定、管制或歧视性的规则。有学者认为市场准入是政府对市场管理和经济发展的一种制度安排。具体而言，政府通过对市场主体进行登记、发放许可证以及执照等方式，实现对市场主体进入市场的规制。

笔者认为，市场准入是政府(或国家)为克服市场失灵，实现某种公共政策，依据一定的规则，允许市场主体进入或者退出特定市场领域并成为生产经营者或投资者予以直接控制或干预。从内容上看，市场准入制度不仅包括市场主体准入制度，还包括市场主体退出制度。市场准入与市场退出是一个问题的两个方面，二者构成市场准入的整体，均是决定资源配置的重要因素。

2.2.2　民营医疗机构市场准入法律制度的厘定

依据上文中关于市场准入的含义，可知民营医疗机构市场准入制度是指国家对于具备法定执业条件的民营医疗机构，依据法定程序许可其进入医疗服务领域提供医疗服务或者因法定原因退出[1]医疗服务领域，而形成的一系列调整民营医疗机构市场准入过程中形成的社会关系的总和。民营医疗机构市场准入制度包括对民营医疗机构市场准入范围、条件、方式等的系统性规定。它是政府干预民营医疗机构进出市场的法律制度，同时也是对政府与民营医疗

[1] 当前对民营医疗机构的大多研究均集中在民营医疗机构市场准入方面，而对民营医疗市场退出的研究相对较少。实际上，民营医疗机构市场准入与市场退出一样，均是决定行业间资源配置的重要因素。狭义的民营医疗机构市场准入仅仅包括民营医疗机构的进入，而广义的民营医疗机构市场准入则不仅包括其进入环节，还包括市场退出环节。本书对民营医疗机构市场准入法律制度的含义采其广义说。事实上，当前也有许多学者认为，市场准入制度应包括市场准入和退出两个组成部分。参见吕忠梅，陈虹. 经济法原论(第二版). 北京：法律出版社，2008：305。

机构之间在市场准入中的相互关系的法律调整。民营医疗机构市场准入制度是塑造特殊市场主体的核心环节，是政府对民营医疗服务市场进行干预的基本制度，是政府规制民营医疗服务市场的起点。

由于民营医疗机构市场准入法律制度既涉及市场主体制度，又涉及登记制度和许可制度，其与经济法、行政法和民商法均有所交叉和重合，因此，民营医疗机构市场准入法律制度的定位历来有所争议。有学者将其划归为民商法，有学者则将其定位为行政法。笔者认为，民营医疗机构市场准入制度符合经济法的本质，将其纳入经济法中的市场规制法更切合实际。

民营医疗机构市场准入制度是关于民营医疗机构进入或退出医疗服务市场的法律规范。因为，企业法中的市场准入部分与企业法中的其他部分相比具有更强的公法性，这不仅体现在市场准入规制手段的强制性与制裁方式的强制性上，还体现在民营医疗市场准入制度在规范民营医疗机构进入医疗服务领域时更多地体现了社会本位性。严格意义上讲，民营医疗机构市场准入是政府对民营医疗机构主体资格和市场行为的微观规制。因此，民营医疗机构市场准入法律制度从总体上说更具公法属性，将其纳入经济法市场规制体系更具有合理性。

首先，从民营医疗机构市场准入法的产生来看，它符合经济法的内涵。由于医疗服务市场存在市场失灵，但民营医疗机构具有逐利性，为了追求利益最大化，可能采取损人利己的手段实现自身利益的最大化。这不仅不可能消除医疗市场失灵，而且会衍生出新的市场失灵。为规范民营医疗机构的市场行为，以尽可能地减少市场失灵问题，要求民营医疗机构必须经许可后才能设立，以便交易相对人及时准确地获得这些信息，这便产生了市场准入制度。

但由于医疗市场同时还存在公共物品短缺、信息不对称等问题，要求国家以“有形之手”积极干预市场，通过行政许可限制民营医疗机构的自由进出。由此可见，民营医疗机构市场准入制度反映了政府与市场的关系，体现了政府对经济的干预。这种干预既符合其经济法的宗旨又符合其原则，因而将其归属于经济法是恰当的。

其次，从民营医疗机构市场准入的本质来看，它符合经济法的宗旨。对民营医疗机构进出市场进行规制的重要原因是市场存在缺陷，如果任由不具备资质的民营医疗机构和医务技术人员进出市场，将导致市场混乱，市场机制对此将毫无能力制止。因此，市场充分运行必须借助于政府职能的正确发挥。政府通过经济、法律、行政等手段，积极介入市场主体进入市场的过程，让符合资格的民营医疗机构进入市场，从源头上促进市场机制的充分发挥，避免资源配置低效或过度竞争，提高经济效率。政府通过对民营医疗机构市场准入规制，实现对整个医疗服务行业的宏观调控。因此民营医疗机构市场准入法应属于经济法的范畴。尽管民营医疗机构市场准入制度中涵盖了部分行政法的内容，但仍不能将其纳入行政法的领域。因为，一方面，市场准入制度中涉及的行政权力只是规制市场的一种手段，而不是其目的；另一方面，民营医疗机构市场准入从本质上说是对民营医疗机构进出市场意思自治的一种限制，以确保经济安全和效率，防止市场出现无序竞争，损害竞争对手、消费者甚至整个社会的利益。因此，市场准入体现的是政府以公权力介入经济生活，其介入的目标是为了维持竞争秩序，解决个体营利性与社会公益性的矛盾，实现整个社会的良性循环与协调发展，它的出发点是基于整个社会的利益，这从根本上与经济法的宗旨是一致的。因此，民营医疗机构市场准入法律制度纳入经济法的市场规制法之中更为恰当。同时，市场准入即对民营医疗机构进出市场的规制，其本身就是属于市场规制体系的重要内容。

诚然，市场主体制度是民商法的一个重要组成部分，而民商事主体制度大部分规定在企业法中。民营医疗机构市场准入法律制度与企业法之间的关系主要体现在市场准入法与企业法之间的关系上。学者们将市场准入法纳入民商法范围，一是出于企业法体系完整的考虑，二是认为企业法中有关于市场主体法律资格的规定，而企业法具有公法为辅、私法为主的属性，因此企业法中市场准入法部分应随同划入民商法范围。但事实上，企业法中的市场准入法律制度具有更强的公法属性。如果仅仅从形式上对其进行划分必将破坏法律部门内部的逻辑一致性。事实上，为追求法律体系的完整性，在设立法律体系的实践中，一项法律制度往往会被纳入不同主题、不同性质的法律体系中。

民营医疗机构取得市场准入资格，其本质上是一种公法行为。民营医疗机构市场准入是由政府及其部门为确保医疗安全与医疗事业发展，利用公权力介入民商事生活，对民营医疗机构的主体资格进行审核、许可等方面的法律事实给予书面确认的行为。它由行政机关的许可行为和行政主管机关的审核登记注册行为组成，并通过登记行为达到对医疗市场进行调节和控制的目的。因此，民营医疗机构市场准入法律制度从总体上说更具公法属性，将其纳入经济法市场规制体系更具有合理性。

2.2.3 民营医疗机构市场准入法律制度的特征

民营医疗机构市场准入是政府对民营医疗机构作为市场主体进入医疗服务市场的一种限制或者禁止，属于一种典型的政府规制行为。因此，其既体现了政府规制的一般特征，例如规制的公共性、范围的微观性、内容的经济性，同时又具有与其他政府规制行为，例如价格规制、质量规制不同的法律特征。民营医疗机构市场准入法律特征的特殊性在于：

2.2.3.1　准入目标的二重性

民营医疗机构市场准入的目的在于不断放松医疗市场规制，促进民营医疗机构实质性市场准入，使医疗发展与医疗安全并重。一般而言，政府干预经济具有积极指引和消极限制的特点。在大部分情况下，政府对民营医疗机构市场准入的干预体现出一种消极限制的性质，而非积极的引导。其以消极性、限制性、否定性为主要特征，以限制或者禁止进入为常态，民营医疗机构只有得到政府卫生行政部门的许可或批准，才能进入医疗服务领域执业。因此，从某种意义上讲，民营医疗机构市场准入制度实际上限制了市场主体的意思自由。但民营医疗机构市场准入却并不等同于一般地禁止进入市场，其目的只是约束不符合条件的民营医疗机构的准入，以维护社会公共利益、增进整体福利。同时，民营医疗机构市场准入必须达到法定条件，并不是完全开放医疗服务市场，而医疗服务市场的完全开放意味着任何医疗机构均可自由进入，而无需审批和许可。此外，民营医疗机构市场准入制度的消极性还体现在：民营医疗机构进入医疗服务市场后，因停止服务经营、清理或转让债权债务、破产等原因而不再具有市场主体资格，从而退出市场。

一项制度的作用往往具有多样性，民营医疗机构市场准入制度不仅有消极性的特点，也有积极性的作用。其积极性表现在其通过规定应为和可为的规则，将民营医疗机构市场准入纳入政府调控范围，从正面引导民营医疗机构按照法定的条件和程序依法设立和执业，从而确保医疗服务安全与质量。民营医疗机构市场准入必须经行政许可，这意味着通过民营医疗机构市场准入制度可以将不具备执业资格的医疗机构控制在市场准入的端口，起到防范医疗风险、保障医疗安全的作用，从而维护医疗服务市场秩序。

2.2.3.2　准入条件的法定性

民营医疗机构市场准入条件的法定性表现得十分明显、直接和刚性。民营医疗机构市场准入法律制度作为一种直接干预民营医疗机构主体资格和市场行为的法律规范，反映了国家的意志，而且规范中含有大量禁止性规范。与质量规制、价格规制相比，民营医疗机构市场准入制度规制更多地体现为对民营医疗机构进入医疗服务市场之前的规制，而质量规制和价格规制则更多地体现为市场主体进入市场之后的经营过程中的规制。事前规制具有预期性，是人们对客观事物的主观判断，其目的重在防范。事中规制重在防范与矫正。事后规制主要针对已发生的问题采取纠正和控制措施，目标明确，效果彰显，重在事后惩罚。医疗服务质量的高低直接关系到消费者的生命安全与健康，对民营医疗机构自然应实行全程规制，但相比之下，民营医疗机构市场准入的事前规制则显得更为重要。因为只有在医疗服务质量的源头上把好关，才能进一步确保医疗服务安全。

2.2.3.3　准入手段的强制性

市场准入手段多种多样，最常用的有许可、批准、登记、执业资格认定等方式。当前我国民营医疗机构市场准入即采用许可、批准、登记等方式。非营利性民营医疗机构和营利性医疗机构市场准入，首先必须经卫生行政部门批准设置许可。只有经卫生行政部门审核许可，发放医疗机构执业许可证后才能设立。设立后，非营利性民营医疗机构向民政部门进行登记，营利性民营医疗机构向工商部门进行登记。未经卫生行政机关许可，民营医疗机构作为市场主体不得进入医疗服务领域。在这些准入手段中，许可是最重要的一种手段。从民营医疗机构市场准入制度的市场规制法属性看，这一许可应属于行政许可，而非民事许可。因此，笔者认为许可作为市场准入的法律手段在内涵上应做广义理解，在本质上意味着对民营医疗机构在法律上一般被禁止的行动，限于特定条件下予以解除的行为，即民营医疗机构未得到规制机构的许可和批准不得进入医疗服务领域，是规制机构应民营医疗机构的申请，通过颁发医疗机构执业许可证等形式，依法赋予相对人从事医疗服务的法律资格的行政处理行为❶。依据许可的性质，许可分为行为许可和资格许可。行为许可是指规制机构允许符合法定条件的申请人从事某项或者某类活动。

2.2.3.4　法规体系的多层次性和综合性

民营医疗机构市场准入法规体系的多层次性，是指民营医疗机构市场准入法律制度由众多的不同层次的法律、法规构成。从规制的对象看，可以分为民营医疗机构的准入法律制度、医生护士等医务技术人员执业准入法律制度；从内容上看，可以分为实体法规范和程序法规范。民营医疗机构市场准入法律制度对作为市场主体的民营医疗机构进出市场设置了一系列的限制条件，民营医疗机

❶ 在行政法学上，有关行政许可的性质一直莫衷一是。主要观点有以下三种："赋权说"，认为行政许可是行政机关允许相对人从事某种活动，赋予其某种权利和资格的行为。相对人因为行政机关的允诺和赋权，获得了一般人不能享有的权利。"验证说"，认为行政许可是对权利人行使权利的资格与条件加以验证，并给予合法性的证明，而非权利的赋予。"解禁说"认为，行政许可是建立在普遍禁止的基础上的解禁行为。行政许可的内容是国家普遍禁止的活动，但为了适应社会生活和生产的需要，对符合一定条件的解除禁止，允许其从事某种特定活动，享有特定权利和资格。笔者认为，"解禁说"更能表明许可的性质。

构必须符合法定条件才能自由进出市场。这些限制条件既包括实体内容也包括程序内容。例如，对民营医疗机构的名称、出资人、住所、法定代表人、注册资金、章程、设立目的、经营范围等规定一系列的标准；民营医疗机构在因自身情况发生变更或注销时，必须依法办理变更登记或注销手续。同时，民营医疗机构登记属于要式法律行为，其向登记机关申请登记、登记机关依法审查核准并办理登记注册时必须遵循一定的步骤和方式。因此，民营医疗机构市场准入法是实体法和程序法的有机统一。从效力上看，既包括国家法律，还包括规章和技术标准等。民营医疗机构市场准入法律制度的综合性是指市场准入法律制度的内容涉及面很广。市场准入管理涉及各个方面，往往需要各个方面的协调配合，如工商登记部门与卫生行政部门之间在医疗机构市场准入、注册等方面的配合协调。

2.3 民营医疗机构市场准入法律制度的宪政依据

民营医疗机构市场准入制度犹如一道“门槛”横亘在经济生活之中，然而这一市场准入的“门槛”却并非可有可无。民营医疗机构市场准入制度是国家对民营医疗机构进入医疗服务市场基本的、初始的干预，是政府对医疗服务市场失灵的一种特殊回应，是国家意志干预市场的表现，也是政府管理市场、干预经济的制度安排。作为国家干预市场的一种制度安排，其产生既有宪政依据，又有经济学方面的理论基础。近年来，市场准入制度也逐步进入了我国经济法学者的视野，市场准入制度与经济法之间的联系也越来越引起人们的重视。

2.3.1　保证人人享有健康权是政府的责任

健康作为人类生存的一种状态，其不仅与生活质量有关，还与一国的医疗服务的可及性及其医疗技术水平有着密切关系。因此，不断提高人民身体健康水平，保证病有所医，成为我国政府的一项重要任务。当下，我国已将人权保护列入宪法保护范围，并承认健康权是人的一项基本权利。从政府统治理论来看，保障公民健康权的实现既是国家的责任，也是政府维持政治统治职能的基本要求之一。

作为基本权利的健康权与人权、宪法权利是相互区别的几个概念。当前，学界对这几个概念并未形成统一意见。有学者认为，基本人权是宪法将那些早已成立的权利，由宪法确认为实定性法意义上的权利❶。有学者认为，基本权利是指“实定性法上保障的权利”。前者是后者的基础，且在范围上大于后者。在德国，基本权的概念也具有多义性，从历史上看，或将基本权理解为超实证法的自然权利，或理解为国法所赋予的权利。许多学者宁愿从基本权的各种面向加以描述，而不轻易加以界定，以免有欠周全。

在我国，“基本权”与“人权”的概念也并不一致。有人认为，人权是人按照其本质而必然享有的权利，是一种道德权利，而基本权则是人权的实定化和法律化。有的学者将“基本权利”与“宪法权利”等同，认为“无论使用哪种说法，均是指某种重要的权利”。

---

❶ 有学者认为，基本人权与人权同义，指人作为构成社会之自律性质的个人，为确保其自由与生存，维护其尊严性，因而作为前提而得到承认的、人为此当然所固有的一定必要之权利。宪法只是将这些被认为宪法施行之前就已经成立的权利确认为实定性法意义上的权利。参见芦部信喜. 宪法. 林来梵，凌维慈，龙绚丽，译. 北京：北京大学出版社，2006：71。

有人认为，“宪法权利是对作为价值意义上的人权在宪法规范上的逻辑构造，与人权价值并不直接同一”❶。基于以上认识，笔者认为，“基本权利”是指经宪法具体化后的人权，即宪法保护的权利。基本权利就是宪法权利，二者之间并无本质差别，其均区别于人权概念，指人权价值在宪法中的实定化。

2.3.1.1 健康权的内涵

关于健康权，至今为止也没有最为权威的界定，因此有必要追溯国际文本中的相关规定。《全球21世纪议程》指出：“如果没有健康的人，也许不可能有健康的发展，大多数发展会影响环境，因而通常会引起或加剧健康问题。”自然法学派认为健康权是先验的，是人与生俱来的一种能力。世界上一系列重大公共卫生事件的爆发，集中反映了健康对于一国乃至世界经济、政治和社会具有深远的重要影响力。促进和维护人的健康已构成可持续性发展的重要组成部分。《世界卫生组织宪章》序言规定：“享受最高而能获致之健康标准，为人的基本权利之一。不因种族、宗教、政治信仰、经济或社会情境各异，而分轩轾。”❷世界卫生组织宪章虽然不是国际条约，但却是首次提出健康权这一概念的国际文件。健康权真正被视为一种社会权范畴的积极权利，是在人权概念形成之后。1848年《世界人权宣言》正式确立健康权作为基本人权的地位，许多国家随后纷纷把健康权的国家义务纳入宪法之中。《世界人权宣言》第25条规定：“人人有权享受为维持他本人和家

---

❶ 有学者认为，人权是宪法学研究的假设，或者说，人权在宪法学中，对宪法学理论建构具有价值假设的前提性基础的意义，是宪法权利分析的逻辑起点。参见夏正林. 社会权规范研究. 济南：山东人民出版社，2007：69。

❷ 参见世界卫生组织官方网站. http://who.int/gb/bd/PDF/bd46/c-bd46.pdf，2012-10-23。

属的健康和福利所需的生活水准，包括食物、衣着、住房、医疗和必要的社会服务；在遭到失业、疾病、残废、守寡、衰老或在其他不能控制的情况下丧失谋生能力时，有权享受保障。”❶作为健康权核心支柱的《经济、社会和文化权利公约》第 12 条第 1 款界定了健康权：“人人有权享有能达到的最高的体质和心理健康的标准。”这是一条简单到过于原则及模糊的规定。1946 年《世界卫生组织宪章》首次承认了健康权，后来健康权成为在各种国际和区域性人权文件中都得到反映的一项基本人权。❷ 世界卫生组织认为，健康不仅是没有疾病或不受伤害，而且还包括人的生理、心理、社会幸福的完好状态。

可见，健康权具有四个方面的特征：首先，健康权是人固有的一项基本人权。健康权作为基本人权已为国际社会所承认。健康权作为人固有的一项基本权利，其源于人的自然本性，与人的本身是同质的。因此，健康权对于个人而言是必不可少、不可转让、不可分割的。其次，健康权是公民法人的一项基本权利，而这一基本权利是表明权利主体在权利体系中重要地位的权利，是宪法赋予公民的一种权利。再次，国家是保障公民健康权的基本责任者。公民与国家是宪法关系的基本主体。公民与国家的关系是宪政社会中最基本的、最核心的政治关系。人权保障是宪政的核心价值与最终目标。作为一项重要的基本人权，健康权应受国家的尊重和保障。最后，健康权是一项概括性权利，其内容和范围受

❶ 参见世界人权网站. http://humanrights.cn/cn/index.htm，2012－10－12。

❷ 对于人权分为基本人权和非基本人权是有争论的。有人认为人权分为基本人权和非基本人权会造成对非基本人权的漠视，或者说非基本人权成了第二位的人权，造成人权体系内的不平等，会损害人权。大部分学者还是认为应该分基本人权和非基本人权。

到社会、经济、政治、科技、文化等多种因素的影响和制约。健康权的公私权混合形态属性决定了国家对公民健康权的实现负有尊重、保护与实现等三方面的义务。❶

《辞源》对“健康”的解释有三点：“强有力；精力强壮；才力强壮。”《汉语大词典》将健康解释为（人体）生理机能正常，没有缺陷和疾病。《辞海》将“健康”定义为人体各器官系统发育良好、功能正常、体质健壮、精力充沛，并具有健全的身心和社会适应能力的状态。目前，最权威的定义是国际卫生组织1946年在《世界卫生组织宪章》中给出的界定：健康是身体、精神与社会的全部美满状态，不仅是免病或残弱。健康权体现为一种基本权利，应是每个公民都有平等的机会获得同等的健康权利，也即每个公民的健康权得到同等的实现。这种基本权利不因种族、宗教、政治信仰、经济及社会条件的不同而有区别。

上述字源解释揭示了人类健康观的不断变化，进而折射出国家在健康保护中的地位和作用的演变。《辞源》中的健康观是一种整体健康观。希波克拉底时代，人们认为健康和社会有着密切的

---

❶ 1966年第21届联合国大会通过的《经济、社会和文化权利国际公约》从消极和积极两个方面强调了国家对健康权的实现负有三种义务：(1)尊重的义务：尊重平等获得可得到的健康服务的义务及不得妨碍个人或群体获得可利用的服务的义务；不得采取损害人民健康的行为的义务。尊重的义务本质上属于不采取行动的消极义务，要求缔约国不得直接或间接地干预公民享有的健康权，不得对妇女的健康状况和需要推行歧视性做法；不得违法污染空气、水和土壤等。(2)保护的义务：要求缔约国采取立法及其他措施，以确保人民可平等获得健康服务（如第三方提供的话）的义务；采取立法及其他措施保护人民免受第三方侵害健康的义务；保证卫生部门的私营化不会威胁到提供和得到卫生设施、商品和服务，以及这些设施、商品和服务的可接受程度和质量等。(3)实现的义务：通过国家健康政策和在健康上投入足够比例的可获得的预算的义务；提供必要的健康服务或创设条件的义务，必须保证医生和其他医务人员经过适当培训，提供足够数量的医院、诊所和其他卫生设施，促进和支持建立提供咨询和精神卫生服务的机构，并充分注意在全国的均衡分布。

联系。尽管认识到健康的社会性，但受生产力水平的限制，家庭而非国家是应对疾病和痛苦、保护健康的主要机构。《汉语大词典》中的“疾病健康观”揭示了生物医学模式下的疾病健康观。这种疾病健康观的必然后果是，强调医院而不是国家在保护健康中的作用。《辞海》中所反映的社会健康观是20世纪健康社会学的产物，强调健康与社会的互动关系：个人健康除了身体健康、精神健康还包括社会健康，社会是影响健康的要素。社会健康观是随着工业化、都市化、疾病构成变化、科学技术进化和知识层次深化等过程而逐渐发展起来的观点，认为社会因素对健康和疾病起决定性作用，只有国家承担卫生保健的责任，才能实现人类的健康。如美国著名社会学家帕森斯就认为：“健康可以解释为已社会化的个人完成角色和任务的能力处于最适当的状态。”

通过对健康观的本体溯源，可以得出如下结论：从整体健康观、疾病健康观到现代健康观，保护健康的主要机构从个人和家庭、医院逐渐转变为国家。正是这种转变促使健康权从朴素私权演变成社会权和人权。笔者认为，界定健康权概念的关键，不在于对健康丰富内涵的全面揭示，而必须强调国家责任，实现国家义务和个人权利的有机统一。

事实上，健康权作为一项基本权利，已被不少国家在宪法中直接将其视为法律规定的基本权利。[1] 宪法中规定的基本权利应是一国对于人权的实定化确认，但并不能反过来认为只有宪法予以确认的权利才是基本权利。1978的《阿拉木图宣言》就曾指出“健康是基本

---

[1] 比如智利在1925年就把健康规定为一种宪法权利。该国是公认的最早将健康入宪的国家。

人权”。❶ 而自然法学派则认为健康权是人与生俱来的一种权利。根据 Eleanor D. Kinney 和 Brain Alexander Clark 两位教授对第二次世界大战后世界各国宪法条款的研究，当今世界上 67.5% 的国家宪法中都规定了健康权的相关内容。 根据规定方式的不同，大约可以分为五类：一为目标型(aspiration)规定：在公民健康方面设定目标。❷ 二为权利型(entitlement)规定：规定公民享有健康权(right to health)、健康照护权(right to health care)或获得公共健康服务权(right to public health services)。❸ 三为义务型(duty)规定：规定国家有提供健康照护或者公共健康服务的义务。❹ 四为方针型(programmatic)规定：规定健康照护以及公共健康服务的提供、经费及规范等方面的具体方

---

❶ 1978 年国际初级卫生保健大会在其大会宣言(《阿拉木图宣言》)中指出“健康是基本人权，达到尽可能的健康水平是世界范围内的一项重要的社会性目标”。参见郭小燕.公平健康权与基本医疗保险.山东工商学院学报,2003(5):99。

❷ 荷兰《宪法》第 22 条规定：“政府应采取措施促进人民之健康。”

❸ 莫桑比克《宪法》第 94 条规定：“所有公民在法律规定范围内享有医疗和健康照护(medical and health care)的权利，同时负有促进并保持健康的义务。”

❹ 乌拉圭《宪法》第 44 条规定：“国家应在与公共健康和卫生相关的领域制定法律，努力促进国内所有居民的身体、道德和社会生活的改善。同在生病时接受治疗一样，所有居民有义务维护自己的健康。国家为穷人和缺乏足够的渠道的人提供疾病预防和治疗渠道。”荷兰《宪法》第 22 条规定：“政府应采取措施促进人民之健康。”第 44 条规定：“国家应在与公共健康和卫生相关的领域制定法律，努力促进国内所有居民的身体、道德和社会生活的改善。同在生病时接受治疗一样，所有居民有义务维护自己的健康。国家为穷人和缺乏足够的渠道的人提供疾病预防和治疗渠道。”莫桑比克《宪法》第 94 条规定：“所有公民在法律规定范围内享有医疗和健康照护(medical and health care)的权利，同时负有促进并保持健康的义务。”

式。[1] 五为指示型(referential)规定：通过专门规定将国际或区域性人权条约纳入国内法。[2] 从上述国家立法可以看出，健康权纳入宪法保障的范围已是大势所趋。

世界上多数国家均将健康权作为一项基本权利加以保护。那么，世界各国宪法为何将健康权规定为一项基本权利呢？究其原因，有以下几点：

第一，健康权符合宪法权利的内涵。所谓宪法权利，是指由一国宪法所确认和保障的，公民所享有的最重要的基本权利。由此可见，宪法权利就是基本权利。[3] 宪法权利一般包括两类：一类是作为人不得不享有的基本人权；另一类是作为一个国家公民基于其公民身份而应享有的公民的基本权利。目前关于这两类权利，各国宪法均有不同的名称。例如，德国《宪法》称之为“基本权”，意大利《宪法》称之为“公民权利”，日本《宪法》称之为“基本人权”，而我国《宪法》则称之为“基本权利”。由于基本权利关系到公民在社会中的政治经济地位，因此其在宪法的整个权力体系中处于核心地位。从某种意义和程度上说，宪法就是关于国家和公民之间权利的法。而公民的健康权在宪法的基本权利中

---

[1] 如保加利亚《宪法》第52条规定：“根据法律规定的条件和程序，公民有权获得医疗保障。该权利保证他们获得有支付能力的医疗救护并享有免费医疗服务。公民的医疗费用依据法律规定的条件和程序由国家预算、雇主个人和集体社会保障费等提供。国家保护公民健康并促进体育和旅游事业的发展。任何人不能被强迫接受治疗或医疗措施，除非是法律规定的情形。国家监督所有的医疗机构及药品、生物制品和医疗设备的生产和销售。”

[2] 如捷克《宪法》第10条规定：“经议会批准的国际条约，捷克共和国有义务遵守，并且成为法律秩序的一部分。如果国际条约包含与法律不同的内容，应适用国际条约。”

[3] 由于基本权利是宪法规定的，所以学者们通常称之为“宪法权利”。参见杨海坤，上官丕亮，陆永胜. 宪法基本理论. 北京：中国民主法制出版社，2007：126。

又居于首要地位，因为法律的价值在于保护生命、自由和财产。如果一个人丧失了健康，那么其生命安全也将受到威胁，此时自由、财产对其而言都毫无意义了。一个人只有在享有健康权的前提下，才有可能真正享有其他基本权利。也许正因如此，健康权与其他权利相比，具有相当的母体性[1]，其重要性可能仅次于生命权。健康权是公民作为一个人本身所应享有的、必不可少的权利。事实上，我国赋予公民的各种基本权利大多是以公民享有健康权为基础的。因此，健康权是其他基本权利的基础，公民一旦丧失了健康权，其他许多基本权利的实际享有将会大打折扣。所以，健康权先天具有的母体性决定了其应当成为一项宪法权利并由母体性法律宪法作出规定。

第二，健康权成为宪法权利符合“宪法至上”的理论。健康权作为宪法权利，意味着其他法律均不能出现违反宪法关于保护健康权的规定。例如，民法、刑法以及其他法律法规均不得有损害公民健康权的规定。因为宪法是母法，其他各部门法应以宪法为基础进行立法。所以与其说宪法的存在是为了给各种立法提供立法基础，倒不如说是为审查各种立法提供规范依据。这也说明了，宪法作为最高法律规范的意义，主要并不体现在它是一个“授权规范”。

在我国《宪法》中，与健康权保护有关的条款有第 21 条、第 26 条第 1 款、第 33 条第 3 款、第 36 条第 3 款、第 45 条第 1 款。由第 33 条第 3 款可知，“人权”其实就是指的这种固有权。生命

---

[1] 在我国学术界，有学者认为宪法所规定的权利就是“母体性权利”已公认。因为宪法与普通法之间是一种“母法”和“子法”的从属关系。宪法是“母法”，其所规定的权利当然就是“母体性权利”。具有母体性的权利义务则构成了基本权利和义务。参见胡肖华. 宪法学. 长沙：湖南人民出版社，2003：114。

权、健康权、人身自由、平等权等权利都属于固有权的范围。而且健康权作为一项人权已为世界多数国家所公认。我国已经签署并批准了《经济、社会和文化权利公约》，保障公民享有健康权是不可推卸的国家义务。从健康权的角度看，第36条第3款包含两个内涵：第一，公民的身体健康不受宗教活动侵害；第二，在宗教信仰自由与健康权发生冲突的时候，健康权具有优先实现的效力。第45条第1款表明“国家和社会”是提供物质帮助的主体。笔者认为，虽然国家和社会均负有向公民提供物质帮助的义务，但这并不意味着国家可以因社会组织已经履行了给付义务而免除其本应履行的义务。因为国家义务对应的是公民基本权利，而将社会组织也作为提供物质帮助的主体，仅仅只是为了“鼓励社会组织也为社会保障承担义务”，并不能因为社会组织提供了一定的给付义务，而就此免除国家保证公民基本权利实现的义务。此外，《宪法》第21条、第26条第1款的规定明确了国家在发展医疗卫生事业、保护生活和生态环境、发展体育事业等方面的政策和任务，可以作为宪法解释之依据，配合“国家尊重和保障人权”，起到补强健康基本权的作用，即为国家针对公民享有的健康权应履行的义务提供具体的指示。

正如杰出的人权法学者斯杜兹纳所言，“人权是隐藏在法律权利背后的乌托邦因素”，是“一种对未来的展望”。健康权是目前世界上最引人瞩目的词汇之一，它反映了人类对全球健康危机的不满，承载了人类对享有最高可能的身心健康的理想，表达了当前我国公民对医疗改革的希望以及对政府积极履行义务的要求。因此，在当前医疗供给需求不足的前提下，政府应有序引导、鼓励和支持民营医疗机构市场准入，以便最大限度地保护公民的基本权利——健康权。

2.3.1.2 健康权保护的双重判断标准

为了增强健康权在法律中的操作性，联合国经济社会理事会逐步发展出两套健康权保护的国际标准：一套以卫生服务为中心；另一套以国家义务为中心。尽管在某种意义上，两套标准不过是提供了健康权的分析框架，不能称为严格的国际标准，但对推动健康权从国际人权法中的抽象规定到具有法律规则的操作性，具有积极意义。

1. 以卫生服务为中心

健康权是一项要求全面、综合的卫生服务的权利。卫生服务是否全面、综合可从下列因素进行评价：

第一，可供性。所谓可供性(availability)是指一个国家必须有足够数量、行之有效的公共卫生设施、医疗机构以及医务技术人员。尽管这些因素将会受到各个国家经济发展水平的影响，但一国应尽量保证其拥有适当的医院、诊所等医疗机构以及在国内具有一定医疗技术水平的医务人员等。

第二，可及性。可及性即可获取性(accessibility)，包括不歧视、地理上的可及性与经济上的可及性。首先，不歧视。卫生设施、商品和服务必须在法律和实践中面向所有人，特别是人口中最脆弱的部分和边缘群体，不得以任何禁止的理由加以歧视。其次，地理上的可及性（physical - access）。所谓地理上的可及性，是要求健康服务设施位于每个人都能达到的距离之内，特别是脆弱群体和边缘群体。获得的条件不仅包括能够安全、切实得到医疗服务和基本的健康要素，还包括建筑物为残疾人配备适当的进入条件等。地理上的可及性尤其需要注意。相关联合国机构报告指出："有许多国家……卫生支出虽然很多，但被过多地用于发达城区的大医院内的医疗保健，而不是用来促进优质初级保健向被边缘化的社区扩展。"最后，经济上的可及性，即在经济上可以支付。

卫生设施、商品和服务必须是所有人能够承担的。卫生保健服务以及与基本健康要素有关的服务、收费必须建立在平等原则的基础上，保证这些服务无论是私人的还是国家提供的，应是所有人都能承担得起的，包括社会处境不利的群体。公平要求较贫困的家庭与较富裕的家庭相比，不应在卫生开支上负担过重。根据可获取性，卫生制度必须向所有人提供服务，不仅是向有钱人，也要向穷人提供服务；不仅要向主要族裔群体，也要向少数民族和土著民众提供服务；不仅向男人也要向妇女提供服务；不仅要向城市里的人提供服务，也要向边远村民提供服务。

第三，可接受性。可接受性(acceptability)强调在文化上，卫生设施、商品和服务必须遵守医务职业道德，在文化上是适当的，即尊重个人、少数群体、人民和社区的文化，对性别和生活周期的需要敏感，遵守保密规定，改善有关个人和群体的健康状况。

第四，质量标准。这里所指的质量，即卫生设施、商品和服务应当具有科学和医学上的适当质量标准。要求除其他条件中外应有熟练的医务人员，在科学上经过批准、没有过期的药品，医疗设备，安全和洁净的饮水，适当的卫生条件。

2. 以国家义务为中心

第一，一般法律义务。逐步实现义务是健康权保护中的国家一般法律义务。《经济、社会和文化权利公约》第 2 条第 1 款规定了国家在保护健康权中的一般法律义务。根据该规定，缔约国有义务采取步骤逐步实现经济、社会和文化权利。逐步实现义务包括两方面含义：第一是国家的积极义务。国家在第一代人权中负有消极义务，主要是不干预个人自由，而健康权保护要求国家履行积极义务，积极采取措施保护个人健康，如提供足够的医疗卫生设备、设施和服务。第二是逐步义务。由于健康权的实现对资源有高度依赖，资源有限性决定了国家义务不能超越社会经济发展水平，必须与社会经济发展共同行进。因此，国家义务具有时间上的渐进特征。逐步实现义务要求不应理解为国家义务失去了有意义的内容，成为空洞的口号。相反，逐步实现义务意味着国家有一项具体和始终存在的义务。如果国家采取的卫生措施严重滞后，没有跟随社会经济科技的发展而得到提高，那么国家就违反了健康权保护的一般法律义务。

尽管公约只规定了国家的逐步实现义务，承认由于可利用的资源有限造成各种困难，但公约还是规定了一些立即有效的义务。国家在健康权方面立即有效的义务包括：保证行使这项权利不得有任何歧视(第2条第2款)和采取措施充分实现第12条所列义务(第2条第1款)。同时，逐步实现义务内含的重要假定是不允许在健康权上采取倒退措施。如果有意采取任何倒退措施，国家必须证明措施的合理性，如对有限资源和公约中所有权利的整体衡量。

第二，具体法律义务。国家在健康权保护中的具体法律义务包括尊重、保护与实现三个层次上的国内义务、国际义务以及核心义务和限制义务。其中尊重、保护与实现义务最为重要。尊重健康权的义务是指缔约国必须避免直接或间接地干涉健康权。比如，缔约国不应否认和限制平等获得医疗保健的机会等。保护健康权的义务是指缔约国应当采取措施防止第三方干涉健康权。如，缔约国应当确保卫生部门的私有化不会对保健设施、物品和服务的可用性、易用性、可接受性和高品质构成威胁。实现健康权的义务是指要求缔约国履行一系列的义务。因此，国家为实现健康权，应做到两点：一方面，确保其医疗卫生人员符合一定的学历教育和市场准入执业规范和标准；另一方面，要求缔约国不仅在其国内法中，而且在其执政政治目标中，均应对健康权有足够的承认，并制定详细的健康政策和实现健康权的计划。上述三个层次的义务属于国内层次的义务。除此之外，国家还具有国际援助与合作的义务，即健康权还要求缔约国承担国际援助和合作方面的义务(《经济、社会和文化权利公约》，第2.1条)。

此外，国家还具有限制义务。国家可以从公共健康保护的角度出发，对基本人权进行限制。但这种限制必须符合法律规定，包括国际人权法的规定。国家限制义务对推进民主社会的整体福利是严格必要的，但必须与实际需要相称，能够接受审查并且期限是有限的。当然，健康权保护中的义务主体并非限于国家，其他主体也负有义务。尽管国际人权法规定缔约国在实现健康权方面承担主要义务，但同时也承认其他参与者在实现这一目标方面也应承担责任和发挥重要作用。

健康和生命对每一个人而言都弥足珍贵，医疗服务作为患者恢复健康的必要条件，具有强烈的公共福利特征。健康权是人的一项基本权利，公民健康权保障的主体是国家。保障公民享有健康权是促进社会和谐的重要举措，是新医改的价值目标所在，更是政府义不容辞的法律责任。“健康和生存是社会成员的最底层的需求——生存权是维持生命的延续，健康权是保障生命的质量。在这两个方面，每一个人都是没有退路的。”健康权是人权的重要组成部分，关乎生命安全与人身健康，关系公共利益，关系国家经济发展和国家安全。因此，从维护医疗安全与人的生命健康权角度出发，我国应积极构建民营医疗机构市场准入法律制度，弥补公立医疗机构的供给不足和低效率，并保证医疗服务安全与质量，从而更好地保障人人享有健康权。

2.3.2 我国医疗服务供求现状亟需民营医疗机构市场准入保护健康权

2.3.2.1 我国近年医疗服务事业迅速发展

2011年我国《卫生事业发展统计公报》的相关数据显示，截至2011年年末，全国医疗卫生机构❶总数达95.4万个，比上年增加17 462个。从图2.1可知，我国医疗机构总数从2006年到2011年呈逐年上升趋势，其中2008年略有降低，医疗机构数量为8.3万个。2011年医院共计21 979所，基层医疗卫生机构❷918 003个，专业公共卫生机构❸11 926个。与上年比较，医院增加1 061所，基层医疗卫生机构增加16 294个，专业公共卫生机构增加91个（见表2.1）。

---

❶ 医疗卫生机构包括医院、基层医疗卫生机构、专业公共卫生机构、其他机构。参见2011年我国卫生事业发展统计公报. http://www.moh.gov.cn/publicfiles/business/htmlfiles/mohwsbwstjxxzx/s7967/201204/54532.htm,2012－5－13。

❷ 基层医疗卫生机构包括社区卫生服务中心(站)、街道卫生院、乡镇卫生院、村卫生室、门诊部、诊所(医务室)。参见2011年我国卫生事业发展统计公报. http://www.moh.gov.cn/publicfiles/business/htmlfiles/ mohwsbwstjxxzx/s7967/201204/54532.htm, 2012－5－13。

❸ 专业公共卫生机构包括疾病预防控制中心、专科疾病防治机构、妇幼保健机构、健康教育机构、急救中心(站)、采供血机构、卫生监督机构、卫生部门主管的计划生育技术服务中心。参见2011年我国卫生事业发展统计公报. http://www.moh.gov.cn/publicfiles/business/htmlfiles/mohwsbwstjxxzx/s7967/ 201204/54532.htm, 2012－5－13。

2011年，医院中，公立医院[1]13 542所，民营医院[2]8 437所。基层医疗机构中，社区卫生服务中心(站)32 860个，政府办乡镇卫生院37 295个，村卫生室17 509个（见表2.1）。从图2.1可以看出，从2006年到2011年，我国乡镇卫生院的数量在逐渐减少，而社区卫生服务中心（站）和医院的数量在逐渐增多。

表2.1　2010—2011年卫生机构数以及床位数[3]

	机构数(个)		床位数(张)	
	2011年	2010年	2011年	2010年
总计	954 689	936 927	5 159 892	4 786 831
医院	21 979	20 918	3 705 172	3 387 437
其中:公立医院	13 542	13 580	3 243 902	3 013 768
民营医院	8 437	7 068	461 270	373 669
基层医疗机构	918 003	901 709	1 233 675	1 192 242
社区卫生服务中心(站)	32 860	32 739	187 126	168 814
政府办乡镇卫生院	37 295	37 836	1 026 211	994 329
村卫生室	17 509	648 424	-	-
诊所(医务室)	662 894	173 490	119	120
专业公共卫生机构	11 926	11 835	178 127	164 515

❶ 公立医院指经济类型为国有和集体办的医院(含政府办医院)。所谓政府办医院是指卫生、教育、民政、公安、司法、兵团等行政部门举办的医疗卫生机构。参见中国卫生部网站. http://www.moh.gov.cn/mohwsbwst jxxzx/s7967/201204/54532.shtml, 2012-10-18。

❷ 民营医院指公立医院以外的其他医院，包括联营、股份合作、私营、台港澳投资和外国投资等医院。参见中国卫生部网站. http://www.moh.gov.cn/mohwsbwstjxxzx/s7967/201204/54532.shtml, 2012-10-18。

❸ 该表资料来源于中国卫生部网站. 2011年我国卫生事业发展统计公报. http://www.moh.gov.cn/publicfiles/business/htmlfiles/mohwsbwstjxxzx/s7967/201204/54532.htm, 2012-5-13。

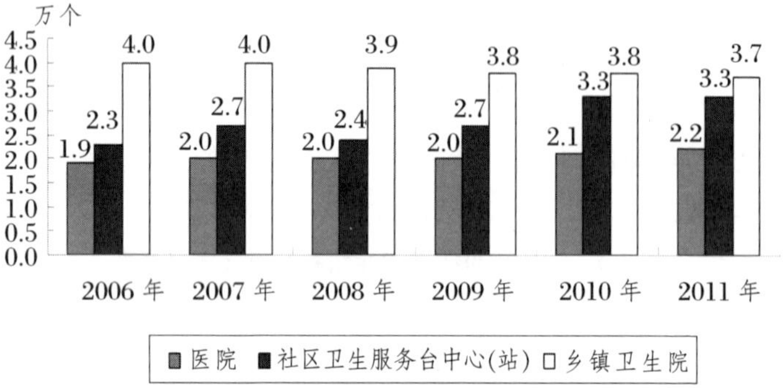

图 2.1　2006—2011 年全国卫生机构数❶

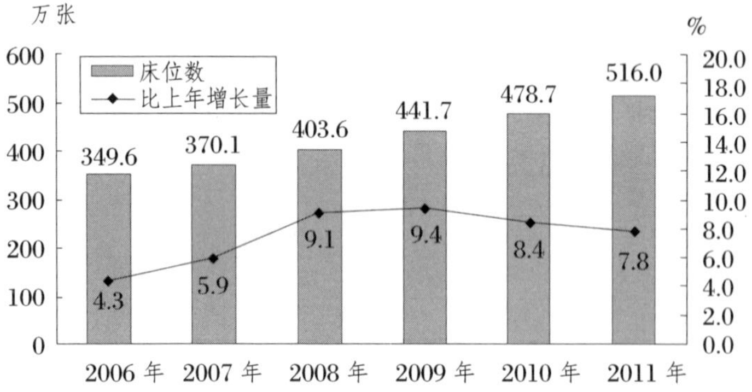

图 2.2　2006—2011 年医疗机构床位数及增长速度❷

从图 2.2 可知，2011 年年末，我国医疗卫生机构床位有 516.0 万张。结合表 2.1 的数据，医院床位占整个医疗机构床位数的 71.8%，共 370.5 万张；卫生院床位占 19.8%，共 102.6 万张；社区卫生服务中心（站）床位占 3.5%，共 1.8 万张。与 2010 年比

❶ 该图转引自 2011 年我国卫生事业发展统计公报. http://www.moh.gov.cn/publicfiles/business/htmlfiles/ mohwsbwstjxxzx/s7967/201204/54532.htm，2012－5－13。

❷ 该图转引自 2011 年我国卫生事业发展统计公报. http://www.moh.gov.cn/publicfiles/business/htmlfiles/ mohwsbwstjxxzx/s7967/201204/54532.htm，2012－5－13。

较，床位增加37.3万张,其中医院床位增加31.8万张，基层医疗卫生机构床位增加4.1万张。每千人口医疗卫生机构床位数由2010年的3.56张增加到2011年的3.81张。从2006—2011年我国医疗机构床位总数的变化，可知这5年中医疗机构床位总数逐年增加。从表2.1中，可以看出医院及社区的床位数在逐年增加，卫生院的床位数则相对增加较为缓慢。

2011年年底，全国卫生人员❶数达861.6万人，比上年增加40.8万人，增长5.0%。其中，卫生技术人员❷620.3万人，乡村医生和卫生员112.6万人，其他技术人员30.6万人，管理人员37.5万人，工勤技能人员60.6万人。卫生技术人员中，执业(助理)医师❸246.6万人，注册护士❹224.4万人（见表2.2）。与2010年比较，卫生技术人员增加32.7万人，增长5.6%（见图2.3）。

---

❶ 卫生人员包括卫生技术人员、乡村医生和卫生员、其他技术人员、管理人员、工勤技能人员。按在岗职工数统计，包括在编、合同制、返聘和临聘半年以上人员。参见中国卫生部网站. http://www.moh.gov.cn/ mohwsbwstjxxzx/s7967/201204/54532.shtml, 2012-10-18。

❷ 卫生技术人员包括执业(助理)医师、注册护士、药师(士)、技师(士)、卫生监督员(含公务员中取得卫生监督员证书的人员)、其他卫生技术人员。参见中国卫生部网站. http://www.moh.gov.cn/mohwsbwstjxxzx/ s7967/201204/54532.shtml, 2012-10-18。

❸ 执业(助理)医师指取得医师执业证书且实际从事临床工作的人员。不含取得医师执业证书但实际从事管理工作的人员。参见中国卫生部网站. http://www.moh.gov.cn/mohwsbwstjxxzx/s7967/201204/54532.shtml, 2012-10-18。

❹ 注册护士指取得注册护士证书且实际从事护理工作的人员，不含取得护士执业证书但实际从事管理工作的人员。参见中国卫生部网站. http://www.moh.gov.cn/mohwsbwstjxxzx/s7967/201204/54532.shtml, 2012-10-18。

表 2.2　2010—2011 年卫生人员数❶

	2011 年	2010 年
卫生人员总数(万人)	861.6	820.8
卫生技术人员(万人)	620.3	587.6
其中:执业(助理)医师(万人)	246.6	241.3
内有:执业医师(万人)	202.0	197.3
注册护士(万人)	224.4	204.8
药师(士)(万人)	36.4	35.4
技师(士)(万人)	34.8	33.9
其他技术人员(万人)	30.6	29.0
乡村医生和卫生员(万人)	112.6	109.2
管理人员(万人)	37.5	37.1
工勤技能人员(万人)	60.6	57.9
每千人口执业(助理)医师(人)	1.82	1.79
每千人口注册护士(人)	1.66	1.52
每万人口公共卫生人员(人)	4.73	4.64

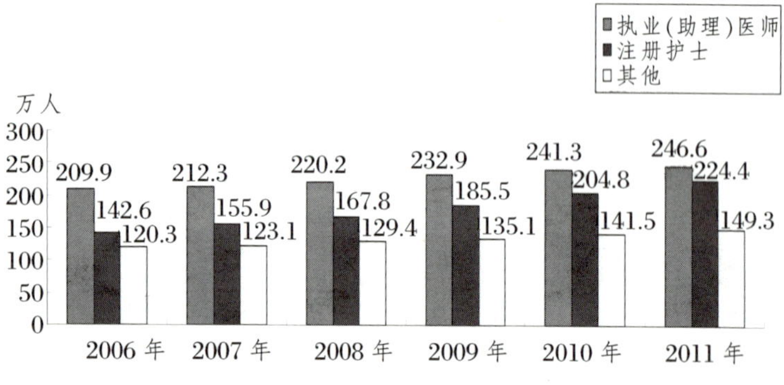

图 2.3　2006—2011 年卫生人员数❷

其中 2011 年卫生人员机构分布比例和人数分别为：医院占

---

❶ 该表中卫生人员和卫生技术人员包括公务员中取得卫生监督员证书的人员。资料来源于 2011 年我国卫生事业发展统计公报. http://www.moh.gov.cn/publicfiles/business/htmlfiles/ mohwsbwstjxxzx/s7967/ 201204/54532.htm, 2012－5－13。

❷ 该图转引自 2011 年我国卫生事业发展统计公报. http://www.moh.gov.cn/publicfiles/business/htmlfiles/ mohwsbwstjxxzx/s7967/201204/54532.htm, 2012－5－13。

52.5%，共计452.7万人；基层医疗卫生机构占39.2%，共计337.5万人；专业公共卫生机构占7.4%，共计64.1万人。2011年医院卫生技术人员为370.6万人，其中公立医院卫生技术人员占88.7%，共328.6万人；民营医院卫生技术人员占11.3%，41.9万人，见表2.3，可见民营医院卫生技术人员数明显低于公立医院。2011年，每千人口执业(助理)医师[1]1.82人，每千人口注册护士1.66人。图2.3表明了我国2006年至2011年卫生技术人员总数的变化，从中可以看出我国卫生人员总数在逐年递增，其中无论是执业医师数还是注册护士数在2006—2011年里均呈现逐年递增趋势。

表2.3　2010—2011年卫生人员数[2]（单位：万人）

	人员数		卫生技术人员	
	2011年	2010年	2011年	2010年
总计	861.6	820.8	620.3	587.6
医院	452.7	422.7	370.6	343.8
公立医院	398.1	377.0	328.6	309.0
民营医院	54.6	45.8	41.9	34.8
基层医疗卫生机构	337.5	328.2	196.3	191.4
社区卫生服务中心(站)	43.3	39.0	36.8	33.1
乡镇卫生院	116.6	115.1	98.1	97.3
专业公共卫生机构	64.1	62.5	49.8	48.7
疾病预防控制中心	19.5	19.5	14.5	14.7
卫生监督机构	9.0	9.4	7.0	7.4

---

[1] 每千人口执业(助理)医师数、注册护士数按公安部户籍人口计算。参见中国卫生部网站. http://www.moh.gov.cn/mohwsbwstjxxzx/s7967/201204/54532.shtml，2012-10-18。

[2] 该表资料来源于中国卫生部2011年我国卫生事业发展统计公报. http://www.moh.gov.cn/publicfiles/ business/htmlfiles/mohwsbwstjxxzx/s7967/201204/54532.htm，2012-6-17。

2.3.2.2 我国医疗服务供求矛盾仍较为突出

目前，“看病难”是我国医疗服务供给需求矛盾的主要表现。此处所指“看病难”是指医疗服务可及性差，即医疗服务的供给无法满足需求，出现供不应求的状况，其本质是医疗服务需求与医疗服务供给矛盾之间的外在表现。从政府责任的层面看，“看病难”主要是指医疗卫生服务供给难以满足群众多层次医疗服务需求这样一种矛盾的具体体现。“看病难”产生的原因主要有以下三个方面：

第一，在一定范围内由于医疗机构数量有限，医疗机构设置的地理位置将直接影响医疗服务的有效供给。一般而言，如果在一定范围之内医疗供给严重缺乏，将导致患者的需求难以得到满足。例如，在有些农村地区几十公里内根本没有医疗机构，就会产生“看病难”的问题。

第二，医疗服务供给的地区失衡和结构性失衡。地区失衡表现为我国医疗服务供给呈现“二元化”格局，即卫生资源配置多集中于经济发达地区、城市和东部地区，而在经济不发达地区、农村和西部地区则极为匮乏。从表2.4可知，2010年东部地区公立医院数为5 047个，民营医院数为3 077个，三级医院总数（包括公立医院与民营医院）为594个。无论是东部地区的公立医院数还是民营医院数，明显多于中部、西部地区公立医院数和民营医院数。而且东部地区医院级别呈现较为合理的“橄榄形”分布格局，即二级医院相对较多，而三级医院和一级医院居于两端。而中部、西部地区民营医院无论在总数上还是在三级医院的数量上，均不及东部地区民营医院数。从表2.5可知，就医院床位数而言，在拥有50~99张床位的医院方面，东部、中部和西部地区医院数相差不大，均为1 200个左右。在拥有200~299张床位的医院方面，东部、西部地区相差较小，西部地区民营医院数略高于中部地区民营医院数。但就拥有300张以上床位的民营医院看，东部地区民营医院数则明显高于中部地区、西部地区民营医院数。尤其是东部500张床位以上[1]的民营医院数是西部民营医院数的两倍多。由此可见，医疗服务供给的地区性失衡在我国表现得十分突出。东部地区民营医院数和医院床位数均多于西部地区民营医院数和医院床位数，且东部地区民营医院中三级医院数也明显高于西部地区民营医院的三级医院数。

表2.4 2010年各地区公立医院数和民营医院数[2]（单位：个）

地区	公立医院合计	按医院级别			民营医院合计	按医院级别		
		三级医院	二级医院	一级医院		三级医院	二级医院	一级医院
东部	5 047	585	2 113	1 196	3 077	9	172	1 113
中部	4 650	359	2 041	1 113	1 817	11	88	456
西部	4 153	314	1 950	772	2 174	6	108	621

而医疗服务供给结构性失衡表现为：患者去名牌医院就诊比去普通医院就诊难；看专家门诊难，看名专家门诊更难，而看普通医生容易；住院难而看门诊容易；看专科特色科室难而看普通科室容易；医保病人住院难而自费病人住院容易；患者在年末看病难而在年初看病容易。

---

❶ 根据中华人民共和国《医院分级管理标准》规定，我国医院经评审可确定为三级，每级再划分为甲、乙、丙三等，三级医院增设特等。医院分等的标准和指标主要有5个方面内容：医院的规模，包括床位、建筑、人员配置、科室配置等四方面的要求和指标；医院的技术水平；医疗设备；医院的管理水平；医院的质量。其中，三级医院必须是病床数在501张以上，向几个地区提供高水平专科性医疗卫生服务和执行高等教育、科研任务的区域性以上的医院。二级医院为病床数在101张至500张之间，向多个社区提供综合医疗卫生服务和承担一定教学、科研任务的地区性医院。一级医院为病床数在100张以内，包括100张，直接向一定人口的社区提供预防、医疗、保健、康复服务的基层医院、卫生院。从以上各地区医院床位数可知，西部地区不仅缺乏具有一定规模的三级综合性医院，而且其医院的医疗技术水平相对东部地区而言也较为薄弱。

❷ 以上数据参见《2011年中国卫生统计年鉴》. http://www.moh.gov.cn/htmlfiles/zwgkzt/ptjnj/year2011/index 2011.html，2012－12－10。

表 2.5　2010 年各地区按床位数分组医院数❶(单位:个)

地区	合计	0～49 张	50～99 张	100～199 张	200～299 张	300～399 张	400～499 张	500～700 张	800 张及以上
总计	20 918	8 644	3 750	3 496	1 691	968	582	1 069	718
东部	8 124	3 461	1 291	1 241	580	402	253	510	386
中部	6 467	2 557	1 231	1 166	513	292	193	322	193
西部	6 327	2 626	1 228	1 089	598	274	136	237	139

第三，由于医疗服务的需求者具有异质性，而医疗服务消费又具有不可逆转性，作为医疗服务的提供者，无论是医生还是医院都必须具备一定的资格条件方能进入医疗服务领域提供医疗服务。而提供医疗服务的医生除了需具备扎实的医学理论知识外，更需要在临床中通过长期实践积累丰富的诊断经验，因此在较短的、一定的时间内医生的供给是有限的，优秀医生的供给更为有限且无法复制。当前我国公立医疗机构无论在数量、规模还是技术力量、服务条件等方面均占绝对垄断地位，由于政府财政投入有限，因此在一定时间内医院的供给数量也是有限的，而好的服务条件、高服务质量、先进医疗设备和高超医术的医生也是有限的，拥有医术高超的医生、先进诊疗设备和高效管理方法的优秀医院的供给更为有限。因此随着社会经济的发展，医疗服务的主要矛盾表现为人民群众日益增长的医疗服务需求与医疗服务供给严重不足。医疗服务供给还受到一定社会经济发展水平的制约，因此相对于日益增长的医疗服务需求而言，医疗服务社会总供给量不足，以至于具有明显“质量偏好”且又缺乏足够信息的患者在寻求医疗服务时追逐大医院和有名的医生，造成医疗服务消费拥挤。

---

❶ 该表资料来源于中国卫生部《2011 年中国卫生统计年鉴》. http://www.moh.gov.cn/htmlfiles/zwgkzt/ptjnj/ year 2011/index2011.html, 2012－12－10。

第四，医疗服务效率低也是导致医疗供给不足的一个重要原因。医院医生人均负担日诊疗人次，人均负担住院床日和病床利用率是衡量医疗服务效率的重要指标。从表 2.6 可看出，2010 年医师日均担负诊疗 6.8 人次，负担住院 2.4 床日。与 2009 年相比，医师日均负担诊疗增加 0.1 次，负担住院增加 0.1 床日。❶可见，医疗服务效率仍处于较低水平。而且不同级别医院医生的工作负荷水平差别很大，部属医院医生工作量几乎是县属医院医生的 2 倍。从病床利用率看，1985 年卫生部门医院病床使用率达 87.9%，但从 1985 年至 2000 年，医院平均病床使用量呈逐年下降趋势。此后略有回升，但即使是 2007 年医院病床使用率也仅有 84.7%❷，尚未达到 1985 年的水平。在大型医院处于门庭若市、拥挤不堪的状态时，中小医院则门庭冷落、资源闲置。

表 2.6　2009—2010 年各地区医院医师日均担负诊疗人次和住院床日❸

	医师日均负担诊疗人次		医师日均负担住院床日	
	2009 年	2010 年	2009 年	2010 年
合计	6.7	6.8	2.3	2.4
卫生部属	9.1	9.8	2.4	2.5
省属	7.3	7.4	2.5	2.5
地级市属	6.8	7.0	2.4	2.5
县级市属	7.1	6.9	2.0	2.1
县属	5.6	5.6	2.2	2.4

❶ 以上数据参见中国卫生部《2010 年中国卫生统计年鉴》和《2011 年中国卫生统计年鉴》. http://www.moh.gov.cn/zwgkzt/pwstj/list.shtml, 2012－12－24。

❷ 参见中国卫生部《2011 年中国卫生统计年鉴》. http://www.moh.gov.cn/htmlfiles/zwgkzt/ptjnj/year2011/ index2011.html, 2012－12－24。

❸ 该表资料来源于中国卫生部《2011 年中国卫生统计年鉴》. http://www.moh.gov.cn/htmlfiles/zwgkzt/ptjnj/ year 2011/index2011.html, 2012－12－24。

通过以上对我国医疗服务供给需求情况的分析，我们得出以下结论：随着我国医药卫生体制改革的不断深入，医疗服务机构及其病床总量、医疗卫生技术人员的总量都在不断增长。医疗服务的技术水平和服务质量获得了极大的提升。但医疗服务效率并没有明显提高，医疗服务供给增长落后于医疗服务需求增长，已不能满足消费者日益增长的多样化医疗服务需求。在医疗服务利用效率方面，我国医疗供给能力在扩大的同时，医疗服务资源配置效率低下，医疗市场处于低效率运行的状态。80%的医疗资源向城市倾斜，这其中80%医疗资源又向大医院倾斜。消费者所谓的“看病难”实际上是到大医院“看病难”，这为民营医疗机构的发展提供了很大的空间。

2.4 民营医疗机构市场准入法律制度的经济学依据

尽管政府干预民营医疗机构市场准入是一个持久的话题，但以市场准入制度矫正“医疗服务市场失灵❶”却为世界各国所采用，

---

❶ 在如何克服市场失灵的问题上，理论界主要有两种基本观点：一种观点产生于20世纪60年代以前，认为市场失灵必须通过政府的行动来消除，即在完全市场上由市场来配置资源，在不完全市场上由政府来配置资源。在实际生活中完全市场通常是不存在的，真正存在的只是不完全市场。虽然这种观点没有直接、完全地否认市场配置资源的有效性，实际上却容易走向否认市场和夸大政府的极端。按照这种观点，市场失灵的存在通常被认为是“为集体或者政府采取行动来改变资源配置的效率提供一个理由”。参见布坎南. 自由、市场和国家. 北京：北京经济学院出版社，1998：213－221。另一种观点是20世纪六七十年代以来由罗纳德·科斯、哈罗德·德姆塞茨、詹姆斯·布坎南等经济学家提出的“市场失灵并不是把问题转交给政府去处理的充分条件”，认为市场失灵虽然是市场自身产生的问题，但是从一种动态的角度来说，市场自身也存在自动矫正缺陷的力量和机制，而有的市场机制尽管也是有作用的，但必须用政府机制才能矫正。参见泰勒·科恩. 市场失灵论，1988：193－201。

其基本做法是以法律制度规范民营医疗机构市场准入行为，以期形成政府与市场之间相对稳定的平衡关系。

从理论上讲，市场失灵是政府干预市场的合法依据。市场失灵的概念最早是由巴特提出来的。所谓市场失灵，是指市场发挥作用的条件不具备或者不完全而造成的市场机制不能自我调节的情形，是指由于一定的因素使市场在资源配置方面呈现低效率运行的一种非理想状态。在医疗服务市场，存在各种形式的市场失灵，使医疗市场背离了完全竞争市场。如果完全放任市场机制运行，那么将导致无效率，很难实现帕雷托最优，这使政府干预民营医疗机构市场准入成为必要。市场失灵的表现在其他领域也同样存在，只是与普通商品市场相比，医疗服务市场同时拥有多种市场失灵的诱因，这也是医疗服务市场不同于其他市场的原因所在。具体而言，医疗服务市场失灵表现在以下几个方面：

2.4.1　医患信息不对称

斯蒂格勒茨认为，医疗市场与标准竞争市场相比，存在着有限的竞争和有限的信息。医疗市场之所以存在严重的信息不对称问题，主要因为医院数量有限、商品不具有同质性、消费者的信息不充分等。同时，由于医疗服务具有高技术性和专业性，无论是消费者还是医疗服务的规制主体均不可能占有完全的市场信息，而且信息的传递也是不完全的，因此需要国家的介入。

在不完全信息条件下，市场机制无法有效发挥资源配置作用，市场供给方也不能提供所需要的信息。这时政府可以采取两种方法供给：一是政府或者医疗机构直接对信息劣势者——消费者提供信息。例如要求医疗机构提供信息，对药品或医疗服务做出明确的解释等。二是建立或实施医疗机构市场准入制度。政府可以对医疗机构进入医疗市场发放许可证，即在医疗机构进入市场之前，必须具备一定的资质或者达到一定的条件，符合条件的才能进入医疗市场，实行医疗机构市场准入制度。具体而言，医疗服务市场的信息不对称表现为：

第一，疾病的发生和治疗效果具有不确定性。首先，对消费者而言，疾病的发生具有不确定性。消费者对医疗服务的需求，与其对其他物品或者服务的需求相比，最大的不同在于对医疗服务的需求具有无法预测性，消费者无法确定地掌握其健康状况发生的变化。由于健康的身体是人从事一切生产生活的基础，人在生病时都会选择去医院接受治疗，因此对医疗服务的需求可以看成是人的一种基本生理需求，具有一定的必需性和强制性。其次，治疗效果具有不确定性。对于普通疾病而言，由于治疗技术已经成熟，治疗效果比较容易依据经验进行判断和预期，其不确定性有所下降；但对于重大疾病，消费者往往缺乏医疗服务的相关知识，很难对其医疗服务品质进行评估，对治疗效果的不确定性较普通疾病大得多。在治疗过程中，消费者往往需要承担一定的痛苦，身体部分功能受损甚至有丧失生命的风险，这种医疗风险具有不可逆转性。换而言之，消费者在接受医疗服务以后，不管治疗的后果是什么，都必须自己承担风险。这和其他的商品消费过程不同。例如，电器产品，如果消费者购买后质量有问题，可以换或者退。但在医疗服务领域，如果消费者没有得到很好的治疗，或者治疗效果不理想，虽然可以通过转院或者换医生进行弥补，但往往会因此耽误最好的治疗时间，而原先治疗所造成的创伤，无论精神上还是生理上的，都极难治愈。由于医疗服务先天的不可逆转性[1]，因此

[1] 参见 Arrow, Kennenth J. University and the Welfare Economics of Medical Care. American Economic Review, 1963, 53(5): 941－973。

消费者就医时都从心底渴望得到最好、最优的服务。这就需要对进入医疗市场的民营医疗机构资质进行严格把关，以确保其所提供的医疗服务的质量与安全。

第二，医疗服务供求双方之间有关疾病治疗的相关信息不对称。医疗服务供给方，即医疗机构和医生，具有较强的专业知识和拥有较为先进的医疗技术，处于信息优势地位；而作为医疗服务需求方的消费者由于缺乏专业培训，对于医疗服务的有关知识可以说一无所知，处于明显信息劣势地位。尽管消费者和生产者在普通商品上也存在信息不对称的情形，但此时普通商品的决策者是消费者自己，其可以根据生产者的信誉、其他机构提供的有关商品的信息对自身加以保护。而医疗服务的高度技术专业性则使得医疗服务供给方和需求方之间在疾病的处理、费用和收益等方面的信息不对称后果十分严重，因为医疗服务的决策者并非消费者而是医生。

尽管随着信息技术的不断发展，消费者的信息劣势可以得到一定的改观，但由于治疗效果的不确定性以及搜索医疗服务信息成本的高昂性，消费者仍无法拥有完整的信息。因此，在绝大多数情况下，患者并不会选择自我治疗，而是将疾病诊断和治疗的决策权赋予医疗服务提供方，委托其为代理人，替患者选择治疗方式，进行医疗决策，至此医患之间的委托代理关系便建立了。原本这种委托代理关系应建立在信任的基础之上，即患者希望医生是一个完美代理人，任何时候都能代表患者做出最有利于治疗的决策。从医生的立场上看，他既是患者的代理人，需满足患者利益；又是医疗服务提供者，需满足自身利益，于是这种双重角色导致在利益上的冲突。在信息不对称的情况下，医生很难成为患者所期望的完美的代理人。波利曾指出：“其他条件都一样，医生们是愿意告诉病人实情的，但是他们情愿牺牲一点准确性，来换取自己的一些货币收入。”相对于其他领域的代理人而言，医疗服务领域中的委托人和代理人之间的信息不对称问题更为严重，在缺乏对供方有效的约束机制下，代理人问题是不可调和的。这种严重的不可调和性体现在委托人无法对代理人进行直接、有效的监管。首先，委托人在疾病治疗过程中没有最终决策权。委托关系建立之后，整个疾病的诊断过程是由医生控制的。其次，委托人没有能力对代理人的治疗情况做出事后评价。如果病人发现自己的治疗是无效的，因缺乏专业知识和现实的判断标准，无法判断是医生没有尽职还是由于疾病治疗效果的不确定性导致的。即使疾病被治好了，治疗方案是否是最佳方案，医生是否给自己过度治疗，疾病是否已经彻底治愈，是否有后遗症等这些问题消费者均无法判断。除了医生的服务态度以外，消费者对医生没有事后评价能力，更无事后惩罚的力量。Leffer 指出，这种存在于医患之间的委托代理问题会降低医疗服务质量，而劣质医疗服务后果则不堪设想。他认为“一个国家强制实施的医疗服务最低质量标准可看作是对获取质量信息的高昂成本做出的有效反应”❶。阿罗则强调应出台相应的规制措施，保证医生和患者之间委托代理信任关系能够持续，例如发放医疗证照制度，以此减少信息不对称造成的不利影响。正是由于消费者信息的有限性以及获取信息的高成本，使政府需要对医疗机构和医生进行准入规制，以减轻医生和消费者之间的信息不对称。此外，信息不对称还存在于民营医疗机构与其审批机构之间。由于审批机构很难掌握民营医疗机构市场准入的真实目的，加之有的民营医疗机构市场准入的确存在投机主义倾向，例如通过

---

❶ 参见 Leffer, Keith B. Physician Licensure: Competition and Monopoly in American Medicine. Journal of Law and Economics, 1978(21): 165 –186。

市场准入进行敛财。因此，在此情形下便会产生道德风险，而避免道德风险则是民营医疗机构市场准入的一大难题。

信息不对称和委托代理问题衍生出来的医疗服务市场的一个重要问题，即供给诱导需求。当医生影响医疗服务的需求，而这种需求又不能与患者的最佳利益相一致时，将会诱导患者过多地消费医疗服务，此时供给诱导需求就产生了。由于医生天然是患者诊断、治疗疾病这一复杂过程的代理人，委托人没有能力对代理人的行为进行直接监督和评价，在医疗消费不确定性、强制性和不可逆转性的趋势下，患者为了早日康复，对于医疗过程中医疗服务提供者的各种要求一般都会接受，甚少提出质疑，这为医生道德风险的产生提供了条件。特别是医疗保险制度介入之后，通过第三方支付制度，消费者因疾病带来财富损失的不确定性有所降低，放松了对价格的关注，于是大多数人认为越贵的治疗方式越有利于病情治疗，从而使供给诱导需求成为一种现实。供给诱导需求产生的主要表现是：第一，过度检查。人为增加许多并非必要或者必需的检查。本可通过简单的检查手段就可确诊的病例，却要采用多种手段检查或者采用较为高级、昂贵的检查手段。对于转诊病人或复诊病人则重复检查。此种现象无论在民营医疗机构还是公立医疗机构均存在，而且在公立医疗机构更为严重。第二，过度用药，表现为本不需用药的却用药；能用便宜药的却使用价格贵的药。在信息不对称条件下，医疗服务市场严重的供给诱导需求现象再次表明医疗服务市场机制失灵。由于医疗市场信息不对称现象极其严重，民营医疗机构的经济人本性十分明显：民营医疗机构超范围执业、采用虚假广告或者欺骗手段侵害消费者合法权益的事件不断发生，导致民营医疗市场秩序混乱。因此，完全通过市场机制难以解决医疗资源的有效配置问题，应通过政府对民营医疗机构市场准入的必要规制，更好地实现维护公共利益的目标。

2.4.2 公立医疗机构垄断

桑特勒认为医疗服务市场具有一定的垄断性质，不是完全竞争的市场。公立医疗机构的垄断地位是我国医疗市场失灵的首要原因，也是导致消费者“看病贵”的一个重要原因，更是阻碍民营医疗机构市场准入的暗礁。

从公立医疗机构拥有的床位数、医务技术人员数看，其在医疗服务市场中所占市场份额具有市场垄断地位。由于政府的扶持，公立医疗机构不仅享有政府财政补贴，还拥有先进的技术设备、雄厚的资金，因而在市场竞争中处于有利地位。而民营医疗机构无论在规模、实力还是在医疗服务水平上，目前都难以与之抗衡。

从所占有病人的数量看，公立医院在医疗服务市场份额中占有绝对的市场支配地位。病人的多少决定了医院能否正常运营。目前，我国病人付费方式主要有两种：一是机构买单(即医保)；二是病人自己买单。显而易见，后者与前者在购买力上没有可比性。当前，无论是民营营利性医疗机构，还是非营利性民营医疗机构都不可能获得政府的任何补贴，而且在获得定点医保资格方面更是遭遇了严重的障碍和歧视，这使得民营医院诊疗人次及入院人数明显低于公立医院。2010 年，我国公立医院诊疗人次为18.74亿人次，占91.9%，入院人数 8 724 万人，占91.6%，而民营医院诊疗人次及入院人数所占比例均不及 10%。❶

---

❶ 参见中国卫生部 2011 年中国卫生数据统计提要. http://www.moh.gov.cn/publicfiles/business/htmlfiles/mohwsbwstjxxzx/s7967/201105/51862.htm，2012－02－09。

从公立医疗机构地域分布上的“二元化”特点可以看出，其在医疗服务市场中居于垄断地位。目前，医疗机构在我国的“二元化”格局十分明显，大部分公立医疗机构都集中在城市、经济发达的东部地区，而乡村和经济落后的西部地区公立医疗机构的数量极少。医疗服务市场这种“二元化”格局，使公立医疗机构具有较强的地域性，其在市场的集中度越来越高，而其潜在竞争力却很小，因而患者在与医疗机构或医生的博弈中便处于被动地位，医疗服务的价格居高不下，服务质量也越来越低。

公立医疗机构的垄断地位原本无可厚非，只要其不滥用市场支配地位，潜在的进入者能自由进出医疗服务市场，那么公立医疗机构就会始终面临其他在位者和潜在进入者的威胁，从而始终处于竞争状态，公立医疗机构也就难以形成垄断地位和垄断定价。但公立医疗机构垄断地位的取得并非基于市场竞争，而是依靠行政保护取得的行政垄断。政府卫生行政部门既是医疗服务行业的规制者、监管者，又是公立医疗机构的投资者、生产经营者。这种“管办”不分的角色，使其很难在医疗服务监管中居于裁判的中立地位不偏不倚地有效监管。基于部门既得利益的考虑，卫生行政部门往往会出台对公立医疗机构较为有利的政策，而对其滥用其垄断地位限制竞争的行为只会睁一只眼闭一只眼。因受国家本位思想和社会意识形态的影响，人们潜意识中认为公立医疗机构的垄断地位似乎都是合理的，是一种应然。同时，人们“所有制身份论”的观念根深蒂固，普遍认为只有公立医疗机构才能很好地保证医疗服务的公益性质，而对民营医疗机构存有歧视。事实上，垄断结构下并不一定就产生垄断行为；竞争结构下也并不一定就没有滥用市场势力的行为。

在一个充满竞争的市场，市场主体自由进出是衡量市场机制是否有效发挥作用的重要标志之一。而在我国，无论是公立医疗机构还是民营医疗机构的进入和退出完全受到政府的行政主导，均需卫生行政部门的批准。同时，医疗机构不能根据市场供需对医疗机构的床位、人员编制进行调整，而必须根据卫生行政部门的“规划”来安排。❶ 政府维持公立医疗机构行政垄断地位的方式主要有两种：一是政府直接经营公立医疗机构，不允许民间资本进入医疗服务市场；二是只允许特定私人或集团经营。目前，我国采取的是第一种形式。尽管在政策层面上对于民营医疗机构市场准入已经放松规制，但民营医疗机构进入医疗服务市场仍然是举步维艰。医疗服务市场仍由公立医疗机构垄断，而这种格局的形成遵循的不是竞争机制，而是权力规则。正如中国著名学者张维迎所说，目前中国医疗服务市场中存在的种种问题，究其原因就是政府对公立医疗机构的行政垄断，从而导致医疗服务供给严重不足。因此，对公立医疗机构的行政垄断应予规制。真正具有危害的，实际上并不是垄断本身，而是对竞争的限制。国家出于社会公共利益的需要，对公立医疗机构实行政策倾斜具有正当性。然而，如果公立医疗机构滥用其垄断地位，限制市场竞争，破坏公平自由的竞争秩序，阻碍民营医疗机构自由进入与退出市场，这种公共利益是否具有合法性则值得反思与探究。由此可见，政府对公立医疗机构的保护，俨然已不再是一个单纯的市场准入问题，而实际上是一个社会政治制度问题。

市场经济的本质应是竞争经济，但完全竞争只是理论上的一种美好期待，现实中几乎所有的行业都存在着不同程度的不完全竞争。当前，我国公立医疗机构的垄断极大破坏了医疗市场机制正

---

❶ 参见《医疗机构管理条例》．中华人民共和国中央人民政府网站：http://www.gov.cn/banshi/2005-08/01/content_19113.htm，2011-11-15。

常运行所必要的竞争秩序，损害了医疗市场效率。而纠正市场垄断最好的办法就是用竞争取代垄断。这就需要尽快建立民营医疗机构市场准入法律制度，加快民营医疗机构市场准入的步伐，形成医疗服务供给主体多元化，并形成真正的医疗服务市场竞争机制，保证民营医疗机构与公立医疗机构自由、公平竞争，不断提高医疗服务效率，改善医疗服务质量。

2.4.3　医疗服务的负外部性

外部性[1]是指从事一项经济活动时，私人收益与社会收益不一致的现象，其实质是某个当事人对其他当事人的福利产生影响，同时这种影响没有通过市场交易反映出来。医疗服务虽然具有高度外部正效应，即患者的疾病得到治愈，不仅该患者直接从医疗服务中受益，其他人的健康也得到一定程度的保护。例如，在一个社区内有一部分人接种了麻疹疫苗，接种者患麻疹的概率会大大减少，社区的患病率也会下降，非接种者受到传染的机会也将减小，这样接种者受益，不接种者也受益，因此计划免疫接种具有外部正效应。但与此同时，医疗服务更具有一定的外部负效应，即不负责任的医疗行为可能加剧病人的痛苦，带来医源性交叉感染。例如，对传染病的治疗具有很大的负外部性。如果患者不能得到很

[1] 外部性可分为外部正效应和外部负效应。前者是指私人收益小于社会收益，是指有利于他人的行为，如发明创造、植树造林等；后者则是指私人收益大于社会收益，是指有损于他人利益的行为，最明显的是环境污染问题和使自然资源损失过快的问题。外部正效应是对社会公共利益的彰示和维护，外部负效应则是对社会公共利益的贬抑和损害。在市场经济中，由于市场主体的趋利性，市场主体只关注其自身利益，而通常不会顾及给其他主体、给社会造成的损害。因而，在单纯市场机制下，损人利己、侵害社会公共利益的事情常有发生，外部负效应是经济运行中的常态。参见赵炳新，张立达. 西方经济学教程. 济南：山东人民出版社，2002:73。

好的治疗，将会给自己和其他人的健康带来威胁。医疗服务的负外部性实际上是对社会公共利益的一种背离。而克服这种负外部性实质上就是对社会公共利益的一种重新彰示，因此有必要依靠政府对民营医疗机构市场准入适当干预，规范其准入行为，以最大限度地保证社会公共利益的实现。

此外，医疗市场中的负外部性还表现为，一方面，医生在提供医疗服务时可能会损害患者利益，而未付出相应的成本；另一方面，由于患者支付能力各异以及医疗资源分布不均衡，可能导致本应及时享受医疗服务的患者因上述因素而无法接受医疗服务，延误了疾病的最佳治疗时间，从而损害了其他关联人，以至于没有支付相应对价。然而，在医疗服务供给者数量较多的情况下，通过医疗服务供给制之间的竞争，患者利益受损的外部性便可消除。

2.4.4 医疗公共产品短缺

医疗服务市场失灵的一个重要原因就是医疗领域中存在公共产品。公共产品是与私人产品相对应的经济学概念。私人产品具有竞争性和排他性，通过市场机制调配较为有效率。公共产品是用于满足公众需求的产品，具有非竞争性和非排他性的特点。医疗服务领域中，有的产品属于公共产品，有的属于准公共产品，有的则属于私人产品。狭义的医疗服务包括公共卫生、公共预防和防疫，妇幼保健和特殊疾病预防与治疗，以及基本医疗服务三个方面。在这些类型的产品中，公共卫生、公共预防和防疫属于纯公共产品在理论界已不存在异议，妇幼保健和特殊疾病预防与治疗属于准公共产品，基本医疗服务属于私人产品。在此，笔者将重点阐述医疗服务的公共产品属性，对于其他两种情形将在本书第 4 章加以详述。

公共卫生、公共预防和防疫之所以属于纯公共产品，因为就其内容而言主要是一系列关于环境卫生、劳动卫生、执业卫生、饮食卫生、保健等的活动。而这类活动的需求主体可以说是全人类。这种服务活动的非排他性表现为：这类服务提供后，一部分人消费或者从中受益后，并不能排除其他人消费或者排除其他人从中受益。每个人均可对其进行消费或者从中得到好处。同时，这一服务一旦得以提供，有些人即使不付费也可在很长一段时间内享受到其好处。至于受益人数的增加或者减少并不会影响其他人从中受益，也不会因此而增加提供这种服务的成本。

由此可见，公共卫生、公共预防和防疫这类服务活动具有非竞争性。消费者在消费医疗服务公共产品时，即使知道自己对医疗服务公共产品的偏好程度，也不会如实显示出来，通常会隐瞒自己对医疗服务公共产品的偏好程度，导致医疗服务公共产品消费中产生“免费搭便车”的问题。例如，流行性疾病的检测虽可以使每个人受益，但由于其非排他性和非竞争性，人们在自私心理驱使下便会选择“免费搭便车”，不愿为享用公共产品而付出代价。由于搭便车者的存在，医疗服务公共产品如果由市场提供必将导致供给不足和低效率，但这些产品对整个社会的健康又是至关重要的。因此，需要政府干预，需要政府将提供公共产品或者组织公共产品供给作为一项基本职能，改变医疗服务公共产品供给不足的现状。2006 年到 2010 年，政府举办的公立专业公共卫生机构承担了绝大部分的医疗公共产品供给任务，而民营医疗机构举办的专业公共卫生机构在这五年中则呈现出不稳定的变化趋势。[1] 这说明民营医疗机构举办专业公共卫生机构，提供医疗公共产品的空间还很大。

---

[1] 来源于《2011 年中国卫生统计年鉴》. http://www.moh.gov.cn/htmlfiles/zwgkzt/ptjnj/year2011/ index2011.html，2013 - 3 - 14。

奥尔森在其《集体行动的逻辑》中指出：一个国家首先是一个为其成员——公民提供公共物品的组织。由此可见，政府作为一个组织，是有义务为社会提供公共产品的。面对因医疗服务公共产品属性所带来的市场失灵，有两种解决的办法：一是政府可以间接地为私人供给者提供补贴；二是政府可以自己提供公共产品。目前这两种方法在医疗服务供给方面已为大多数国家采用，但由于政府也存在失灵，政府提供医疗公共产品也可能发生效率低下和供给不足的情况，因此，最为理想的医疗公共产品的供给方式便是政府主导与市场调节有机结合的方式。传统经济学认为由于公共产品消费上的非排他性和非竞争性，私人的趋利性，市场提供公共产品往往是无效的，只有政府是提供公共产品的最佳人选。随着公共产品理论的发展，公共产品供给与生产理论的产生，私人供给公共产品的可行性日渐受到重视。科斯从历史经验方面论证了公共产品私人供给的可能性。德姆塞茨认为在能够排除不付费者的情况下，私人企业能够有效地提供公共产品。事实上，政府供给公共产品同样面临低效率问题。

首先，政府作为公共产品的唯一供给方，缺乏竞争会造成资源分配的效率低下；政府官员因追求个人利益的最大化将会损害公共利益；寻租和官僚主义也是造成低效率的原因之一。于是，便产生了“政府失灵”。美国经济学家伯顿·韦斯布罗德认为，政府在提供公共产品方面的能力是有限的。由于不同的人对公共产品的偏好并不一致，而政府提供的公共产品只能满足大多数民众的需求，不可能关注少数人的特殊需求。这势必导致一部分人对公共产品的过度需求(excess demand)得不到满足，而另一部分人对公共产品的特殊需求(differentiated tastes)也得不到满足，从而出现政府失灵。事实上，政府、市场和非营利组织在满足个人的需求方面存在着相互替代性，三者均是满足个人需求的手段。

其次，政府与市场一样，提供公共产品的过程都需要成本。政府提供公共产品的费用也有可能超过由私人市场方式提供的交易费用。事实上，在某些场合，政府对市场监管的成本可能比政府矫正市场缺陷的潜在收益要大得多。所以，政府失灵比市场失灵更可怕、更具毁灭性。医疗市场中的政府失灵，不仅表现在公立医疗机构长期居于行政垄断地位，其无法满足医疗服务供给需求，而且存在着明显的低效率，从而阻碍政府在抑制市场失灵中发挥有效作用。政府及其官员在市场经济条件下作为“经济人”，一旦具备条件，会最大限度地为自己谋取私利。政府规制过程中往往伴随着被规制者的寻租行为。在被规制者寻租的过程中，政府有可能利用行政干预的办法来增加被规制对象的利润，人为创租，诱使这些被规制者向其“进贡”，以作为得到寻租的条件。

最后，由政府提供公共产品和政府生产公共产品是两个不同的概念。萨瓦斯认为公共产品政府供给和生产是可以分离的。私人会出于更大的市场效益、广告效益或政治目的等来提供公共产品。如在医疗、教育、救济和慈善方面，有些私人可以比政府提供更大的社会福利和更高的经济效率。越来越多的事实表明，私人是可以提供公共产品的，且其在某些特定情况下是有效率的。当下世界各国公用事业民营化便是对这一理论的实践。为了改变公共产品由政府供给而带来的低效率，许多国家允许私人进入公共产品生产领域，包括允许民营医疗机构进入医疗服务公共产品领域，由政府制定医疗服务公共产品生产和供给的基本规则，并履行有效的监管职责和提供必要的资金扶持。医疗服务公共产品由民营医疗机构生产和供应，由政府与其签订合同并购买其所提供的医疗服务，其本质在于利用竞争机制和民营医疗机构的经济人动力提高医疗服务公共产品的供给效率，并缓解政府的财政压力。因此，在医疗服务公共产品的提供上，政府不应排斥和忽视民营医疗机构的作用，应积极引导其参与医疗服务公共物品的供给。

第3章　政府干预民营医疗机构进出市场的界限

民营医疗机构市场准入生动再现了政府与市场的博弈与互动，其本质就是如何正确厘清政府与市场各自的合理边界，如何真正在发挥市场配置资源基础性作用的前提下，确保医疗质量和提高医疗服务市场效率的问题。斯蒂格利茨说得好："在当今社会，如果没有政府的作用，那么要形成错综复杂的经济和社会网络是不可想象的"；"市场和政府这两个部分都是必不可缺的。没有政府和没有市场的经济都是一个巴掌拍不响的经济"。但面对经济的发展，国家应当有所为、有所不为，什么都不为的政府未见得就是一个好政府，无限干预的政府是权力扩张的表现。因此，政府干预医疗市场的范围应严格限定在市场失灵的范围之内，否则对不失灵的市场进行干预，只会侵犯经济人的私权，减弱经济人良性的自利动力，同时激化经济人自利动机中的非理性成分，从而破坏市场机制的正常运行规律。

民营医疗机构市场准入的关键在于政府应如何干预民营医疗机构进出市场，而不在于政府是否要干预其进出。由于"政府权力能给经济发展造成巨大损害，并能引起大量的人力和物力的浪费”，所以我们必须把握政府干预的“度”。政府对民营医疗机构市场准入的干预，不仅仅只是一种理论上的认定，更是一种现实的需要。我们需要政府的干预，但更需要一个充满自由竞争与活力的市场。因此，政府的干预必须是适度的，必须有利于医疗市场和民营医疗机构的健康发展，维护消费者的健康权和社会公共利益。但政府干预的“最佳范围在哪里的问题永远也不会解决”，因此，如何把握政府干预民营医疗机构进出市场的“度”是一个极富挑战的命题。为此，有必要明确这样几个问题：政府干预民营医疗机构进出市场的决定因素、政府干预的内容和干预程度。

3.1 政府干预民营医疗机构进出市场的决定因素

在政府与市场的良性互动中，政府何时干预、为何干预、干预什么、如何干预和干预多少，都取决于各国的国情与文化传统的差异。在明确政府的干预内容和干预程度前，首先应分析哪些因素将影响政府的干预内容和干预程度。

3.1.1 医疗服务的产品性质

医疗服务是医疗卫生服务中的一种，而医疗卫生服务有广义和狭义之分。❶ 长期以来，由于人们对于医疗服务认识的错误将其视为一种公共产品，认为医疗服务的供给者只能是政府。本书将对民营医疗机构市场准入范围等问题进行探讨，不能仅仅只就医疗服务进行探讨，故而本书将主要从狭义的医疗卫生服务范畴对医疗产品的性质进行系统分析和解释。

按照公共产品理论，社会产品根据提供者的不同，分为纯粹的公共产品、私人产品和介于公共产品与私人产品之间的准公共产品。纯粹的公共产品是指该产品不会因每个人消费这种产品而导致别人对该种产品消费的减少，其具有非排他性和非竞争性的特点。一般由于政府提供公共产品可以最大限度保证其质量和数量；而私人产品具有排他性和竞争性，其由个别消费者所占有和享用，因此通过市场提供是最有效率的。不同时具备非排他性和非竞争性是准公共产品的特点。

有关医疗服务的产品属性，历来颇有争议。大多数学者认为医疗服务属于公共产品，理应由政府提供。学者们大多是以外部性的强弱为标准来区分产品的公私属性，事实上外部性并非公共产品的充分条件，一种产品的外部性很强，却不一定是公共产品，私

---

❶ 广义的卫生服务包括公共卫生和公共预防与防疫，特殊人群的卫生保健和特殊疾病的预防与治疗，医疗服务，卫生筹资以及医药、医疗科技教育。狭义的卫生服务仅仅只包括前面三项内容，即公共卫生和公共预防与防疫，特殊人群的卫生保健和特殊疾病的预防与治疗，医疗服务。狭义的医疗卫生服务的内容：(1)公共卫生、公共预防和防疫，即为促进人体在生活和劳动过程中增强体质、避免和抵御外部环境对人体的不良影响、保持健康而进行的环境保护、劳动保护、防疫、保健等一系列活动；(2)特殊人群的卫生保健和特殊疾病的预防与治疗活动，例如为使人体在出生前后拥有较好的素质而进行的优生教育、卫生期保健、婴幼儿保健、接种免疫，以及针对地方病、职业病、结核病、性病和艾滋病等疾病的治疗活动；(3)医疗服务，指医生或医院依靠一定的医学专业技术和医疗设备，对已经患有疾病的患者进行医治，使之得到康复的服务活动。参见王丙毅.政府医疗管制模式重构研究.北京：人民出版社，2008：2-3。

人产品也具有外部性。

事实上，医疗服务仅是医疗卫生服务的一种，而医疗卫生服务也并非全都属于公共产品，有些产品属于纯粹的公共产品，有些产品则因具有排他性和竞争性而属于私人产品，但大多数产品是介于公共产品与私人产品之间的准公共产品。

首先，医疗卫生服务中的公共卫生、公共预防和防疫属于纯公共产品。因为就其内容而言，主要是一系列关于环境卫生、劳动卫生、执业卫生、饮食卫生、保健等的活动。前文已述，公共卫生、公共预防和防疫这类服务活动具有非竞争性。

其次，妇幼保健和特殊疾病预防与治疗这类服务活动属于准公共产品。从供给角度讲，这类服务活动是为了防止特殊人群因特殊身体状况或特殊疾病产生的外部效应而实施的卫生防疫与卫生保健活动，其最终目的是为了提高国民整体身体素质。从需求角度讲，这类服务活动的需求虽然仅是个别人的需求，但这种个别人的需求被满足的程度对其周围人群的健康状况将产生重要影响。这类服务活动的消费者虽然仅是部分人，但其他人也会因此而从中受益。例如结核病的治疗，不仅接受治疗者本人会受益，而且可使周围的人减少被传染的机会。显然，这类服务活动具有较强的外部性，而不具有排他性。但这种服务产品的提供需要成本，如果免费提供就会出现拥挤现象，而且增加其消费就需要增加相应的投入，其边际成本不为零。因此，这类服务活动具有竞争性。

最后，医疗服务的私人产品属性。对于医疗服务的性质和特点，当前一种较为流行的观点是认为其属于公共产品或者准公共产品。人们之所以坚持认为医疗服务属于公共产品或者准公共产品，是认为医疗服务，包括传染病控制和治疗、妇幼保健、计划生育等领域的公共卫生服务具有很强的正外部性，这类产品的提供不仅可以给某一个群体，而且会给整个社会带来额外的好处或坏处，因此被称为“集体产品[1]”。由于社会价值观的变化导致人们一致认为个人的医疗保健具有正外部性，当一个人的病治好后，许多人会直接或间接从中受益。同时，由于人道主义原则，即一个人道的社会应该提供一定的私人物品，例如食品、住所、医疗和基本物质收入给那些真正需要帮助的穷人，这一原则的存在强化了人们对于医疗服务属于公共产品的信念。而事实上，外部性并不是公共产品的充分条件，任何产品包括私人产品都有外部性，一种产品即使外部性再强，也不一定就是公共产品。

依照严格经济学的看法，医疗服务应属于私人产品。因为医生或者医院一旦治愈了某个患者的疾病，并不意味着其同时也治好了其他患者的疾病，事实上每增加一个患者就会增加相应的医治成本，医疗服务的边际成本不为零。由此可见，医疗服务具有竞争性的特点。例如，在同一个地区内医院数量有限，病床数有限。在同一家医院内，医生数量也是有限的。一个医生每天可以给 30 位患者看病，而每天却有 31 位患者候诊。那么，这个医生只可能有两种选择：要么降低服务质量，缩短患者候诊时间，给 31 位患者全部看完；要么仅选择其中病情较重的 30 位，剩下 1 位不管。这一例子再次从实践上表明医疗服务具有竞争性。同时，由于医生、药品等医疗服务资源有限，增加或提高对某一部分患者的医疗服务数量或服务水平，则会相应地减少对其他患者的服务数量或降低对其他患者的服务水平。增加一个患者治疗疾病所使用的特定医疗资源和医疗技术，就有可能排除或减少其他同类患者对这种资源和技术的使用。因此，医生或医院依靠一定的医学专业技术和

---

[1] 参见 Savas, Emanuel S. Privization and Pulic – Private Parternershipis. New York: Chatham House Publishers, 2000:45。

医疗设备，对已经患有非传染性疾病的患者进行医治，使之得到康复的这类医疗服务活动，又具有排他性。众所周知，要得到医疗服务必须支付费用，例如挂号费、医药费、手术费、护理费等，一些患者因支付不起这些费用便会放弃治疗。这说明医疗服务具有排他性，符合私人物品的性质。只不过这种私人物品与其他私人物品相比较为特殊，具有局部垄断性、信息不对称、外部性等特点而已。因此，这类医疗服务产品具有私人属性，是一种私人产品。事实上，大部分医疗服务，恰恰并不具备非排他性和非竞争性的特征。斯蒂格利茨就曾有将医疗保健服务作为纯私人产品的例证。我国一些学者也认为，医疗卫生服务虽然兼具公共产品和私人产品属性，但其公共产品性质要比其信息不对称和道德风险性质弱，因此更应强调其后两种性质。❶ 因此，除了医疗服务供给不足以外，也正是由于医疗服务具有竞争性和排他性的私人产品性质，再加上医疗服务本身的一些特征，才会导致"看病贵、看病难"现象。

"区分公共产品和私人产品，并不在于清楚地界定了政府和市场分别应该生产哪类产品，而在于它认识到了介于这两个非现实极端之间的中间状态。"这个中间状态表明了医疗卫生服务的多样性，也就决定了其供给制度安排的多样性。因此，无论是医疗服务公共产品还是私人产品，其供给主体除了政府之外，还可是市场。而医疗服务的生产主体则同样可分为政府和市场。当然，在医疗服务公共产品领域，为确保医疗服务有效供给，政府应承担主要供给责任。但政府直接生产和供给医疗服务制度的主要缺陷是

---

❶ 参见顾昕，余晖，等. 走向有管理的市场化——中国医疗体制改革的战略性选择. http://www.usc.cuhk.edu.hk/wk_wzdetails.asp? id =4634,2011 -12 -20。

缺乏市场竞争，公共利益往往会被官僚的个人利益和机构利益所代替。[1] 而医疗服务的私人产品性质，则表明医疗服务市场是一个可竞争市场，民营医疗机构可与公立医疗机构平等参与竞争，同时也决定了政府对于医疗服务领域应适度放松规制，准许民营医疗机构进入具有私人产品性质的医疗服务领域。

3.1.2　医疗服务供给需求矛盾

医疗服务供给需求矛盾的典型表现之一就是“看病难”问题。这里的“看病难”主要是从政府责任层面而言，即指医疗卫生服务供给难以满足群众基本及多层次医疗服务需求这样一种矛盾的具体体现。

“看病难”大概包含两个方面的内容：一是相对难，主要表现为结构性供求失衡。例如，看名牌医院比看普通医院难，看专家门诊（尤其是名专家门诊）比看普通医生难，住院比看门诊难；二是绝对难，主要指某一特定范围内，医疗供给严重缺乏，或者严重缺医少药，导致患者的需求难以得到满足。例如，有些农村方圆几十公里之内根本没有医疗机构，导致“看病难”。对“看病难”问题，有不同的衡量指标。从供给视角看，除了千人床位数和千人医生数外，还有很多衡量指标。

一是普通门诊和专家门诊的诊疗时间长短。我们并不是说患者的诊疗时间越长越好，越短就越无效。但医生对疾病诊断的准确程度取决于医患的沟通效果及沟通时间。总体而言，医生在较

---

[1] 这方面的理论研究可见威廉姆森(Oliver Williamsom)的新制度经济学和塔洛克(Gordon Tullock)等的公共选择理论。参见 Oliver Williamsom. Markets and Hierarchies. New York: Free Press, 1975:115。参见 Gordon Tullock. The Politics of Bureaucracy. Washington D. C. :Public Affairs Press, 1965:214。

短的诊疗时间内几乎不可能提供好的医疗服务。同样，病人在较短的诊疗时间内也无法使自己的需求得到满足。事实上，患者在普通门诊就诊中，与医生的交流时间一般很短，平均不到6分钟。即使在专家门诊就诊过程中，大部分医生与患者平均交流的时间也不超过10分钟。Vania dos Santos的研究表明，诊疗的平均时间最好是15分钟。[1] 由此可知，在如此短的时间内患者很难将自己的病情向医生进行详细的介绍，医生也很难获取患者病情的重要信息，并对病情进行有效甄别。有限的诊疗时间极大限制了医生提供医疗服务的质量、诊断的准确性和检查的充分性。这也可能意味着大量的患者患的是常见病，根本无需到专家门诊就诊。

二是医生一天诊断患者的数量。虽然在诊疗过程中医生与患者交流的时间较短，但由于一般医院对于专家门诊（尤其是名专家门诊）诊断患者的数量都有规定，挂号数量达到一定标准时，必须再次预约。因此，这也就决定了医生诊断患者的数量是有限的。

三是各级医院病床利用率。从表3.1可知，2010年至2011年各级医院病床使用率呈不断上升趋势。2011年，全国医院病床使用率88.5%，其中，三级医院病床使用率在2010年和2011年均超过了100%。2011年二级医院病床利用率达88.7%，且呈逐年上升趋势。一级医院病床使用率也有所上升，2011年为58.9%，但明显低于三级医院和二级医院。从各级医疗机构病床利用率看，医疗机构的床位提供已经达到了极限状态，尤其是三级医院。病

---

[1] Vania dos Santos 依据巴西卫生部第3046号法令和WHO的建议，推荐诊疗的平均时间是15分钟，并建立了一个分类方法。依据该分类，诊疗的最佳时间是在11.4～15分钟之间，7.6～11.3分钟较好，3.8～7.5分钟正常，0.1～3.7分钟之间算不足。参见Vania dos Santos, et al. Prescription and Patient－care Indicators in Healthcare Services. www.fsp.usp.br/rsp, 2004, 38(6)：114。

床的满足不得不通过加床来实现，病床使用率均超过100%，这必然导致“看病难”现象产生。

从供给视角看，三级医院的供给量明显匮乏。政府干预民营医疗机构市场准入中，应在合理部署卫生区域规划的前提下，将民营医疗机构也纳入卫生规划，在同等条件下应鼓励民间资本兴办三级医院，并对其实行一定优惠政策。对民营医疗机构兴办大型综合性医院，尤其是三级医院应出台各种保障措施，给予政策上的倾斜。

表3.1　2010—2011年各级医院病床使用率[1]（单位：%）

	2011	2010
医院	88.5	86.7
公立医院	92.0	90.0
民营医院	62.3	59.0
医院中：三级医院	104.2	102.9
二级医院	88.7	87.3
一级医院	58.9	56.6

从需求视角看，“看病难”的评估指标有：一是患者应就诊而未就诊的情况及其原因。从表3.2可知，2008年两周患病未就诊的比例为37.6%，其中城市为37.3%，农村为37.9%；患者不去就诊的原因主要有病情轻、经济困难、看病麻烦、看病太贵等。在此排除经济原因，“看病难”的主要原因是看病麻烦和没时间。

---

[1] 该表资料来源于2011年我国卫生事业发展统计公报. http://www.moh.gov.cn/mohwsbwstjxxzx/s7967/201204/54532.shtml, 2012-12-23。

表 3.2　2008 年调查地区居民两周患病就诊及未就诊比例[1]

	合计	城市	农村
调查人数(人)	177 501	46 510	130 991
就诊人数(人)	25 813	5 914	2 014
两周患病就诊率(‰)	145.4	127.2	151.9
两周患病未就诊比例(%)	37.6	37.3	37.9

从表3.3中可知，在就诊患者中，城市患者首诊单位选择私人诊所，卫生室（站），社区中心卫生院，县市区医院，地市医院，省医院的比例分别为12.5%、12.3%、23.5%、23.7%、15.4%、11.2%；而农村患者首诊选择上述单位的比例分别为17.8%、39.5%、24.4%、15.3%、1.3%、0.7%。[2] 50.4%的城市患者和57.8%的农村患者因距离近选择这些首诊单位。由此可见，距离远近成为患者选择首诊单位最重要的原因之一，因此应尽可能提高医疗服务距离上的可及性，这就要求医疗机构设置规划要合理。从患者首诊选择私人诊所、卫生室、社区中心、卫生院以及地市医院的比例可知，这类医疗机构能有效缓解“看病难”现象。因此，民营医疗机构市场准入中，应适当放松规制，加大这类医疗机构的准入力度，增加其在医疗市场中的比重，使其能在基层医疗机构中发挥有效的缓解“看病难”的作用。

---

[1] 该表资料来源于2011年我国卫生事业发展统计公报. http://www.moh.gov.cn/mohwsbwstjxxzx/s7967/201204/54532.shtml, 2012-12-23。

[2] 参见《2010年中国卫生统计年鉴》. http://www.moh.gov.cn/htmlfiles/zwgkzt/ptjnj/year2010/index2010.html, 2012-12-20。

表3.3　2008年调查地区居民经常就诊单位及原因构成[1]（单位：%）

	合计	城市	农村
患者首诊单位			
私人诊所	16.5	12.5	17.8
卫生室（站）	33.0	12.3	39.5
卫生院、社区中心	24.2	23.5	24.4
县市区医院	17.3	23.7	15.3
地市医院	4.7	15.4	1.3
省医院	3.2	11.2	0.7
其他医院	1.0	1.4	0.9
选择首诊单位原因			
距离近	56.0	50.4	57.8
收费合理	4.9	6.1	4.5
技术高	16.0	17.9	15.4
设备好	3.6	3.8	3.5
药品丰富	0.7	1.5	0.5
态度好	1.2	1.0	1.3
定点单位	3.7	7.5	2.5
有熟人	3.0	3.0	3.0
有信赖的医生	9.0	7.0	9.6
其他	1.8	1.8	1.8

二是患者挂号、候诊时间。对患者而言，大部分普通门诊的挂号时间一般较短。通常情况下，患者排队挂普通门诊的时间一般为10分钟左右，最长的也不超过30分钟。尽管挂号问题并不突出，但挂号后患者在半小时内真正就诊的只占60%左右，有近40%的患者需要等待50分钟以上才能就诊。而专家门诊挂号中以直接

[1] 该表资料来源于《2010年中国卫生统计年鉴》. http://www.moh.gov.cn/htmlfiles/zwgkzt/ptjnj/year2010/index 2010.html，2012－12－20。

挂号为主，且专家门诊时间一般较少，大多每周只开放半天专家门诊时间，在没有预约机制之前，必然出现排长队的“一号难求”现象。但就算现在推行了专家门诊预约机制，看专家门诊难的局面仍未有所好转。挂专家号排队等候的时间是挂普通门诊等候时间的几倍，且挂上专家号后排队候诊时间更长，一般都要等待50分钟左右才可得到诊治。对于重病患者而言，这绝不是一个小问题。由此可知，最大限度地增加医疗服务供给是缓解“看病难”的有效途径之一。同时，我们通过以上数据发现，基层医疗机构对于缓解“看病难”现象起到了很大的作用，因此在准入过程中，应对私人诊所、卫生室、社区医院等放松规制，以增加医疗服务供给。但同时又可依据这些医疗机构的设立人是否是医生，而区别规定准入方式：设立人为医生的，其设立私人诊所、卫生室等只需登记即可，不需要经过审批程序；设立人不是医生的，设立上述医疗机构则必须经过审批。

3.1.3 民营医疗机构的二元化结构

因深受我国城乡“二元化”社会经济结构的影响，民营医疗机构地区分布极不平衡，民营医疗机构呈现出明显的“二元化”格局。90%以上的民营医疗机构集中在经济发达地区和城市，在经济落后地区以及偏远地区的相对较少。从表3.4可知，2009年，东部、中部和西部民营营利性医院的数量虽存在一定差距，但不是十分明显。而上述三个地区的卫生院、门诊部以及村卫生室在数量上却有很大差距。以卫生院为例，2009年东部地区卫生院总数为40个，中部为4个，而西部竟没有。具体到西藏、青海和宁夏，其民营营利性医院分别为3个、11个和64个，分别占全国民营营利性医院总数4 543个的0.06%、0.24%和1.4%。相比之下，山西省民营营利性医院达386个，占全国民营营利性医院总数的8.49%。无论从民营医院总数看，还是从全国民营医院所占比例看，山西省都远远超出前三者的总和。就卫生院、门诊部以及村卫生室数量而言，前三者与山西省相差更大：前三者竟没有一个卫生院，仅宁夏有11个门诊部；三者村卫生室的总数仅占山西省村卫生室总数的10.7%左右。

表3.4 2009年各地区民营营利性医疗机构数❶(单位:个)

地区	医院	卫生院	门诊部	村卫生室
东部	1 754	40	3 568	23 839
中部	1 227	4	378	35 616
西部	1 562	–	160	12 538
山西	386	1	132	2008
西藏	3	–	–	1
青海	11	–	–	145
宁夏	64	–	11	69

民营医疗机构的“二元化”格局，决定了政府在中部、西部地区可适度放松民营医疗机构准入条件，例如适当降低资金准入门槛等。同时，对于已经设立的民营医疗机构，如果到上述地区投资，再次设立民营医疗机构，则应加大优惠扶持的力度。

3.1.4 民营医疗机构的经营性质及其技术诊疗项目

当前，我国民营医疗机构主要依据其经营目的不同，分为营利性和非营利性两类。目前，我国急需发展非营利性民营医疗机构

❶ 该表资料来源于《2010年中国卫生统计年鉴》. http://www.moh.gov.cn/publicfiles/business/htmlfiles/zwgkzt/ ptjnj/year 2010/index2010. html,2012-09-21。

以满足消费者基本医疗服务需求。新医改意见❶也明确指出，应加快非营利性医疗机构的发展。因此，民营医疗机构市场准入应重点关注非营利性医疗机构的准入。

然而，不仅在整个医疗服务市场中，而且在整个民营医疗机构服务市场中，非营利性民营医疗机构所占比例少而又少。从表3.5可知，2009年我国公立医院有14 501所，民营医院只有6 240所，其中非营利性医院为15 724所，营利性医院为4 543所。因我国公立医院均为非营利性医院，所以从以上数据可知，2009年我国公立医院在非营利性医院中占92.2%，而民营非营利性医院仅有1 223所，占整个非营利性医院的7.8%。民营非营利性医院在整个民营医院中所占比重也仅为19.6%，而民营营利性医院所占比重为72.8%。2010年全国公立医院为13 850所，民营医院为7 068所。从经营性质看，非营利性医院有15 822所，营利性医院5 096所。而民营非营利性医院有1 972所，占整个非营利性医院的12.5%。与2009年相比，增加了4.7个百分点。民营非营利医院在整个民营医院中所占比重仅为27.9%，与2009年相比，增加了8.3个百分点。❷虽然民营非营利性医院的数量有所增加，但其在整个医疗服务市场中的比重仍然很低。因而，为促进民营非营利性医疗机构的发展，提高其在医疗市场中的份额，政府对于民营非营利性医疗机构应放松规制，在税收、财政补贴、用地、捐赠等方面给予优惠，并完善相关立法。对于民营营利性医疗机构，则做到强化规

❶ 《国务院关于深化医药卫生体制改革的意见》中明确指出，坚持非营利性医疗机构为主体、营利性医疗机构为补充，公立医疗机构为主导、非公立医疗机构共同发展的办医原则，建设结构合理、覆盖城乡的医疗服务体系。加快形成多元化办医格局，鼓励民营资本举办非营利性医疗机构。

❷ 参见《2011年中国卫生统计年鉴》. http://www.moh.gov.cn/htmlfiles/zwgkzt/ptjnj/year2011/index2011.html，2012-12-20。

制与放松规制并重，协调其营利性与医疗安全、医疗公平之间的冲突。

表3.5　2009年和2010年全国医院数[1]（单位：所）

	2010	2009
按经济类型分		
公立医院	13 850	14 501
民营医院	7 068	6 240
按经营性质分		
非营利性医院	15 822	15 724
营利性医院	5 096	4 543

民营医疗机构从事的技术诊疗项目对患者的生命健康与安全有着极其重要的影响。如果民营医疗机构不具备医疗条件和技术诊疗能力，没有具备执业条件和相应专业技术职务任职资格的医师，将给患者造成痛苦、残疾，甚至死亡。不同医疗机构之间的硬件条件不同，软件管理水平不一样。尽管医疗专家的技术娴熟，但各医疗单位的设备以及科室间的配合程度各有不同，贸然进行诊疗，将给患者带来生命危险。例如，不具备医疗美容条件、人工关节、心脏介入手术条件，而实施上述手术，引发感染，造成患者残疾乃至死亡的案例[2]，举不胜举。由于没有严格技术准入制度，很多新技术、新疗法在应用于人体的安全性、疗效性尚未得出科学的论证之前，在经济利益的诱惑下，开始应用于临床，引发大量医疗纠纷，甚至给患者带来巨大的人身伤害。

---

[1] 该表资料来源于《2011年中国卫生统计年鉴》. http://www.moh.gov.cn/htmlfiles/zwgkzt/ptjnj/year2011/ index2011. html,2012－12－20。

[2] 超女王贝在武汉做整容手术时出现意外，导致死亡，令无数人震惊和痛惜，也为手术整形的安全性敲响了警钟。参见 http://china.newssc.org/system/2010/12/06/012992216.shtml, 2013－2－26。

例如，已被原卫生部[1]叫停的“颅脑手术戒毒”，因该技术的治疗效果不明确，没有通过权威论证，其安全性要5～10年才能评估等因素而被禁止。

因此，民营医疗机构的技术诊疗项目直接决定了政府干预的力度。在民营医疗机构市场准入过程中，政府应依据民营医疗机构从事的医疗技术类别[2]决定其干预程度的强弱和轻重。一般而言，

---

[1] 国务院机构改革和职能转变方案提出，将卫生部的职责、人口计生委的计划生育管理和服务职责整合，组建国家卫生和计划生育委员会。参见 http://www.ce.cn/xwzx/gnsz/gdxw/201303/11/t20130311_24185287_2.shtml，2013－3－11。

[2] 为提高医疗质量，保障医疗安全，2009年5月1日，我国出台了《医疗技术临床应用管理办法》，确定建立医疗技术临床应用准入和管理制度，并对医疗机构实行分类、分级管理。此前，我国仅对器官移植、心血管疾病介入诊疗等部分专项医疗技术的临床应用实施了准入管理，并未建立统一的医疗技术管理制度。《办法》规定，医疗技术分为三类。第一类是指安全性、有效性确切，医疗机构通过常规管理能确保其安全性、有效性的技术。此类技术由医疗机构根据功能、任务、技术能力实施管理。第二类医疗技术是指安全性、有效性确切，涉及一定伦理问题或者风险较高，卫生行政部门应当加以控制管理的医疗技术。此类技术由省级卫生行政部门负责临床应用管理工作。第三类医疗技术则是指涉及重大伦理问题，高风险，安全性和有效性尚需进一步验证、需要使用稀缺资源的技术，如克隆治疗，自体干细胞和免疫细胞治疗，中枢神经系统手术戒毒，器官移植，变性手术，人工心脏植入，肿瘤热疗治疗技术、肿瘤冷冻治疗技术，组织、细胞移植技术，断骨增高手术等。第三类医疗技术目录由卫生部制定公布，并根据临床应用实际情况予以调整，由卫生部负责临床应用管理工作。第二类、第三类医疗技术临床应用前，实行第三方技术审核制度。由部指定的或者组建的机构负责第三类医疗技术的审核；省级卫生行政部门指定或者组建的机构负责第二类医疗技术的审核。医疗机构应自准予开展第二类医疗技术和第三类医疗技术之日起两年内，每年向批准该项医疗技术临床应用的卫生行政部门报告临床应用情况，包括诊疗病例数、适应证掌握情况、临床应用效果、并发症、合并症、不良反应、随访情况等。对医务人员开展第一类医疗技术临床应用的能力技术审核，由医疗机构自行组织实施，也可以由省级卫生行政部门规定。此外，《办法》还要求医疗机构建立手术分级管理制度。根据风险性和难易程度不同，将手术分为四级。医疗机构应当对具有不同专业技术职务任职资格的医师开展不同级别的手术进行限定，并对其专业能力进行审核后授予相应的手术权限。参见《医疗技术临床应用管理办法》. http://www.moh.gov.cn/searcher/search.jsp，2013－03－11。

对于民营医疗机构从事的第一类医疗技术，政府应放松规制，由医疗机构自行管理。因为对于第一类医疗技术诊疗项目，医疗机构根据其功能、任务、技术能力，通过常规管理就能确保其安全性、有效性。而对于民营医疗机构从事的第二类技术和第三类技术，因其不仅属于高风险技术，而且还属于涉及重大伦理问题、其安全性和有效性尚需进一步验证、需要使用稀缺资源的技术，所以政府需加强规制。

3.2　政府干预民营医疗机构进出市场的边界

尽管厘定市场与政府的合理边界已是一个持久的话题，但以市场准入制度矫正“医疗市场失灵”却是各个国家常用的，其基本做法是以法律或规章明确医疗机构准入的资格，以此期望形成政府、非政府组织（受政府组织委托代行政府职能）与市场之间相对稳定的平衡关系。就民营医疗机构市场准入而言，到底是市场多一点还是政府多一点，世界各国均没有统一尺度。政府干预民营医疗机构进出市场的边界却可以通过两个标尺加以厘定，即政府应当干预什么（干预内容或者干预的范围）和政府应如何干预（政府的干预程度）。干预内容明确了什么是政府干预民营医疗机构进出市场的边界；干预程度解决了政府干预民营医疗机构进出市场的边界是什么。

3.2.1　政府干预的基本原则

首先，政府干预必须定位在“弥补性”的位置上，即干预目的只能是弥补医疗市场的信息不对称、供给诱导需求、外部性等缺陷，而不是否认市场机制的作用。“干预过度”和“干预不足”都是背离市场规律的干预，是行不通且注定要失败的。政府干预市场并不是范围越大越好，力度越强越好，方式越直接越好，而是应选择合适的干预方式将这种干预控制在必要的限度内。但现实中，政府干预民营医疗市场的边界在很多时候并不清晰，且常存在政府越界行为。因此，从我国医疗服务供给与需求的现状以及民营医疗机构的发展情况看，必须尊重市场需求，加快民营医疗机构市场准入制度的建立。如果政府的干预程度不能充分尊重市场的选择，势必会走向过度干预的极端，成为经济发展的桎梏。当然，干预程度取决于经济发展的成熟度及市场规则的完备程度，还取决于政府对国情和特定发展阶段的正确认知。政府适度干预民营医疗机构市场准入应旨在实现政府与市场的良性互动，这种良性互动应包含以下几点：一是医疗供给主体呈现多元化，医疗服务供给与需求在总量上保持平衡；二是民营医疗机构与公立医疗机构之间公平竞争；三是与公立医疗机构相比，民营医疗机构的弱势地位得到应有的法律保护。

我国卫生行政部门既是行政机关，又是公立医疗机构的所有者，更是监管者。卫生行政部门、公立医疗机构都是市场准入规制的既得利益者。规制者追求的不是选票最大化，而是自身效用和税收最大化。市场改革容易从政企不分转变为“政企同盟”，规制者的立场偏向在位利益集团。缺乏深厚的私法基础和强有力的宪政约束，市场准入措施极有可能成为设租、寻租的工具。而缺乏宪政约束的政府掌握着较多的能够导致腐败的法律法规的控制权。政府通过市场准入制度过多地介入市场，限制特定市场主体的进入权，实际上使那些有权进入该活动的集团享受了特殊优惠和垄断权，同时也使大量人力、物力卷入竞争性寻租。医疗市场的特性决定了政府干预和调节是其自身发展的内在要求，但政府对民营医疗机构的干预必须在法律赋予的权力之下行使，明确政府干预的边界，政府不该规制的应该放开，应该由政府规制的则应当强化。

其次，政府干预应符合有限权力原则，即行政权力行使应受到法律限制，受到行政相对人权利的限制，同时也受到其他权力的限制，因为一切行政权力都是有限的。医疗服务市场失灵需要政府的干预，但政府经济职能一旦确认和行使，便不会轻易退出经济生活领域。如果缺乏相应的抗衡力量和制度约束，政府干预必将呈现不断扩张和膨胀的趋势。因为一切有权力的人会一直使用权力直到遇到有界限的地方才休止、“权力导致腐败，绝对的权力导致绝对的腐败”。

因此，政府干预经济运行的行为必须受到法律的约束和规范，否则政府干预不仅不能成为解决市场失灵的“良方”，反而会以各种名义和理由恣意侵入社会经济生活和私人空间，损害市场信用基础和竞争秩序，损害市场主体的财产权、平等权、自由交易权和经营自主权，破坏市场机制的基础调节功能，加剧市场失范与失控现象。❶ 因为“国家权力不仅具有扩张的性质和特征，而且其扩张总是依靠侵蚀个人权利实现的。在国家侵蚀面前，个人是无能为力的”。由此可知，有效率的自由市场经济并不能从市场和政府自

---

❶ 其实，即使政府机关及其官员严格依法进行干预，同样不可能有效地起到“矫正”市场的作用。因为作为干预者或管制者角色的政府及其官员同样面临着市场信息不充分和不对称的问题。更何况，在精明的商人和市场主体尚不能把握市场的情况下，我们无论是在理论上还是实践中都并没有更多的理由能够相信那些只熟悉行政运作的官僚可以先知先觉、准确无误地调控好市场。

身的逻辑推导出来，市场经济体制的维护也不是自动实现的。法律的“二元”结构决定了保障权利和限制权力是一种必然。因此，如何约束权力使其不过度扩张，或者当侵犯个人权利时能够有一种与之抗衡的势力，即成为一个非常重要的问题。法律对于权力而言是一种稳定器，而对于失控的权力来讲则是一种抑制器。法治则是平衡权利与权力对峙状态的内在张力。在法治的约束下，市场准入因其固有的广泛的自由裁量权受到排斥，自由裁量空间无疑被控制到了最小的限度。正如哈耶克曾经指出的：“法治意味着政府的全部活动应受预先确定并加以宣布的规则的制约——这些规则能够使人们明确地预见到在特定情况下当局将如何行使强制力，以便根据这种认知规划个人事务。”

恩格斯曾经指出，国家权力对于经济发展有正反两方面的作用，它可以沿着同一方向起作用，在此情况下就会发展得较快；它也可以沿着反方向起作用，在这种情况下政治权力会给经济发展带来巨大的损害，并造成人力和物力的巨大浪费。可见，“政府干预并不是完美无缺的，它会（几乎是肯定的）滋生浪费和无效率”。政府干预具有“双刃剑”的性质，它既可以促进经济的发展，也可能阻碍经济的发展。为了防止其滥用权力，必须对政府经济权力进行控制。历史和事实也一再证明，政府要有效地干预经济并促进经济的发展，必须受到法律的限制，即要限制政府权力，规范政府行为，明确政府责任，杜绝政府行为的随意性、无制约性。“有限政府”意味着政府在权力、职能、规模上是否受到来自法律的明文规定，是否愿意公开接受社会的监督和制约，以及政府的权力和规模在超出其法定疆界时，是否能够得到及时有效的纠正。如同市场失灵一样，“政府的缺陷至少与市场一样严重”，政府在矫正市场失灵时也存在失灵，政府干预的失灵往往导致事与愿违。新自由主义经济学派令人信服地证明："国家为医治贫困干预得越多，贫困问题越严重"，"真正的穷人从福利国家社会活动的巨大发展中只得到了少得可怜的好处"。因此，从这一层意义上讲，经济法就是要为政府干预社会经济立章建制。有限政府要求合理划分政府、市场和社会各自的职能和责任，以防止政府职能的泛化和异化。此外，政府的干预应随着环境和时间的变化而变化，只有这样才能促进和保障民营医疗机构的健康发展。因此，政府权力介入的范围是一个动态调整过程。政府作用并不是静态的抽象物，而是动态的、不断变革与不断发展的有机体。因为为实现真正的自由，政府必须干预而非消极无为，但关键是要在限制政府权力和利用政府的权能之间保持必要的张力。有限政府的提出是在政府全面干预社会、经济事务而导致政府机构急剧膨胀、效率低下等消极后果背景下，开出的治疗无限政府顽疾的一剂良方。

3.2.2　政府干预的内容

明确政府干预的内容极为重要，因为市场准入本质上是对市场主体进出市场自由的限制。只有确定政府干预的内容，政府在设定市场准入规则时，才会坚持适度与必要性，保持谦抑的性格，才会以尊重民营医疗市场为原则进行干预，才会有可能不僭越其合理的边界。因此，对于民营医疗机构进出市场，政府可以干预的内容大致包括以下几点：

其一，民营医疗机构市场准入的范围。从医疗卫生服务的性质可知，其不仅包含公共产品，还包括准公共产品和私人产品。医疗卫生服务产品属性的多样性，决定了政府对于进入不同医疗服务领域的民营医疗机构，其干预程度将有所不同。因此，必须明确哪些医疗领域允许民营医疗机构准入；哪些领域禁止其准入或者限制其准入；对于禁止民营医疗机构准入或者限制其准入的领域，是绝对禁止或者限制准入还是相对禁止准入；对于具有公共产品性质和准公共产品性质的医疗卫生服务领域，为保证供给效率，政府应当干预，由政府直接提供服务，那么，这些领域可否允许民营医疗机构进入，并提供公共医疗卫生服务；如果允许民营医疗机构进入公共医疗卫生服务领域，其以何种方式准入，其是直接提供服务还是由政府通过合同购买提供服务。

其二，民营医疗机构市场准入条件是民营医疗机构市场准入的一个核心要件。民营医疗机构市场准入条件既包括国内民营医疗机构市场准入条件，又包括港澳台地区民营医疗机构市场准入条件，还包括中外合资合作医疗机构市场准入条件。对于民营医疗机构市场准入条件，哪些条件政府必须干预，哪些条件政府可以放松规制，甚至可以不干预？例如，对民营医疗机构的设立资金条件是否应做出具体规定？国内民营医疗机构设立资金条件与港澳台民营医疗机构、中外合资合作医疗机构设立资金条件是否应有所区别？对出资人有何要求？出资人是否必须具有法人资格？哪些主体可以设立营利性医疗机构，哪些主体可设立非营利性医疗机构？对于民营医疗机构的名称是否应做统一规定？民营医疗机构是否必须具备独立法人资格？对于国内民营医疗机构市场准入条件，与港澳台民营医疗机构、中外合资合作医疗机构市场准入条件，政府干预是应同等对待还是有所区别？民营医疗机构市场准入后，政府是否应干预其市场退出，应否实行退出制度？

其三，民营医疗机构的经营性质和法律组织形式是否应干预？民营医疗机构设立时，政府可否干预其经营性质？民营医疗机构经营性质确定后，能否自由变更？如何变更？营利性和非营利性民营医疗机构是否可自由选择其法律组织形式？ 对于民营非营利性医疗机构不分配利润，政府是否干预？ 能否放松对此制度的规制？ 放松到什么程度？

3.2.3　政府干预的程度

“划分市场和政府的合理界限是一个持久的问题。 一个有效率并且人道的社会要求混合经济的两个方面——市场和政府同时存在。 现代经济的运作，如果没有市场或政府，就都会孤掌难鸣。”尽管现代市场经济的有效运行需要政府和市场共舞，但一个有效率的经济体必须以发挥市场的作用为基本前提。 政府对民营医疗机构的干预有其合理性，但其干预的“度”并无明确和绝对的界限。“适度干预”没有一个固定的、具体的衡量标准，仅具有相对的内涵表达，因此，适度干预相当难把握，且适度干预也并非一成不变，关键在于做到“有所为，有所不为”。 因此，明确政府干预民营医疗机构进出市场的边界，显得尤为重要。

第一，就民营医疗机构市场准入范围而言，政府干预程度取决于医疗卫生服务产品的性质。 首先，医疗卫生服务中的纯公共产品具有明显的非排他性和非竞争性。 保证医疗卫生公共产品的质量和供给效率，同时向社会提供公共卫生产品是政府的责任；也就是说，政府必须承担起公共卫生供给的全部职责，向社会所有成员

免费提供。❶

之所以强调政府提供医疗公共产品，是因为政府拥有合法强制力，其能够供给市场所不能提供的纯公共产品。张春霖认为政府公立机构直接生产并提供医疗服务，主要是因其“可购买性”较低；也就是说，当某些公共医疗服务的可测性❷和可竞争性较低时，政府面临严重的信息问题，很难有效地监督和评估服务供给者的绩效，这时政府会选择“制造”，而不是“购买”。哈丁和普瑞克尔认为，可购买性较低的服务比较适合公立机构直接提供，而可购买性较高的服务则可留给非公立机构提供。❸另外，公立机构适宜提供需求同质性（homogeniety）较高的服务，而非公立机构则适宜提供异质性（heterogeiety）的服务。例如，由于大部分人对基本医疗服务的需求是同质的，因此，比较适宜由公立医疗机构提供基本医疗服务，而少数异质化的非基本医疗服务则可由民营医疗机构提供。

此外，对于纯公共卫生产品，民营医疗机构虽不宜直接提供，

❶ 2013年，我国发生了H7N9禽流感事件，被感染的患者大多数是自行付费治疗。尽管此次H7N9禽流感疫情与2003年的“非典”相比，只是个案，尚未发生人传人的事件，从需求角度讲其医疗服务需求仅是个别人需求。但事实上H7N9患者一旦治愈，将使其周围人从中受益，减少其他人被感染的机会。这表明这类服务活动具有较强外部性。钟南山认为，H7N9禽流感事件作为一个紧急、突发的公共卫生事件，政府有责任提供经费支持。参见H7N9禽流感免费治疗惹争议. 环球时报－生命时报. http://finance. jrj. com. cn/consumer/2013/04/17085515234913. shtml,2013－4－17。

❷ 可测性较低，指在医疗服务提供过程中，由于要求医疗服务提供者不断进行自由裁量(discretion)，具有高交互性(transaction－intensive)的特点，因而使得医疗服务需求者很难对其接受的服务做出正确判断。例如，医生在诊治病人的过程中，需要根据病人的实际情况相机处置。因此，患者很难对其所接受的医疗服务的质量作出判断。

❸ 参见Harding April, Alexander Preker. Private Participation in Health Services. Washington D. C. The World Bank, 2003:15。

但并不意味着其不能生产。政府是购买还是直接生产公共医疗服务，将受到一国历史、文化传统、民营医疗机构发展程度以及政府监管能力等因素的制约。从我国国情看，政府以直接生产方式举办公立医疗机构仍将是主要的医疗服务提供方式。但这并不意味着应该因此就排斥民营医疗机构市场准入。政府不应站在公共医疗服务提供机构的所有者角度，而应定位于行业管理者角色，创造公平竞争环境，鼓励民营医疗机构市场准入。因此，政府可以付费方式购买民营医疗机构生产的服务。关于付费有一个很重要的问题，就是应向谁付费。传统的付费方式是向医疗服务供给者付费，这种方式便于管理，但也存在一些弊端，例如可能导致过度提供医疗服务的情况，以致补贴了不该补贴的对象。直接付费给医疗服务提供者应作为一种补充而不是替代的付费机制。在具备一定条件时，也可实行付费给消费者的方式。在美国，医疗卫生的公共补贴采用的就是需求方补贴方式。

其次，医疗卫生服务中的准公共产品，虽不具有排他性，但却具有竞争性。从需求主体看，这类服务活动的消费者虽然仅仅是一部分人，但其他人也会因此而从中受益。显然，这类服务活动具有较强的外部性，而不具有排他性。但这种服务产品的提供是需要成本的，如果免费提供就会出现拥挤现象，而且增加其消费就需要增加相应的投入，其边际成本不为零。因此，这类服务活动具有竞争性。加之医疗服务行业具有极强的专业性，医疗服务供给者与消费者在信息上不对称，单纯增加医疗服务供给并不一定会降低医疗费用，反而有可能造成局部医疗资源过剩、过度医疗和药品滥用。所以，为实现人人享有基本医疗卫生服务的目标，不可能只依靠市场，还必须发挥政府的宏观调控职能。因此，对于民营医疗机构进出医疗服务领域，政府应做到适度干预，既不能干预过重，也不能不干预，其关键在于找准市场与政府的平衡点。

最后，具有私人产品性质的医疗服务具有竞争性。对于这类医疗服务领域，政府应适当放松规制，允许民营医疗机构市场准入。但这种放松规制又呈现出结构性变化的特点，因为医疗服务又可划分为基本医疗服务和非基本医疗服务。对于提供基本医疗服务的民营医疗机构进出市场，政府可加强规制，确保医疗质量与安全。对于提供基本医疗服务的民营非营利性医疗机构和民营营利性医疗机构，政府干预力度和干预的侧重点又有所不同。对于前者，政府应适当放松规制，增加非营利性医疗机构在民营医疗市场中的比例，重点对其不分配营利政策监管。而对于提供基本医疗服务的民营医疗机构，可依据其所提供的技术诊疗项目，决定政府干预的力度。对于提供第一类技术诊疗项目的民营医疗机构进出基本医疗服务市场，政府可放松规制；对于提供第二类、第三类技术诊疗项目的民营医疗机构进出基本医疗服务市场，政府则应加强干预力度。对于提供非基本医疗服务的民营医疗机构进出市场，政府可适当放松规制。例如，对专门提供牙科整形服务的民营医疗机构进出市场，可适度放松规制，减轻干预力度。

第二，就民营医疗机构市场准入条件而言，其决定因素有民营医疗机构的法律组织形式、规模大小以及准入区域等。因此，民营医疗机构准入条件的制定，可以从以下几方面来考虑：一为医疗机构服务内容和类型。如果民营医疗机构进入市场主要是提供一些短缺的基本卫生服务，例如老年护理院，则可将其纳入区域卫生规划之中，适度降低民营老年护理院的准入标准，以保证其在符合条件之下顺利进入市场。二为医疗机构的规模大小。对于那些提供与公立医疗机构服务内容相同或相似的民营医疗机构，则需要考虑其是否能够对公立医疗机构形成最低规模或最佳规模竞争力的影响。如国外有研究显示，对于综合医院，达到300～400张床位时能形成一定的规模效应❶，这也可以成为依据之一；对于这一类民营综合性医院应适当加大政策扶持力度，适当放松规制。对以公司形式设立的民营医疗机构，其注册资本必须达到法律规定。而对于以合伙形式设立的民营医疗机构，其设立资金则可从宽规制。三为医疗机构设立的区域。把民营医疗机构纳入区域卫生规划，在符合准入标准的条件下，优先考虑民营医疗机构市场准入。对于在我国西部地区或边远地区设立的民营医疗机构，其资金条件、医疗机构的场所以及对于医务技术人员的学历，相对东部地区和城市而言，可以适当降低。四为内地民营医疗机构应与港澳台民营医疗机构以及中外合资合作医疗机构区别对待。对于前者，一方面要不断丰富其法律组织形式，重在使其准入后解决基层基本医疗服务需求问题；对于后者，则应重在引进其先进的医疗技术和资金。因此，对后者准入时，应重点对其技术是否符合国际先进水平、资金情况进行监管。五为建立医疗机构出资人资格审核制度。除了准入标准以外，还可以考察出资人的背景、信誉及其出资母公司的情况。❷ 六为逐步建立与完善诊疗科目的设置标准。

第三，就民营医疗机构准入方式而言，政府干预程度取决于民营医疗机构的应然地位和实然地位、规模及其法律组织形式、设立人是否是医生、民营医疗机构的经营性质等因素。我国当前对民营医疗机构以必须先经许可然后登记的方式准入。这种行政核准主义的准入方式在很大程度上有效保证了医疗服务安全与质量，但

❶ 参见 Feldstein P. Health Care Economics. 6th ed. New Jersey: Thomson Delmar - Learning, 2005:246。

❷ 参见 Flooand S., Goodman A., Stano M. The Economies of Health. 4th ed. New Jersey: Press - Hall Inc, 2004:309 - 313。

却因时间长、程序繁琐等因素极大阻碍了准入的效率。当前，民营医疗机构市场份额较低、规模小、结构单一以及提供服务量有限的现状，决定了政府有必要选择适当的准入方式，使其在医疗服务市场中能有效发挥其供给作用。

第4章　民营医疗机构市场准入法律制度的缺陷及其原因和后果

4.1　民营医疗机构市场准入法律制度的缺陷

改革开放三十多年来，我国民营医疗机构的法制化进程有很大的发展和进步，民营医疗机构市场准入的相关立法已初具雏形，但民营医疗机构市场准入制度尚未建立，民营医疗机构市场准入仍存在不少问题。

4.1.1　市场准入范围不明确

民营医疗机构市场准入范围对于民营医疗机构法律制度的构建至关重要，当前亟需明确哪些领域鼓励、支持民营医疗机构准入，哪些领域禁止其准入或限制其准入，并依据民营医疗机构准入范围确定其准入条件和程序。当前我国关于民营医疗机构市场准入范围仅可以在一些文件中找到零星的、不系统的规定。《关于城镇医疗机构分类管理实施意见》中指出，基本医疗服务主要由政府举办的非营利性医疗机构和其他非营利性医疗机构提供。当然，这两类非营利性医疗机构也可提供少量非基本医疗服务。营利性医疗机构根据市场需要自主确定服务项目。从这一规定可以看出，公立医疗机构和民营非营利性医疗机构主要以提供基本医疗服务为主，以提供非基本医疗服务为辅。而民营营利性医疗机构可以提供基本医疗服务，也可提供非基本医疗服务。但民营营利性医疗机构可否提供公共医疗服务却未明确。事实上，这是我国关于公立医疗机构和民营医疗机构市场准入范围最早的、较为正式的规范性文件。之所以做出这样的规定，一方面是基于我国对于医疗服务性质认识上的错误，认为无论是公共医疗服务还是基本医疗服务均为医疗公共产品，因此应由政府举办的公立医疗机构提供，以保证效率，而未能认识到基本医疗服务的私人产品属性。但这一规定却给了我们一定的启示：公立医疗机构与民营医疗机构市场准入的范围将因其所提供的医疗服务产品性质不同而有所不同。不仅如此，民营非营利性医疗机构和民营营利性医疗机构也因其经营目的不同，准入的范围也有所不同。国务院《关于鼓励和引导民间投资健康发展的若干意见》（简称“新 36 条”）规定，支持民营医疗机构承担公共卫生服务、基本医疗服务和医疗保险定点服务。“新 36 条”可以说是较为明确地规定了民营医疗机构可以进入公共医疗服务和基本医疗服务领域，但对于准入的方式却未予明确。《关于进一步鼓励和引导社会资本举办医疗机构意见的通知》中指出当前要合理界定民营医疗机构市场准入范围，引导民营医疗机构以多种方式参与包括国有企业所办医院在内的公立医疗机构改革。

可见，现行的相关规定均未对民营医疗机构市场准入范围做出统一规定，而只是笼统规定除了法律不允许民间资本进入的范围之外，其余范围均允许民间资本进入。由于民间资本进入医疗服务领域仍只停留在政策层面，尚未上升到法律层面，导致没有符合市场经济规则的民营医疗机构市场准入办法，使民营医疗机构市场准入缺乏权威的法律依据。民营医疗机构能否像公立医疗机构一样进入公共医疗产品和准公共医疗产品领域，直接影响着民营医疗机构准入的条件和程序。民营医疗机构准入范围的不确定，将导致民营医疗机构市场准入的空间狭窄，无法真正与公立医疗机构平等竞争，不利于医疗服务市场竞争机制的形成，更不利于民营医疗机构市场准入条件的规范化、明确化。迄今为止，国务院颁布的“新36 条”可以说是放宽民营医疗机构市场准入最为详细、最为全面的政策性文件，但其仍因规定过于原则、空泛而不具有可操作性。因此，当前首要任务是应明确国家对民营医疗机构市场准入调控的基本方针，明确民营医疗机构市场准入的范围，即对哪些医疗服务范围应支持、鼓励民营医疗机构准入，哪些医疗服务范围限制或者禁止民营医疗机构准入。

长期以来，我国对医疗服务产品性质认识上的错误是导致民营医疗机构市场准入范围不确定的重要原因之一。医疗卫生服务并不全部具有公共产品属性，在医疗卫生服务中既有公共产品、准公共产品，又有私人产品。传统经济学理论认为，由政府提供公共产品和准公共产品，可以提高效率，因此比较适宜。这一观点似乎是不容置疑的。但事实上，政府供给公共产品和政府生产公共产品是两个不同的概念，公共产品并不必然只能由政府生产并提供。医疗卫生服务的内容包括具有纯公共产品性质的公共卫生、公共预防和防疫活动等医疗服务，例如环境卫生、劳动卫生、职业卫生、饮食卫生、防疫与保健等，也包括具有准公共产品性质的妇幼保健和特殊疾病预防与治疗等医疗活动，还包括具有私人产品性质的以医学专业技术和医疗设备对患者进行医治并使之得到康复的医疗服务活动。而具有私人产品属性的医疗服务活动依据个人对其依赖程度的不同，即医疗服务是属于必需品还是奢侈品，又分为基本医疗服务和特需医疗服务。医疗卫生服务产品的性质决定着医疗机构市场准入的范围。笔者认为，在明确界定公立医疗机构和民营医疗机构准入的范围之前，必须对政府供给公共产品和政府生产公共产品这两个概念加以区分。

公共产品由政府供给从目的上讲无可厚非，但由于政府供给同样存在供给低效率，因此从20世纪60年代开始，美国一些学者提出了将公共产品提供与公共产品生产分开的理论，认为公共产品的提供和生产是一个过程中的不同环节，可以分开并由不同的主体来进行。经济学者认为，由于公共产品的非排他性和非竞争性特征，公共产品通过政府提供比市场提供更具有效率，由市场提供公共产品将会造成成本高昂或者很难实现排他性，从而导致低效率。因此，从这个意义上讲，医疗服务公共产品应由政府直接生产和提供，并由政府直接举办公立医疗机构。但政府提供公共产品和生产公共产品却是有区别的，是两个不同的概念。马斯格雷夫较早提出将公共产品供给和生产分开的思想。他认为公共产品的政府供应并不意味着“这种产品的生产必须由政府来进行”，公共产品的供给是一个由不同环节构成的过程。斯蒂格利茨认为，市场失灵要求政府对市场进行干预，由政府供给公共产品可以保证其效率和质量。但政府供给和政府生产有着本质的区别，需要政府供给并不必然等于要求政府建立企业、亲力亲为地进行生产。撒瓦斯的公私伙伴关系理论，基于物品和服务的分类原理，分析了不同物品和服务的提供机制，区分了服务的提供、安排和生产等概念，认为服务提供和生产的区分正是民营化的核心所在。而公私部门伙伴关系理论的核心环节就是“将公共服务的提供者与出资者分开，让公共服务的消费者享有更多的选择服务提供者的权利”。这为民营医疗机构市场准入范围的确定提供了理论依据，是一种将筹资机制与激励机制巧妙融合在一起的制度安排。

由此可见，政府供给公共产品和政府生产公共产品是两个不同的概念。前者主要是就资金的提供而言的，后者则强调怎样进行具体的产出活动。政府供给公共产品包括两种方式：一是政府亲自生产和提供公共产品；二是政府通过某种适当的方式将公共产品委托给私人部门进行生产然后再供给。

事实上，政府直接生产和提供公共产品缺乏合法性依据。首先，政府提供医疗服务公共产品并不能有效解决医疗服务市场中的信息不对称问题。消费者从个人理性出发，并不会如实披露其关于公共产品需求的真实信息。因为这样个人将要承担更多税负的风险。所以，消费者个人等待“搭便车”的理性便会转入到政府公共决策中来，表现为集体非理性和公共产品的生产不足。其次，政府生产和提供公共产品存在着交易成本。由于政府作为一种制度安排，其本身存在内生变量，其自身的运行以及向公众提供公共服务和公共产品同样存在交易成本问题。再者，政府的组成人员也是理性的经济人。因此，政府提供公共产品也会出现寻租现象，在此情形下可能将付出比市场制度下更大的交易成本。可见，政府作为公共产品的唯一供给者并不先天具有合法性，政府供给公共产品与政府生产公共产品并不是同一概念，因此寻求公共产品供给的其他途径就成了政府有效供给公共产品的一种必然，这就使得公共产品私人供给成为必要。依据公共选择理论，由于政府供给公共产品同样存在低效率问题，因此医疗服务不仅通过政府举办的公立医疗机构提供，还可以通过社会力量举办的民营机构提供。医疗市场多元化的结构有利于市场竞争，使消费者最终受益，而单一的医疗服务供给方式却是导致腐败的温床。

在政府作为公共产品唯一供给者缺乏合法依据的情况下，公共产品的其他供给方式便出现了，医疗卫生服务由私人部门提供也就具有了可能性。戈尔丁认为，在公共产品的消费上存在着“平等进入(equal access)”和“选择性进入(selective access)”。平等进入指公共产品可以由任何人来消费。平等进入的公共产品一般是纯公共产品。选择性进入指消费者只有在满足一定的约束条件下才可以消费。病人去看病，必须支付挂号费、诊断费、检查费和医药费等就是约束条件。只能选择性进入的公共产品一般都是俱乐部产品。戈尔丁认为没有什么产品或服务是由其内在性质决定它是或不是公共产品，存在的只是供给产品或服务的不同方式，即平等进入和选择性进入。❶ 产品和服务采取何种供给方式取决于排他性技术和个人偏好的多样化。若公共产品不能通过市场手段被充分地供给消费者，那是因为把不付费者排除在外的技术还没有产生或者在经济上不可行。戈尔丁的分析尤其是他提出的选择性进入方式为探讨公共产品的私人部门生产问题指明了方向。继戈尔丁后，德姆塞茨在《公共产品的私人生产》一文中指出，在能够排除不付费者的情况下，私人企业能够有效地生产公共产品。❷ 他进一步认为，若一个产品是公共产品，那么对同一产品付不同的价格

---

❶ 参见 Goldin, Kenneth D. Equal Access VS Selective Access. A Critique of Public Goods Theory. Public Choice, 1979(29): 53 - 71。

❷ 参见 Densetz H. The Private Production of Public goods. Journal of Law and Economics, 1970(10): 293 - 306。

是满足竞争性均衡条件的。由于不同的消费者对同一公共产品有不同的偏好，因此可以通过价格歧视的方法来对不同的消费者收费。可以说，德姆塞茨的论点是对戈尔丁论点的发展，二者都从技术的角度讨论了私人提供公共产品的可能性，即如果存在排他性技术，则私人可以很好地供给某些公共产品。但医疗服务产品由私人供给绝不意味着要完全脱离政府，相反，政府在民营医疗机构的发展中起着非常重要的作用。一个社会当中的人群在医疗服务方面的需求是分层次的、多样化的。民营医院的出现，对于患者来说，结束了过去只能去公立医院看病的单一服务模式，有了更多的选择余地，能满足不同的需求。

公共产品供给与公共产品生产相区分的理论告诉我们，政府不是公共产品的唯一生产者，公共产品的生产者除了政府之外还可以有其他生产者。政府与市场在公共产品的供给上不是完全分离的，而是相互补充的。雅诺什·科尔奈认为“不应该存在国家所有和控制的垄断，允许在不同的所有制形式和协调机制之间存在竞争”。国外实践和研究证明，将医疗机构投资者与生产者有效分离，通过医疗市场竞争将降低医疗机构和医生的供给诱导行为，从而促使医疗机构和医生向患者提供更加合理的医疗服务。公私伙伴关系理论基于物品和服务的分类原理，分析了不同物品和服务的提供机制，区分了服务的提供、安排和生产等概念。这为我国民营医疗机构市场准入范围的划定提供了理论基础。笔者认为，支持民营医疗机构承担公共产品、准公共产品的医疗服务和私人基本医疗服务是我国卫生事业发展的现实需求，也是深化医疗卫生体制改革的重要举措，更是适应消费者对医疗服务多层次需求的重要途径。

4.1.2 市场准入条件有待具体化

民营医疗机构市场准入条件是民营医疗机构市场准入的重要依据，但过于粗糙的准入条件导致准入的随意性很大，在相同条件下可能产生不同的市场准入结果。就民营医疗机构市场准入条件而言，《医疗机构管理条例》（以下简称《条例》）并没有专门明确地规定其准入条件，仅针对公立医疗机构市场准入规定了六条详细的准入条件❶，简称“六要件”。而且《条例》自1994年制定之日起，这些条件至今从未修改过，明显滞后于当前市场经济发展的需要，落后于民营医疗机构的发展。这些准入条件并未关注民营医疗机构与公立医疗机构不平等的现实，且存在着诸多不明确、不具体的地方，彼此之间存在矛盾与冲突。因此，对于民营医疗机构而言并不适用。

第一，关于民营医疗机构市场准入时所需资金或经费的问题。首先，对于民营医疗机构设立条件中经费的称谓，说法各一，令人费解。《条例》第16条第4款称，申请医疗机构执业登记，应当“有与其开展的业务相适应的经费”。而在第18条登记事项中又规定，医疗机构执业登记时应将“注册资金”作为主要事项进行登记；《医疗机构基本标准（试行）》中使用的是“注册资金”，

❶ 具体而言，依照《医疗机构管理条例》规定，医疗机构执业必须符合以下条件：必须进行登记；领取医疗机构执业许可证。医疗机构申请领取执业许可证时，必须具备以下条件：(1)有设置医疗机构批准书；(2)符合医疗机构的基本标准；(3)有适合的名称、组织机构和场所；(4)有与其开展的业务相适应的经费、设施、设备和专业卫生技术人员；(5)有相应的规章制度；(6)能够独立承担民事责任。

《条例》第16条第4款和《细则》第18条[1]规定，医疗机构设立时必须有一定的“注册资金”。笔者认为，民营医疗机构设立时必须具备一定的经费。因为这可在很大程度上防范医疗风险，防止民营医疗机构虚假出资并损害消费者和相关公众利益。虽然我国目前对民营医疗机构设立时的经费并无严格的具体数额的限定，这也是基于民营医疗机构在现实中存在不同的法律形态。因此，笔者认为，民营医疗机构设立时的经费要求可依据其具体的法律形态，并参照其所提供医疗服务的内容等因素加以确定，没有必要做出具体的数额限定。例如，对于股份制民营医疗机构可依《公司法》相关规定，并综合其设立的区域、执业标准等因素对其经费做出要求。此外，现行法律规范对于医疗机构设立时的经费均以“注册资金”统称有不妥之处。因为不同法律形态的民营医疗机构，其经费的名称是不同的，而且注册资金和注册资本是两个不同的概念：前者是企业实有资产的总和，反映了企业经营的管理权，而且其可以随时因实有资金变化而进行变更登记；后者是出资人实缴的出资额总和，股东出资后，注册资本成为公司法财产，股东不得抽资，不得随意增减注册资本。

第二，关于医疗机构设立条件之一的“有与其开展的业务相适应的专业卫生技术人员”，对于如何判断“相适应”的专业卫生技术人员的资质有待明确。依据我国关于医务专业卫生技术人员执业的相关规定，医生或护士取得医生执业资格或护士执业资格后，要在相关医疗机构中按其注册的执业地点、执业类别、执业范围执业，从事相应的医疗、预防、保健业务。换而言之，医生、护士经

---

[1] 《医疗机构管理条例实施细则》第18条规定，医疗机构执业登记的主要事项为：(1)名称、地址、主要负责人；(2)所有制形式；(3)诊疗科目、床位；(4)注册资金。

考试取得执业资格证书后，必须进行注册登记，否则不得在医疗机构中执业。而且医生在执业之前，必须已经完成注册登记。我国现行的有关执业医师注册申请表中必须提交的一项重要信息，就是“医疗机构的名称以及登记号”，而护士注册申请表中则要求必须提供“拟聘用申请人的医疗机构的名称、地址以及登记号”等信息。这就导致了一个矛盾，尚处于申请设立阶段的民营医疗机构还不是合法意义上的医疗机构，尚不具备提供医疗服务的主体资格。虽然民营医疗机构已在申请阶段提交了其所雇佣医生、护士的“聘用合同”，但因为该机构尚处在设立过程中，其名称、执业地点、执业范围以及执业类别等均有待卫生行政部门的审批和许可。那么受聘医生、护士所提供的执业地点、执业类别、执业范围以及所执业的医疗机构名称等信息实则具有不确定性。这也就意味着民营医疗机构并不具备“有与其开展的业务相适应的专业卫生技术人员”。因此《条例》关于医疗机构设立条件中“有与其开展的业务相适应的专业卫生技术人员”规定，使得我们无法理解和判断何为“相适应”，又如何“相适应”。因此，关于医疗机构设立条件中“有与其开展的业务相适应的专业卫生技术人员”资质数量的规定亟需与执业注册制度相协调，从而加强在人员执业方面的监督管理，确保医疗机构名副其实。

第三，将“能够独立承担民事责任”作为医疗机构设立条件乃是对法人本质特征与设立条件的曲解，使人产生困惑。究其原因，该条规定是受到我国《民法通则》第37条[1]关于法人设立条件的影响。事实上，“能够独立承担民事责任”并不是法人设立的

[1] 《民法通则》第37条规定：“法人应当具备下列条件：(1)依法成立；(2)有必要的财产或者经费；(3)有自己的名称、组织机构和场所；(4)能够独立承担民事责任。”

条件，而仅仅是法人的一个特征而已。法人独立资格的获取和法人独立责任的承担之间并不构成任何直接的因果关系，法人并非必然为独立责任的承担者，非法人团体同样可以独立承担责任。法人独立承担民事责任以其财产独立为前提。责任能力是从行为能力制度中分化出来的一项制度，但其是否应成为民事主体的构成要件，却是值得斟酌的。民事主体具有民事权利能力和民事行为能力，行为能力包括两个方面，即理论理性和实践理性：前者指行为人能认识自己行为的后果，后者是行为人辨别善恶的能力。责任能力是行为人对自己的违法行为承担责任的能力，此处的责任“并非独立义务的担保，而是行为之实施处在行为人有意识的状态导致的可罚责性”。由此可见，行为能力制度的实践理性方面已经内在地包含承担责任的内容。民事权利能力和民事行为能力是法律赋予民事主体的能力，而行为能力又包含责任承担的内涵。当前我国民营医疗机构可以个体诊所、合伙、中外合资合作医疗机构等形式设立，表明能够独立承担民事责任仅仅是法人的一个特征，而非法人的设立条件，以非法人形式设立的医疗机构同样可以独立承担民事责任。因此，笔者认为将“能够独立承担民事责任”作为医疗机构设立条件有画蛇添足之嫌，建议可将这一规定删除。因为市场经济条件下民营医疗机构设立的法律组织形式已经决定了其承担责任的方式，而且无论其以何种形式设立，“能够独立承担民事责任”这一点都包含在其行为能力之中。

此外，《条例》第 16 条第 6 款规定，医疗机构必须“能够独立承担民事责任”，而《细则》第 12 条第 1 款对前述条款加上补充规定，即“不能独立承担民事责任的单位，不得申请设置医疗机构”。笔者认为，这一规定有两点值得商榷。首先，单位的含义和范围模糊不清。从语义上看，单位对应的概念是个人或者个体，单位是“指机关、团体或属于一个机关、团体的各个部门❶”。由此可见，“单位”一词并非法律术语。从《条例》的立法背景看，1994 年我国正处于市场经济初级阶段，民营医疗机构的发展还十分缓慢。而当时全国正在进行国有企事业单位改革，公立医疗机构大多是能够独立承担民事责任的法人。因此《条例》之所以在医疗机构设立条件中有独立承担民事责任的要求，也是基于当时公立医疗机构均为具有法人资格的单位考虑的，从而使得该规定不具有前瞻性。事实上，“单位”一词在我国立法中实与“法人”同义。1986 年《民法通则》制定之时就已放弃“单位”一词用法而改用严谨的“法人”概念。但遗憾的是 1998 年的《民办非企业单位登记管理暂行条例》和 2000 年的《关于城镇非营利性医疗机构进行民办非企业单位登记有关问题的通知》（下文简称《通知》）仍重拾“单位❷”一词作为团体的泛称。由此可知，在我国无论民营营利性医疗机构还是民营非营利性医疗机构都可以为法人、合伙和个体三种类型❸，《细则》中所指“单位”则应包含了法人团体、合伙以及个体。如此说来，“个人”并非“团体”，那么又怎么能被冠以“单位”之称呢？可见，能否将合伙称为“单

---

❶ 参见现代汉语词典. 北京：商务印书馆，2002：245。

❷ 依据《关于城镇非营利性医疗机构进行民办非企业单位登记有关问题的通知》规定，民营非营利性医疗机构在取得医疗机构执业许可证后，应当依法到民政部门进行民办非企业单位登记。登记管理机关对符合登记条件的依法核准登记；分别发给民办非企业单位（法人）登记证书、民办非企业单位（合伙）登记证书、民办非企业单位（个体）登记证书。

❸ 事实上，2012 年《卫生部关于社会资本举办医疗机构经营性质的通知》（卫医政发〔2012〕26 号）为贯彻落实《关于进一步鼓励和引导社会资本举办医疗机构意见的通知》的精神，进一步促进民营医疗机构的发展，对原《关于城镇医疗机构分类管理的实施意见》中“城镇个体诊所、股份制、股份合作制和中外合资合作医疗机构一般定为营利性医疗机构”的规定已经废除，这表明民营非营利性机构不仅可以个体、合伙形式设立，也可以股份制、股份合作制以及中外合资合作形式设立。

位”以及能否将其划归为“团体”，还有待斟酌。合伙以实现构成成员个人之目的为出发点，以相互间债权的契约关系予以连接，构成成员之个性显著；而团体超越构成成员之目的，以独立之单一体呈现于社会，构成成员之个性薄弱，因此二者之间有本质区别。合伙在传统民法理论中有民事合伙和商事合伙之分。而商事合伙又包括普通商事合伙和有限合伙两种形式，前者是无限公司，后者属于两合公司。当前合伙企业是我国商事合伙的主要形式。民事合伙是具有很强的个体色彩的合伙形式，商事合伙则是具有浓烈团体色彩的合伙形式。换言之，如果承认合伙是团体或者可称之为“单位”，则意味着以合伙形式设立的民营医疗机构只能为一种商事合伙，而不能是缺乏团体性的民事合伙。因此，以合伙形式设立的民营医疗机构是否属于《细则》中所称的“单位”也颇值得反思。显然，《细则》将“单位”的概念延伸至法人制度之外的个体以及合伙，导致了语义逻辑上的错误，而且《条例》规定的条件也只适用于法人型医疗机构。其次，《条例》第 16 条第 6 款规定，医疗机构设立必须“能够独立承担民事责任”；而《细则》第 12 条第 1 款规定“不能独立承担民事责任的单位，不得申请设置医疗机构”，二者之间的规定同样存在彼此冲突和语义矛盾。依前者规定，无论以何种形式设立医疗机构必须能独立承担民事责任，而依据后者规定其潜在的意思是指只有“单位”设立医疗机构才必须具备独立承担民事责任的能力，而个体或合伙设立医疗机构无需具备独立承担民事责任的能力。事实上，从语义上看这一规定无疑存在着无法解释的纰漏。根据前述内容我们知道，医疗机构无论是公立还是民营，无论是以个体、合伙还是法人形式设立均须具有独立承担民事责任的能力，这也是基于保护消费者生命安全与防范医疗风险的考虑。

医疗供给主体多元化已是世界趋势，不仅如此其法律形态也应多元化。市场经济的发展不应拒绝任何一种适应市场经济要求的具体的企业法律制度❶，尽管发达市场经济国家和地区均非常重视现代医疗法人制度的作用，但合伙医疗机构以及个人独资医疗机构在这些国家也大量存在，因此作为现代市场规制法组成部分的医疗机构市场准入制度绝不能将其拒绝。因此，笔者认为在民营医疗机构设置条件中，可以将“能够独立承担民事责任”这一条件删除，并将非法人型民营医疗机构纳入法律规制范围之内。

综上所述，由于医疗机构市场准入条件不具有客观性，使得民营医疗机构市场准入难度大。因此，应尽快明确其准入条件，使之客观化、具体化，具有可操作性。但对于不同形式的民营医疗机构准入不宜实行“一刀切”的模式。对于以不同法律形式设立的民营医疗机构，因其市场准入的范围、生产和提供的医疗产品性质以及服务内容有所不同，例如，有的可能提供高端服务和专科服务，有的可能提供基本医疗服务，那么，对于其市场准入条件应有所不同和侧重，而不应实行同一准入条件。

4.1.3 市场准入方式单一

民营医疗机构市场准入方式表达了准入法律制度的立法目的与宗旨，对民营医疗机构准入行为和监管主体的监管行为具有根本性的指导意义，并对准入制度的运作具有导向性；其也是准入制度有效运作的基础。市场准入的方式受到一国经济发展水平、政治经济体制、文化历史背景等的影响，因此，在不同国家或者同一国家

---

❶ 参见王保树. 现代企业法律制度. http://review.jcrb.com.cn/ournews/asp/readNews.asp?id=42918, 2012-06-28。

不同时期对市场准入方式均有不同的规定。纵观世界各国医疗机构市场准入方式，主要有自由主义、准则主义和核准主义三种。

（1）自由主义，即国家对于医疗机构市场准入不干预，任何医疗机构和个人以任何方式进入市场并提供医疗服务，均为法律所许可。在自由放任模式之下，医疗服务市场全面开放，法律对于任何医疗机构进入医疗服务市场均不予干预，对进入市场的所有主体及事项均不设定限制或禁止条件，也不需要办理行政审查、审批或许可。是否进入市场的选择均由主体自行决定，只需要完成登记甚至根本不需要登记就可以自由进行医疗服务活动。自由放任主义反映了国家对民间资本投资医疗服务市场的支持、鼓励，体现了经济自由的价值取向，反映了法律对于市场主体自由意愿的充分尊重。但事实上由于这种方式对市场主体意思自治的过于强迁，往往忽视了公共秩序和社会利益，必然引发许多不良后果。因此，现在此类准入方式已经基本不存在。

（2）准则主义，又称登记主义，指基于医疗机构市场准入的规范和交易安全的考虑，由法律规定医疗机构设立所需要的必要条件。只要医疗机构符合这些条件就可以进入医疗服务市场，而不需要经过行政机关批准，医疗机构经登记便可设立。准则主义的特点是程序简便，便于医疗机构进入医疗服务市场。准则主义模式在理论上表现为对自由进行适度限制的同时，将自由泛滥可能对社会利益带来的不良影响控制在市场准入环节之中，同时又对行政机关在准入审查环节中的自由裁量权进行了制约。准则主义集中反映了经济自由与市场秩序并重的价值原则。但在实践中如果对于医疗机构市场准入条件规定得过于粗糙，这一模式极容易被滥用，很容易陷入自由主义的泥沼。再加上医疗机构本身特有的属性，因此当前也很少有国家采用这种纯粹的准则制模式。例如，美国对于营利性民营医疗机构就采取这种准入方式，只要登记注册即可；而对于非营利性民营医疗机构，其登记注册程序只是其享受免税的必要前提。

（3）核准主义，又叫行政许可主义模式，即医疗机构必须经过国家有关行政机关的批准方能设立。依据这种准入方式，医疗机构进入医疗市场提供医疗服务必须经过两道手续：首先，由政府有关行政部门进行审批，经许可后医疗机构才能设立；其次，办理注册登记手续，医疗机构必须到国家规定的有关部门办理注册登记，取得营业资格后才能实际从事医疗服务活动。核准制准入方式最大的特点在于可以防止医疗机构的滥设，在一定程度上有效保证医疗安全。但如果准入条件过于粗糙、不具体，将使行政部门自由裁量权没有限制，不利于医疗机构的及时设立，而且容易导致寻租行为的发生。核准主义在民营医疗机构市场准入环节中强调国家权力的主导和控制，加大了民营医疗机构市场准入的难度，是在一定程度上对自由的限制。但这种限制并不是要禁止医疗机构市场准入，而是对医疗机构主体资格是否符合国家经济安全和医疗服务市场秩序等方面进行审查，以确保市场主体的逐利性与社会公共利益保持一致。鉴于医疗服务行业的特点及其对消费者生命健康安全与社会经济的重要影响，在当前市场各种配套机制尚不完善的情况下，对民营医疗机构市场准入进行严格审查更能在源头上防止医疗风险的发生。因此，目前世界上大多数国家均采取此种准入方式。

上述准入方式的出现，一方面充分反映了政府对经济进行管制的指导思想。从对于自由放任主义的摒弃，到三种方式的交替出现和采用，表明政府不仅欲对市场主体进入市场进行必要监管，维护健康有序的市场秩序，更要维护社会公共利益。另一方面也说明政府在对医疗服务市场适当干预之下，还应考虑如何创造理性的准入方式，以便于民营医疗机构市场准入。从当前我国的相关规定看，我国对民营医疗机构市场准入采取的便是行政许可主义模式，即民营医疗机构市场准入必须首先经政府卫生行政部门审批，符合医疗机构设置许可并取得医疗机构执业许可证后，营利性民营医疗机构到工商管理部门办理登记手续，非营利性民营医疗机构到民政部门办理登记手续，方可进入医疗服务市场执业。公立医疗机构则由卫生行政部门审批许可并办理登记手续。由此可见，我国实行医疗机构按所有制性质分开登记，现行民营医疗机构登记制度仍带有浓重的计划经济体制色彩。这种行政许可审批加登记式的准入方式，最大的优点在于可以有效保证医疗机构的资质，从而间接保证医疗安全，但其前提是行政机关必须是真正的“公共利益的代表”。与此同时，其弊端也有很多：一是行政机关的裁量权没有限制；二是没有考虑到民营医疗机构的弱者地位，对公立医疗机构与民营医疗机构同等对待，对营利性民营医疗机构和非营利性民营医疗机构同等视之，没有考虑到民营医疗机构市场准入方式可能会因准入范围不同而不同，对民营医疗机构与公立医疗机构实行“一刀切”的统一准入方式。这样的准入方式极不利于诊所、社区医疗服务中心、医务室等规模较小的民营医疗机构的市场准入，同时也降低了市场准入效率。

4.1.4　市场准入程序繁杂

目前，民营医疗机构市场准入程序主要依据《医疗机构管理条例》及《医疗机构管理条例实施细则》等实行许可审批和注册登记，其市场准入审批机构级别高，前置审批严格，登记程序十分繁琐。在市场准入方面，甚至严于外资医疗机构准入程序。当前有

以下这些问题亟需解决:

首先，就审批体制而言，我国市场准入审批机关和登记机关的审批权限和准入登记权限相对集中，而我国当前采用的是以级别管辖和属性管辖为原则的纵向分散审批和登记体制，这在客观上影响了民营医疗机构市场准入的效率。民营医疗机构市场准入和公立医疗机构市场准入在登记与校验环节存在着极大的差异，同时审批体制也存在着很多潜在的隐患:

第一，整个准入审批程序的监管主体均为政府行政部门，包括卫生行政部门、工商管理部门和民政部门等。审批过程缺乏有效的外部监督，因此从某种意义上说，审批程序很难实现公开公平透明。

第二，对民营医疗机构市场准入实行多头监管、交叉监管。监管部门山头林立，重叠监管最大的弊病是导致监管乏力，导致极端化。由于各监管机构利益所在，因此在准入监管过程中可能出现各自为政或相互推诿的现象。而我国公立医疗机构与卫生行政部门有着密不可分的利益关联，因此公立医疗机构只要达到了法律规定的设立条件，卫生行政部门一般都会照章办事，发给其医疗机构执业许可证，公立医疗机构便能顺利进入医疗市场。事实上，公立医疗机构在医疗市场上的发展、成长和日渐强大，在很大程度上取决于卫生行政部门及其他相关职能部门的扶持和支撑。而民营医疗机构市场准入过程中由于受到当前监管体制的制约，往往很难得到卫生行政部门的青睐以及其他相关职能部门的支持，因而在市场准入的道路上步履艰难。基于邻近影响、家长主义和对无知消费者的保护原则，弗里德曼认为，实施医疗服务准入限制，既限制了医疗服务的数量,又降低了医疗服务合格的标准或医疗服务的质量，因而应该取消。但医疗服务市场的基本特征是医疗服务的不确定性，而“制度可以被设计成人类对付不确定性和增加个人效用的手段”。医疗服务市场实行市场准入具有一定的合理性。但对公立医疗机构与民营医疗机构市场准入应平等对待，真正的医疗服务市场应该是充分竞争、完全公平的市场。

第三，无论是民营医疗机构还是公立医疗机构市场准入均必须按照医疗机构设置规划严格进行。当前，卫生行政部门与公立医疗机构之间的特殊利益关系，使得卫生行政部门在审批过程中很难做到以中立的地位进行公开透明的审批。出于自身利益以及部门的考虑，卫生行政部门会在民营医疗机构设置审批过程中设置无形的障碍。

其次，民营医疗机构市场准入程序过于繁杂。我国现行的医疗机构市场准入程序主要针对公立医疗机构设置，对于民营医疗机构，很多内容无法适用。民营医疗机构市场准入程序必须经过一个复杂的过程：申请—受理—审查—核准—许可—登记注册。首先，民营医疗机构依据其不同的规模向相应级别的卫生行政部门申请。❶ 卫生行政部门自受理设置申请之日起30日内做出批准或者不批准的书面答复；批准设置的，发给设置医疗机构批准书。其次，民营医疗机构取得医疗机构设置批准书后再向卫生行政部门申请医疗机构执业许可证。县级以上地方人民政府卫生行政部门自受理执业登记申请之日起45日内进行审核。审核合格的，予以登记，发给医疗机构执业许可证；审核不合格的，将审核结果以书面

---

❶ 具体而言，民营医疗机构依据不同的规模分别向县级以上卫生行政部门申请医疗机构批准书，不设床位或者床位不满100张的医疗机构，向所在地的县级人民政府卫生行政部门申请；床位在100张以上的医疗机构和专科医院按照省级人民政府卫生行政部门的规定申请。县级以上地方人民政府卫生行政部门自受理设置申请之日起30日内做出批准或者不批准的书面答复；批准设置的，发给设置医疗机构批准书。

形式通知申请人。最后，进行登记程序，即取得执业许可证的营利性民营医疗机构一般由批准其设置的人民政府卫生行政部门同级的工商管理部门办理登记，非营利性民营医疗机构则到民政部门办理登记，而公立医疗机构由批准其设置的人民政府卫生行政部门办理登记❶。笔者认为，当前民营医疗机构市场准入的“双重许可加登记”的方式程序繁杂，极大影响了民营医疗机构进入的积极性和市场准入的效率，因此亟需简化。

以非营利性民营医疗机构的准入程序为例，当前我国对于非营利性民营医疗机构的管理实行“双重管理体制”，即非营利性民营医疗机构在行政管理体制上实行“归口登记、双重负责、分级管理”。

针对非营利性民营医疗机构“双重管理体制”的弊端，我国正在积极着手进行由一个部门进行登记管理的试点改革。2009年，民政部民间组织管理局就已经将开展民办非企业单位登记改革试点工作作为当年工作要点，并积极支持地方民政部门进行改革试点探索。❷《民政事业发展第十二个五年规划》中提出：“十二五”时期，我国将探索登记管理和业务主管职能一体化，推动行业协会、

❶ 依据《医疗机构管理条例》规定，国务院卫生行政部门决定设置的国家统一规划的医疗机构的执业登记，由所在地的省、自治区、直辖市人民政府卫生行政部门办理。机关、企业和事业单位设置的为内部职工服务的门诊部、诊所、卫生所(室)的执业登记，由所在地的县级人民政府卫生行政部门办理。

❷ 在中央精神的指导下，全国许多地方进行了由民政部门进行登记管理的试点工作，引起社会各界热议与反响。广东制定《广东省民政厅关于进一步促进公益服务类社会组织发展的若干规定》，规定除特别规定、特殊领域外，将业务主管单位改为业务指导单位，直接向民政部门申请成立社会组织。北京则根据《中共北京市委关于加强和创新社会管理全面推进社会建设的意见》对工商经济类、公益慈善类、社会福利类、社会服务类社会组织实行民政部门直接登记，建立“一口审批”绿色通道。

商会改革和发展，强化行业自律，发挥其沟通企业与政府的作用。[1]

笔者认为，登记程序对于市场主体进入市场十分必要。首先，登记程序是确认市场主体资格的必经程序；其次，登记程序便于对市场主体的有效监管；再次，通过登记便于收集市场主体的相关资料，为宏观调控政策的制定提供一定的依据；最后，通过登记可以更好地在一定程度上保护交易相对人的合法权益。但过于繁杂的准入登记程序将降低民营医疗机构市场准入的效率，不利于其市场准入。营利性民营医疗机构在卫生行政部门的注册事项与其在工商行政部门的注册事项并无多大区别，其在卫生行政部门登记注册并办理医疗机构执业许可证即可起到前面所提的四个方面的作用。非营利性民营医疗机构在民政部办理登记，不利于对非营利性民营医疗机构的管理，因为民政部门缺乏医疗服务技术专业人员，无法从业务上对非营利性民营医疗机构实行有效监管，因此事实上这种登记毫无意义，同时也增加了其市场准入的成本。而公立医疗机构市场准入，无论是审批还是登记与校验均由卫生行政部门负责。由此可见，我国当前的医疗机构登记制度仍具有浓重的计划经济体制色彩：一是按所有制性质划分医疗机构，对公立医疗机构、国内民营医疗机构以及外资医疗机构实行分开登记制度；二是由于登记机关存在多级体制，导致准入登记权过于分散，而未能形成相对集中的登记体制，以至于登记程序繁杂。因此，我们一是要简化、优化登记程序，为民营医疗机构提供一条快捷、便利、宽松的准入通道。二是要废除以级别管辖和属地管辖为原则的纵向分散登记体制，将准入登记权相对集中在省市中心的登记机关，

---

[1] 参见民政事业发展第十二个五年规划. http://www.mca.gov.cn/article/zwgk/mzyw/201112/20111200248416.shtml，2012－03－14。

这在客观上可以促进准入的效率。三是要提高民营医疗机构市场准入的透明度和公开度，适当限制政府审批的自由裁量权。

4.2 民营医疗机构市场准入法律制度上述缺陷的原因分析

民营医疗机构市场准入面临的上述问题，导致民营医疗机构虽然绝对数量有所增加，但发展十分缓慢，市场准入受到诸多限制。这也引起了社会和学界的广泛关注。许多专家和学者从不同角度探讨了这些问题产生的原因，得出了一些值得借鉴和参考的结论。通过分析我们发现，现有市场准入体制惯性下规制主体之间的利益冲突，传统行政管理方式下市场准入规制的越位与缺位，所有制歧视和既得利益集团的阻碍等因素，导致民营医疗机构市场准入步履艰难。

4.2.1 政策目标定位偏差导致民营医疗机构准入受阻

当前，民营医疗机构市场准入难，很大程度上源自于准入政策目标定位的偏差。这些准入政策定位的偏差主要集中在以下几个方面：

第一，对公立医疗机构与民营医疗机构没有平等对待。在公有制为主导的思想影响下，对民营医疗机构有所歧视，在政策目标中并未将民营医疗机构作为社会主义市场经济的重要组成部分，未将其作为我国医疗服务体系的重要组成部分，而仅将其作为公立医疗机构的有益补充，放在次要地位，对民营医疗机构市场准入未引起足够重视。❶《关于进一步鼓励和引导社会资本举办医疗机构的意见》和《国务院关于深化医药卫生体制改革的意见》中对公立医疗机构与民营医疗机构的关系做出了较为正确的定位，即坚持公立医疗机构为主导、非公立医疗机构共同发展的办医原则，加快形成多元化办医格局。

尽管我国在立法上尤其是宪法中，对民营医疗机构与公立医疗机构市场准入同等对待，但在政策中却采取不同的做法，对公立医疗机构和民营医疗机构存在较大的所有制身份歧视。这种因所有制身份不同而产生的歧视表现为：首先，民营医疗机构设立时对其经营性质几乎不能自主选择❷，绝大部分民营医疗机构被核定为营利性医疗机构。有的地方则通过区域卫生规划将民营医疗机构排除在发展之外。其次，在财政补贴方面，非营利性民营医疗机构即使完成了政府委托的公共卫生、预防保健等工作，也无法得到政府财政补贴，更无法享受税费优惠。再次，在土地取得方面，对民营医疗机构的审批程序和面积限制严于公立医疗机构和境外医疗机构。公立医疗机构可以无偿或低偿使用土地房屋，购置设备有

---

❶ 国务院《关于卫生改革与发展的决定》(简称《决定》)规定医疗机构主要以国家、集体为主，其他社会力量和个人为补充。《决定》关于“其他社会力量和个人为补充”的这一提法，有意将公立医疗机构与民营医疗机构的地位划分主次。国务院《关于鼓励和引导民间投资健康发展的若干意见》，将民营医疗机构定位为社会公共事业发展的“重要补充”，可见民营医疗机构仍然处在公立医疗机构的补充地位。

❷ 尽管改革开放三十多年，我国对民营医疗机构从改革开放前的限制、禁止发展，到改革开放之后的允许、鼓励和支持其发展，但民营医疗机构在设立过程中一直不能自主选择经营性质是一个不争的事实。以上海为例，直到 2006 年 8 月 3 日，上海安国医院经民政局批准，获准注册为上海市首家非营利性民营综合医院；2006 年 9 月 8 日，苏北地区最大的非营利性民营综合性医院扬州洪泉医院正式开业，才打破了私立医院必然注册为营利性医院的局面。参见 http://news.39.net/bt/88/11396888_1.html，2012 - 11 - 12。

财政补贴，而这些是民营医疗机构无法享有的。最后，以医疗机构区域卫生规划为例，许多地方对民营医疗机构纳入区域卫生规划问题上与对公立医疗机构持不同标准。[1] 此外，在定点医保、人才引进、税收政策、财政补贴、用地征地等方面，民营医疗机构均无法与公立医疗机构享受平等地位。

第二，对于医疗安全与医疗事业发展关系定位的不正确。20世纪80年代以前，我国对民营医疗机构市场准入实行严格规制，民营医疗机构市场准入困难重重。这一时期，国家过于注重医疗安全而忽视医疗事业的发展。虽然严格规制保证了医疗服务质量，但却极大妨碍了医疗事业的进步和民营医疗机构的发展，造成了医疗服务供给需求矛盾。20世纪80年代以后，随着改革开放的进一步深化，我国对民营医疗机构市场准入逐步放松规制，民营医疗机构在这一时期发展较快。但这一时期却有一味强调发展而忽视医疗安全之嫌。当前我国所有关于促进民营医疗机构市场准入的政策文件中，均主要涉及如何放宽民营医疗机构市场准入条件、简化准入程序、放宽准入领域。事实上，民营医疗机构市场准入的目标定位，应是在确保医疗安全之下的发展，是在不断发展中进一步确保医疗安全。尽管当前医疗服务供给需求矛盾是无法回避的现实，但保证医疗安全却是民营医疗机构市场准入必须坚守的原则。因此，民营医疗机构市场准入中，应坚持医疗安全与医疗事业发展并重。

---

[1] 有的地方在区域卫生规划中，虽也提出要“倡导多元办医，充分发挥社会力量办医，形成多元化办医格局”，但同时又从卫生从业人员编制、医疗技术运用、大型医疗设备购置等具体方面向已存在的公立医疗机构倾斜，没有为将来可能设置的民营医疗机构留下空间，通过规划把民营医疗机构发展排除在外。参见刘洋. 鼓励社会资本举办医疗机构政策探析. 中国卫生政策研究，2011，4(4)：44。

第三，对于民营医疗机构市场准入从严规制与从宽规制的关系定位不正确。从现行政策看，我国先后出台的关于促进民营医疗机构市场准入的相关政策中，出现得最多的字眼莫过于“放宽”二字。相关政策对于民营医疗机构市场准入，均要求拓宽民营医疗机构准入范围、准入条件等。而在新中国成立初期至20世纪80年代初，我国对民营医疗机构市场准入实行一律从严规制的做法，以至于民营医疗机构发展缓慢。当然，从严规制与从宽规制均受特定时期与特定因素的影响，但无论是从严还是从宽的选择，都需要考虑民营医疗机构的现实状况。

4.2.2　传统行政管理方式导致市场准入规制越位与缺位并存

4.2.2.1　市场准入规制越位

长期以来，由于我国对医疗服务性质认识错误，将其视为公共产品，把医疗服务业当作社会福利事业来发展，由政府投资举办医院并经营医院。未能认识到医疗服务具有私人产品属性，医疗服务市场首先应当是一种私人领域，而私人领域的存在是市场机制有效发挥作用的基础。在医疗服务领域引入市场竞争机制，实现民营医疗机构市场准入，有利于促进医疗机构之间的竞争，提高医疗服务质量，也有利于医患之间信息的传递并抑制医疗服务交易过程中的逆向选择和道德风险。虽然从20世纪80年代起，随着我国市场经济体制的框架逐步建立，政府的职能由计划经济体制下的“全能政府”转向“有限政府”，并逐步放松民营医疗机构市场准入规制，但收效甚微，政府在民营医疗机构市场准入方式上仍沿用行政命令管理的方式，导致对规制对象的作用仍停留在行政命令的控制上，不利于市场的公平竞争。这种行政命令管理方式的存续，使得民营医疗机构市场准入规制越位现象仍然存在，这实际上是我国长期以来对医疗机构实行严格行政性管制使然，是市场准入规制的“越位”所致。例如，政府对于民营医疗机构市场准入实行严格的行政许可审批制，并在财税、医保定点等方面执行“歧视性”的政策，而对公立医疗机构实行分级分类管理，实际上使其成为政府行政垄断的附属物，从而导致了医疗市场竞争的不充分和医疗市场运作效率的低下。

由于政府对民营医疗机构市场准入规制越位，以至于对民营医疗机构市场准入政策目标的“错位”。尽管我国现行立法已经在经济所有制的政策导向上将非公有制经济视为社会主义市场经济的重要组成部分，与公有制经济享有平等的法律地位。但受国家本位主义价值观以及计划经济的影响，在医疗服务行业的政策目标中，我国长期将民营医疗机构作为公立医疗机构的补充，并未将民营医疗机构纳入医疗服务体系不可或缺的重要组成部分。这种在指导思想和政策目标上“公为主、民为辅”的定位，使得民营医疗机构未能享有与公立医疗机构一样平等的地位，受到同等的重视，得到同样的发展，导致民营医疗机构地位弱化，发展极其缓慢。这其中虽也有民营医疗机构自身的问题，但也不能不说与我国长期以来一直坚持以公立医疗机构为主体、民营医疗机构为补充的政策有着直接的、必然的联系。在这样的政策定位之下，我国民营医疗机构的经营环境恶劣，民营医疗机构的发展未能得到足够的重视，长期受到不公正的政策待遇，因此发展相当缓慢。此外，由于市场准入制度越位，往往导致卫生行政部门为维护公立医疗机构的行政垄断地位，在民营医疗机构市场准入时，有意设置“门槛”，甚至百般刁难，进入后则不闻不问，缺乏有效监管，将市场准入视同市场运行过程规制的替代手段，将市场准入作为各种“清理整顿”的工具。

4.2.2.2　市场准入规制的缺位

对民营医疗机构市场准入规制的缺位使得市场准入制度本身已具备的合理性和合法性严重削弱，甚至沦为计划体制的代名词，从而导致患者以及同行业对民营医疗机构的不信任。这一切并不是民营医疗机构市场准入本身的错，而只能归结于市场经济转型时期市场准入制度的异化，即追求公共利益的准入制度被异化为牟取私利、设租寻租的工具，这也是市场准入法律制度最致命的问题。当前民营医疗机构市场准入规制缺位主要集中表现为以下两点：

一方面，民营医疗机构市场准入立法滞后。民营医疗机构市场准入中产生的一系列问题，均反映出民营医疗机构市场准入制度的缺失。当前民营医疗机构市场准入不是依靠法律制度，而是以政府的直接行政手段和相关政策为依据。具体而言，其立法的滞后性表现为：

第一，迄今为止，我国尚未有一部专门针对民营医疗机构市场准入的基本法律，民营医疗机构市场准入只能依据有关公立医疗机构市场准入的相关规定，而二者本身就存在着许多实质的不平等。由于未能对本身处于弱势地位的民营医疗机构予以特别保护，以致民营医疗机构举步维艰，很难进入医疗市场。这与国际上许多国家制定单行法促进民营医疗机构市场准入的做法存在很大差距。从某种意义上说，民营医疗机构发展缓慢、难以进入医疗服务市场，与民营医疗机构市场准入法律制度的缺失有着直接的、必然的关系。

第二，民营医疗机构市场准入立法层次低，效力不高。所有与民营医疗机构市场准入相关的改革政策都是以部门规章、行政法规或者规范性文件形式出现，已有的关于民营医疗机构市场准入的法律法规和相关政策之间相互矛盾，影响了其法律效力，制约着民营医疗机构市场准入。许多间接规制的法律制度比较粗糙简单，缺乏具体的针对性和可操作性，民营医疗机构市场准入仅仅停留在机构准入方面，尚未细化到具体业务准入和技术服务项目准入。在医疗机构市场准入方面，虽然已颁布了一些法律法规和政策，但由于民营医疗机构的特殊性，应与公立医疗机构有不一样的市场准入制度，很多规定不适用于民营医疗机构；还有一些规章和条例虽然在内容上涉及医疗机构及其人员的执业规范，但与规范民营医疗机构市场准入关系不大。

第三，医疗服务人员准入制度缺乏协调性、系统性。执业资格是政府为规范职业秩序，对涉及公共利益、技术性强、甚至具有危险性的专业实行的人员准入资格控制。医疗服务区别于其他服务行业，关系到人的生命和健康。因此，对提供医疗服务相关人员的资格管理至关重要，是否具备从事医疗服务业务的资格，成为允许进入医疗服务市场的条件。国家必须制定医疗服务人员执业管理的相关法律法规，实施严格准入制度。只有这样才能保证其所提供的医疗服务质量，保证医疗服务市场的合法与安全。目前，我国虽已有医师、护士执业管理的相关规定，但从整个医疗服务人员的准入管理制度来看还有不少漏洞。

另一方面，民营医疗市场秩序混乱，医疗行为不规范。面对良莠不齐、混乱不堪、缺乏诚信的民营医疗市场，现行的市场准入制度功能虚化、弱化，已经不能发挥应有的作用。民营医疗机构市场准入制度作为医疗服务监管的端口，原本是为了确保医疗服务的安全与质量。但由于间接准入规制的缺位，民营医疗机构市场准入法律制度尚未形成，大量不具备法定执业条件的民营医疗机构进入了医疗服务领域，有的甚至根本就未履行法定程序，便进入医疗市场，使得现有的关于民营医疗机构市场准入的规定形同虚设，价格欺诈、欺骗性医疗广告与服务促销、假冒行医、非法行医、以医行骗等现象大量存在。面对民营医疗服务市场中各种不规范的行为，我国也曾采取一些措施，但效果并不是很明显。更为重要的是我国规制机构习惯于传统的直接行政性规制方式，尚未充分重视间接规制的重要作用，对民营医疗机构市场准入的推进仅仅停留在对原有直接行政性规制的修修补补，结果非但直接行政性规制没有得到放松，反而使得间接经济规制也出现缺位，陷入了一种“一管就死，一放就乱”的恶性循环之中。

目前，我国制定了促进民营医疗机构市场准入的办法和政策[1]，尤其是出台了大量鼓励和扩大社会资本投资医疗市场的规定，但这些办法、政策和规定往往只是对新旧“36条”和《关于进一步鼓励和引导社会资本举办医疗机构的意见》（国发〔2010〕58号）的简单重复，这些办法、政策和规定没有相对统一的准入标准和可操作性的准入程序，只是笼统地规定允许、鼓励民营医疗机构市场准入。由于各地对于民营医疗机构市场准入的相关规定、办法仅仅停留在政策层面，尚未上升至法律层面，使得民营医疗机构

[1] 2004年6月8日，杭州市发布了《关于鼓励民资外资兴办医疗机构的实施意见》。2009年12月27日，广东省政府出台了《关于加快广东省民营医疗机构发展的意见》。2011年3月1日，四川省德阳市出台《民营医疗机构管理与发展实施办法(试行)》。贵州省遵义市出台《关于进一步加快民营医疗机构发展的实施意见》，简化设置审批程序，支持民营医疗机构发展。2011年8月15日，山东省东营市出台《关于加快发展民营医疗机构意见》。2012年1月16日，江苏省南通市颁布《加快发展民营医疗机构暂行办法》。2012年2月9日，北京市发布了《关于进一步鼓励和引导社会资本举办医疗机构的若干政策(征求意见稿)》。这些办法均规定了促进民营医疗机构市场准入的相关政策，但要么是过于宽泛、粗糙，要么是根本未涉及具体准入条件、程序等，以致民营医疗机构市场准入效果并不理想。

市场准入缺乏具有强制约束力的法律保障，因而民营医疗机构至今仍未真正地实现实质性市场准入。

4.2.3 公立医疗机构行政垄断导致民营医疗机构准入难

当前，民营医疗机构市场准入最大的瓶颈之一就是公立医疗机构的行政垄断。我国卫生行政部门作为宏观调控者和行业监管者，既是医疗服务行业的规制者、监管者，又是公立医疗机构的投资者、生产经营者。卫生行政部门管办不分的角色，使其很难在医疗机构市场准入中居于裁判的中立地位，不偏不倚地有效规制。基于部门既得利益的考虑，卫生行政部门往往会做出对公立医疗机构较为有利的政策，给予其宽松的发展环境。同时，卫生行政部门也是理性的经济人，同样会追求自身利益的最大化，因此，其也会尽可能地通过政策法规去控制医疗机构，从中获得政治利益和经济利益。公立医疗机构与卫生行政部门割舍不断的血缘关系，使二者早已形成“利益集团”。

利益集团这一概念最早出现于西方政治学领域。利益集团理论的代表奥尔森认为利益集团的行为动机是要从“既定的蛋糕”中分得更大的份额，而不是“做大蛋糕”，因此它们都只具有分利性——从这个意义上说，奥尔森将这种利益集团称为“分利集团”，也称为“特殊利益集团”。分利集团理论对国家兴衰的影响归结起来就是利益集团所具有的垄断性、保守性、低效性等弊端妨碍了社会经济的进步，造成了国家竞争力的衰退。民营医疗机构的市场准入必将触及公立医疗机构和利益集团早已形成的既得利益。公立医疗机构为了维持自身的垄断利益，更是借助政府公权力对民营医疗机构施压，使其在夹缝中生存。

事实上，垄断并不可怕，通过竞争形成的垄断，对消费者利益能起到保护作用。而如果以人为方式设置市场准入障碍，则会妨碍公平自由的市场竞争秩序。这样的垄断实质是市场壁垒，其实质是在计划经济下形成的一种以权力为本位的垄断经济。当前，我国公立医疗机构的垄断实质上就属于这样一种行政垄断。公立医疗机构的行政垄断相对于一般的经济垄断而言，更具危害性。

首先，公立医疗机构行政垄断危害市场经济。行政垄断阻碍民营医疗机构市场准入、妨碍市场竞争、破坏市场秩序，不利于医疗服务市场公平竞争机制的形成。市场经济是法治经济，是经济自由、经济平等的经济，但市场经济的精髓仍然是竞争。没有竞争，市场的信用和法治就成了无本之木。政府以行政垄断维护公立医疗机构的垄断地位，使医疗服务市场不存在真正意义上的竞争，市场竞争主体之间处于不平等地位。公立医疗机构则利用其垄断地位，严重扰乱市场经济秩序。在医疗服务市场中，无论是公立医疗机构还是民营医疗机构均是平等的市场主体，不仅应有参与竞争的权利，而且还应有参与公平竞争的权利。因此，任何限制竞争的行为，无论通过何种手段构建壁垒，无论如何形成垄断的价格，都是应当打破的，都是应当禁止的。

其次，公立医疗机构行政垄断阻碍了民营医疗机构市场准入。竞争市场的基本特点是市场主体应享有平等的法律地位，可自由进入和退出市场，而无论其所有制形式如何。当下，公立医疗机构的行政垄断地位严重阻碍了民营医疗机构市场准入与退出，这表明我国医疗服务市场并不是一个真正意义上的有序竞争市场，而是计划经济约束条件下形成的一个由政府保护和行政垄断的市场。在这个市场里面，政府通过公权力阻碍了民营医疗机构市场准入，控制或限制了公平竞争，使得市场竞争机制难以形成。对于医疗机构数量、进入和退出市场的限制实质上是一种人为的进入壁垒。政府干预医疗市场，不能影响民营医疗机构的自主性、积极性与创造性，应保障其经济自由和有效竞争。“经济自由是政府干预的出发点和归宿，它应当为了自由而干预、限制，而不是通过干预限制乃至扼杀经济自由。”哈耶克认为，除了战争、自然灾害以外，其他任何理由都不能对经济自由加以剥夺。实践中，卫生行政主管机关往往对非公立医疗机构进入医疗服务行业设置障碍，限制其自由进入与退出，从而限制其在该行业内的竞争，同时通过审批、许可等行政许可方式，以优惠、补贴等措施，使其支持的公立医疗机构实现垄断，限制其他医疗机构与公立医疗机构展开公平竞争。

最后，公立医疗机构行政垄断极大地危害着消费者的利益。消费者是行政垄断的最大受害者。政府对医疗服务市场实行进入管制，强化公立医疗机构的市场地位，在一定意义上侵犯了消费者的利益，使其丧失了对医疗服务供给主体的自由选择权。阿姆斯特龙以英国公用事业的数据和事实证明，赋予受管制企业独断的权力，本身就是一种反竞争的行为，它提高了潜在进入者的进入壁垒，使受管制企业与竞争相隔离。❶ 严格的管制必然引发腐败和“政府”低效❷，并不能带来高的产出率和优质服务。保护消费者利益和维护竞争秩序是一个问题的两个方面，只是二者着重点和角度不同，前者重在考虑消费者与经营者的关系，后者重在考虑经营者的相互关系。事实上，只有在竞争充分的基础之上，消费者的知情权、自由选择权、公平交易权等基本权利才有可能得以实现。

---

❶ 参见 Armstrong, S. Cowan, J. Vickers. Regulatory Reform: Economic Analysis and British Experience. MIT Press, 1994:351。

❷ 参见 Djankov, La Porta, Shleifer. The Regulation of Entry. Quarterly Journal of E-conomics, 2002(2): 1－37。

公立医疗机构利用其行政垄断地位，滥用市场支配地位，乱收费、开“大处方”、搭售药品、强制交易等一系列行为均侵犯了消费者的权利。

当前，公立医疗机构行政垄断是阻碍民营医疗机构进入医疗市场的一个重要原因，更是对经济自由的一种背离。经济自由反对市场力量分布不均衡。而只要行政垄断存在，公立医疗机构的垄断格局就不会改变，垄断格局下的滥用市场支配地位行为也就不可避免，民营医疗机构自由进入与退出医疗服务市场就会受到阻碍，公平竞争的市场秩序就难以形成。这种行政垄断不仅损害了公平竞争的市场秩序，阻碍了市场经济的法治化进程，妨碍了经济自由，更重要的是它将最终损害消费者的合法权益，是对公共利益的摒弃。政府干预发轫于既存医疗市场失灵，但这是干预的原因，而不应以干预市场失灵作为终点和归宿，因此干预的目的至关重要。政府干预民营医疗机构市场准入仅为一种手段，而不是目的和目标；规范干预、调整干预才是目的，“无论如何干预，都是为了更好、更健康地发挥市场机制的作用”。干预的目的是为了保护和恢复市场自由与市场竞争，是为了重建自由的市场秩序。干预只能是自由秩序重建的法律理由，而不能是干预者掠夺被干预者权利的理由。尤其应排除那种基于不正当考虑或者对既得利益集团利益考虑而进行的干预。

市场经济是法治经济，是经济自由、经济平等的经济，但市场经济更应是竞争经济。没有竞争，市场的信用和法治就成了无本之木。正如哈耶克所指出的：“市场竞争是一个寻求对未知问题解决方法的过程。只有借助这个过程，企业间的决策才能得到协调，生产和经营的信息才能得以传递，企业的生产能力才能根据市场的需求得以调整，权力得到制约，各种利益得到协调。”❶要竞争，就要有竞争者，就需要实现医疗服务供给主体的多元化，特别是需要鼓励、支持和引导民营医疗机构进入医疗服务领域。

4.2.4 现有市场准入体制导致规制过度与规制乏力

目前，我国对民营医疗机构市场准入的规制仍是沿用以卫生行政部门为主管并联合其他部门实施行政管理的规制体制。这种规制体制的设计因深受传统计划经济体制的影响，具有明显的非规范性和转轨性等体制特征，带有浓厚的行政色彩。这种准入体制不但使得医疗市场现行运行机制没有实现政府与市场的有机结合，反而兼备了计划经济与市场机制这两种机制的弊端。可以说这也是民营医疗机构市场准入面临的种种问题的更深层次的原因。

4.2.4.1 规制机构设置重叠

民营医疗机构市场准入规制机构以卫生行政部门为主，还涉及工商部门、民政部门、物价部门、财政部门等多个部门，各个部门的利益目标各不相同，不同的规制机构主体之间难免存在着一定的利益冲突，影响准入规制效果的发挥。准入规制机构山头林立的现状，带有明显的计划经济色彩，不仅使得相关行政部门之间职责不清、权限不明，缺乏有效的协调机制，导致不同监管者之间的职权交叉和冲突，使得部门之间相互扯皮、发生内耗的现象时有发生❷，造成监管成本高、监管效率低，更是为大面积、高深度、交

---

❶ 参见 Friedrich A. Von Hayek, Der Wettbewerb als Entdeckungsverfahren, in: Friedrich A. Von Hayek, Friedburger Studien, Gesammeltegen, 1969:249。

❷ 中国财政部、物价部门和卫生部门之间相互扯皮的案例参见杜乐勋. 中国医疗卫生发展报告. 北京：社会科学文献出版社，2006:18－19。

叉性的权力寻租提供了法律空隙，造成行政部门各自为政、互不协调、相互推诿、抵触的恶果，既不利于准入规制机构的权威性与公信力，也不利于民营医疗机构的合理法律预期。上述现状的出现并非偶然，而是我国长期受计划体制下“分工合作”“条块分割”的行政管理体制约束的惯性使然，是深层次的制度缺陷的典型体现。因此，民营医疗机构难以市场准入从本质上讲并不仅仅是一个法律问题，而是一个体制问题。

此外，市场准入规制机构设置重叠导致的一个严重后果就是对非营利性民营医疗机构的非营利性的立法监督几乎是空白，对于非营利性民营医疗机构的财务监管缺乏具体规定。《关于城镇医疗机构分类管理的实施意见》仅把营利性医疗机构简单界定为医疗服务所得收益可用于投资者经济回报的医疗机构，对营利性医疗机构的出资主体、法律地位等都缺乏概括，这显然不能完全揭示营利性医疗机构的特征。

《民办非企业单位登记管理暂行条例》规定，非营利性民营医疗机构不得分配利润，并且不得从事营利性活动。非营利性民营医疗机构不分配执行情况的监管机构主要是卫生行政部门、审计部门、和民政部门。目前我国尚缺乏专门的非营利组织法来规范非营利性民营医疗机构执行不分配的情况，仅有《民办非企业单位登记管理暂行条例》对其不分配做出了相关的规定。❶ 实践中，非营利性民营医疗机构不分配执行情况的规制难度非常大，主要原因是当前卫生行政部门和民政部门均对其进行规制，这种多头监管、交

---

❶《民办非企业单位登记管理暂行条例》第 21 条规定，民办非企业单位的资产来源必须合法，任何单位和个人不得侵占、私分或者挪用民办非企业单位的资产。民办非企业单位开展章程规定的活动，按照国家有关规定取得合法收入，必须用于章程规定的业务活动。

叉监管往往造成彼此之间相互推诿。实践中，还有一些企矿医院转制而来的非营利性民营医疗机构，由于各地错综复杂的经济状况以及社会关系，这类机构名为非营利性医疗机构，实为营利性医疗机构。正如法律经济分析学认为监管本身类似税收，会构成对政府的逆向激励，使政府具有不断膨胀监管的偏好，正所谓管得越多、权力越大。因此，准入规制过程中政府规制主体多元化势必引起规制机构之间争权夺利。市场准入规制主体这种定位上的偏差，干扰了监管目标的实现。

4.2.4.2 缺乏独立的规制机构

一个良性的市场准入制度的设立，最重要的莫过于市场准入规制机构的独立性，具有独立的规制权力。市场准入规则的设定、执行机构和被准入规制者之间应相互独立，是市场经济法治的基本要求。如果市场准入规制管理机构处于利益的漩涡之中，市场准入过程将涉及各利益集团的博弈与冲突，那么市场准入规制机构意图保持中立，实现规制的独立性与权威性也只是纸上谈兵而已。市场准入规制机构的职能应与政府其他职能相分离，尽量避免行政因素的影响，从而干扰卫生行政部门依法公正行使自己的权力，从而最大限度地实现公共利益。尽管现实中，准入规制机构完全不偏不倚只是一种例外，但规制者的利益独立于被规制者、独立于政府机构，却是保证市场准入规制机构独立性的前提。事实是，当前我国卫生行政部门既不独立于公立医疗机构，也不独立于政府。

首先，卫生行政部门不独立于公立医疗机构。我国公立医疗机构隶属于卫生行政部门，二者之间千丝万缕的联系使其成为利益共同体，使得卫生行政部门缺乏对公立医疗机构进行规制的内生性动力。卫生行政部门既是公立医疗机构市场准入的规制者，又是公立医疗机构的举办者，更是相关政策、法律的制定者。民营医疗机构市场准入意味着其与公立医疗机构之间的竞争。出于“父爱主义”的关怀，卫生行政部门在批准民营医疗机构市场准入时，可能会更多地衡量和考虑民营医疗机构市场准入后是否会影响公立医疗机构的利益。政府既希望民营医疗机构出现以解决自身发展的困境，又不希望民营医疗机构的强势竞争损害自身的利益。因此，这种管办不分、政监合一的市场准入规制体制使得法治所要求的权利与权力制衡机制在民营医疗机构市场准入过程中付之阙如，并导致卫生行政部门以维护公共利益、避免过度竞争等理由，限制民营医疗机构市场准入，保护既有行政垄断者的利益。因此，如果不改变我国医疗卫生行业管办合一的格局，卫生行政部门身兼双重身份、双重责任，便很难在公立医疗机构与民营医疗机构、公立医疗机构与消费者之间保持中立、公平的立场。

其次，卫生行政部门也不独立于政府。我国卫生行政部门分为国家、省、市、县四级，其工作人员均是国家公务员，其领导由政府任命，其经费来源于国家财政，其人员受到人事部门、政府部门的制约，加之公立医疗机构又隶属于卫生行政部门，在此情况下，卫生行政部门在制定市场准入规则时，不可避免地会偏向公立医疗机构的利益，而忽略民营医疗机构的利益。公立医疗机构事实上只是一个医疗服务的提供者而已，在我国现行体制下除了公共卫生服务这一领域只能由公立医疗机构进入外，基本医疗服务领域完全可由民营医疗机构作为医疗服务提供者进入。而在现行的市场准入体制下，却很难做到公平公正。尽管市场准入的相关立法、政策并没有对民营医疗机构市场准入予以歧视，但实践中因利益关系而存在的“暗礁”却使得民营医疗机构难以实现公平准入。笔者认为，当前我国应建立独立的医疗监管机构，以拥有独立规制权力的准入监管机构代替政监合一的卫生行政部门，这才是符合法治经济要求的市场准入规制体制。

4.2.4.3 缺乏多元化的规制机制

有效、完整的医疗机构规制体制包括政府部门监管，行业自律组织和消费者保护组织参与，以及公众舆论监督。依据国际经验，行业规制机构应该是一个相对独立并保持中立的机构。因此，一个完善的医疗机构规制体制不仅应有行政部门作为监管主管机关、社会监督机关，更应有行业规制机构的存在。

我国医疗行业自律组织起步较晚，已有中国医师协会、中国医院管理协会、消费者权益保护协会等行业组织。2000 年，中国医院协会民营医院管理分会（Private Hospital Management Branch of Chinese Hospital Association）经卫生部、民政部审批，依法成立。该分会是中国医院协会的分支机构，属于其专业分会，也是目前唯一依法登记注册的全国性、行业性、非营利性的群众性行业组织。❶ 在地方，也相继成立了一些民营医疗机构行业自律组织。2006 年 11 月 24 日，济南医学会民营医院管理专业委员会在济南成立，这是山东省首家民营医院的行业自律组织。2011 年，江苏南京医师协会、北京丰台区民营医院行业诚信自律组织等行业自律组织相继成立。❷ 与其他行业的中介组织一样，由于医疗机构行业自律性组织与医疗机构之间有着千丝万缕的联系，要改变目前行业协会附属于政府主管部门、缺乏独立性的状况，需要对其行为的公

---

❶ 参见中国医院协会民营医院管理分会简介. http：//health. people. com. cn/GB/241259/242092/17619431. html，2012 －04 －10。

❷ 参见丰台首个民营医院行业诚信自律组织成立. http：//www. cicn. com. cn/content/2011 －03/18/content_96650. htm，2011 －03 －18。

正、合法进行再监督。当前，我国医疗行业组织存在的问题有：

第一，政府与行业组织角色定位不准，关系有待厘清。行业组织本应成为政府规制部门与医疗机构、消费者之间的纽带，本应该是社会服务机构，而既不是政府的附属机构，也不是市场中的营利实体，是行业中医疗机构或者消费者自愿结成的组织，目的是更好地协调行业中的各种矛盾，解决各种纠纷。但在现行体制下，行业组织却往往成为市场主体头上的“紧箍咒”，有的甚至沦为政府部门的附属品，以自律规制为名进行各种达标、评比活动，增加了市场主体的成本。行业组织和政府之间千丝万缕的关系主要表现在：一方面，政府揽权不放权，结果是该做好的没有做好；另一方面，浓厚的行政色彩使行业组织自由度低，在医疗服务市场的中介作用极为有限，妨碍市场行业组织公平竞争秩序的形成。

第二，政府对医疗服务行业组织缺乏规范的管理，行业组织尚未发挥有效规制作用。由于我国医疗服务行业组织起步较晚，我国目前的医疗机构行业自律组织并没有发挥其行业组织应有的规制职能。这些组织多以学术机构的面目出现，其作用仅限于提供交流和加强联络，无论从规模上还是从功能上均未达到成为一个监督组织的层次，有的反而成为政府主管部门的附属。相对市场经济的发展而言，医疗服务行业组织的法制建设具有明显的滞后性。政府对医疗行业组织存在较为突出的执法不严、有法不依、无法可依等现象。目前，政府对行业组织的管理主要集中在审批和市场准入注册环节，具体而言是对行业组织及其组织人员的资格进行认证，但对行业组织设立后的运行却缺乏规范、有效的监管。以治疗各种疾病的医疗广告为例，存在很大的虚假宣传成分，对消费者构成误导，甚至有的严重侵害了消费者的人身健康。

笔者以为，行政部门对医疗机构的准入规制与行业自律组织的规制应相辅相成、相互促进，在很大程度上是一种互补关系，而非替代关系。

我国只有在政府主管部门监督、行业自律组织监督、社会监督这三个层面相互协调、共同发挥作用时，才能使我国的民营医疗机构市场准入规制体制发挥其最大的效果。

4.3 民营医疗机构市场准入法律制度上述缺陷导致的后果

民营医疗机构市场准入存在的种种问题，导致民营医疗机构不仅在市场准入方面遭遇重重阻碍，且发展极为缓慢。近年来民营医疗机构的绝对数量虽不断增加，但其在整个医疗服务体系中所占市场份额较公立医疗机构而言仍微乎其微。公立医疗机构没有来自市场的潜在压力，长期独居垄断地位，占据医疗服务市场绝大部分市场份额，抑制了市场竞争。这严重阻碍了民营医疗机构的稳定、有序发展，阻碍了医疗服务供给主体多元化和医疗服务市场竞争机制的形成。

尽管改革开放三十多年来，民营医疗机构有了较大发展，但与公立医疗机构相比，与消费者日益增长的医疗服务需求相比，在整体上民营医疗机构的发展仍然呈现出严重不足。民营医疗机构以规模较小、投资不高的诊所居多，医院很少。民营医疗机构所占医疗市场份额较低，提供的医疗服务整体水平仍无法与公立医疗机构分庭抗礼。具体而言，民营医疗机构发展严重不足表现在以下几个方面：

4.3.1　民营医疗机构规模小且结构单一

目前，尽管从数量上看民营医疗机构每年呈上升趋势，但民营医疗机构良莠不齐，且难以与公立医疗机构形成竞争。民营医疗机构在技术设备准入、医疗技术准入等方面受到很大限制，一般无法进入高端领域。此外，由于民营医疗机构医务人员在职称晋升、社会保障等方面较公立医疗机构的医务人员均受到限制，使得民营医疗机构的发展呈现出数量多、规模小的特点。而要缓解我国当前“看病难”的现状，其前提条件之一就是民营医疗机构能形成一定的规模、具有一定的市场竞争力，如此方能对公立医疗机构形成潜在竞争压力。民营医疗机构只有在规模上与公立医疗机构抗衡时，其才有可能在医疗服务质量、医疗技术、医疗设备、就医环境等方面吸引患者，从而逐步削弱公立医疗机构在医疗服务市场上“一家独大”的局面，促使真正的医疗服务市场竞争机制的形成。

当前我国民营医疗机构从整体上看，具有数量多、规模相对较小、内部结构单一不合理等特点。民营医疗机构中，民营综合性医院数量少，大多以专科医院为主，个体诊所占有绝对比重。从表 4.1 中可知 2006 年到 2009 年，民营医疗机构总数整体上不断增加，占全国医疗机构的 40% 以上。2006 年全国民营医疗机构总数为 15.42 万个，到 2009 年民营医疗机构总数达 39.65 万个，四年间增加了 24.23 万个，平均每年增加 6 万多个。但民营医疗机构中，个体诊所的比重高达 90% 以上。2006 年到 2009 年，民营医院占全国医院的比例整体上也不断提高，2009 年民营医院占在整个医院中的比重达到 21.5%，但四年间民营医院占整个医疗机构的比例却不到 2%。2009 年全国医疗机构总数为 91.66 万个，民营医疗机构突增至39.65万个，占机构总数的43.3%，但这其中民营医院仅0.44万个。民营医院中拥有100万~500万元资产的较多，资产在3 000万元以上的仅占7%左右；民营医院床位基本在50~300张，大于500张的只占1.6%；日门诊量在100人次以下的占一半以上，年手术量大多在100~1 000台。❶

表4.1　2006—2009年我国民营医疗机构数及其比重❷

	2006年			2007年			2008年			2009年		
	总数（万个）	民营数(万个)	比重（%）	总数（万个）	民营数(万个)	比重（%）	总数（万个）	民营数(万个)	比重（%）	总数（万个）	民营数(万个)	比重（%）
医疗机构	30.90	15.42	49.9	29.84	14.97	50.2	27.83	14.11	50.7	91.66	39.65	43.3
其中：												
医院	1.92	0.28	14.5	1.99	0.35	17.4	1.97	0.37	18.9	2.02	0.44	21.5
专科医院	0.30	0.089	29.4	0.33	0.11	32.4	0.34	0.12	34.2	0.37	0.14	37.4
诊所	15.09	13.66	90.5	14.28	13.03	91.2	13.43	12.31	91.6	13.82	12.57	90.9

民营医疗机构绝对数值虽增长较快，但民营医疗机构结构单一，多以专科医院为主，并且民营专科医院在不同专科领域的分布不一样。其中，民营医院中美容、整形外科、骨科、眼科、妇产科等专科医院的比例均在80%以上，而麻风病、传染病、结核病、职业病专科医院等比例却都不到20%。❸ 可见，在专科医院中，民营医院以提供具有私人产品性质的基本医疗服务为主，承担具有公共

❶ 参见杜乐勋.中国民营医院的回顾和展望.http://www.chinavalue.net/Biz/Article/137153.html，2011-12-14。

❷ 该表资料来源于《2007年中国卫生统计年鉴》和《2010年中国卫生统计年鉴》.http://www.moh.gov.cn/zwgkzt/pwstj/list.shtml，2012-10-11。

❸ 参见医院蝶变，探路中国——医院产业系列专题研究报告之中国篇.http://microbell.com/docdetail_692961.html，2012-10-24。

产品性质和准公共产品性质的公共卫生服务明显不足。以上相关数据充分说明民营医疗机构数量虽多，但多数规模很小，比公立医疗机构缺乏竞争力。

4.3.2　民营医疗机构所占市场份额少

民营医疗机构不仅规模小，而且其在整个医疗市场中所占比重也十分有限。从表 4.2 可知，2008 年至 2011 年，全国医疗机构分别为 89.1 万个、91.7 万个、93.7 万个、95.4 万个，其中医院占整个医疗机构的 2.2% ~2.3%，2008 年、2009 年、2010 年医院在医疗机构中的比重为 2.2%，2011 年医院在医疗机构中的比重为 2.3%，相比 2010 年略有提升。2008 年至 2011 年，公立医院分别占医院总数的 72.6%、69.2%、66.2%、61.6%，而民营医院则分别只占医院总数的 18.9%、21.5%、33.8%、38.4%[1]，民营医院在全国医院中所占比重小。

虽然从医疗机构总体数量上看，2008—2011 年来我国医疗机构总数和医院总数均呈不断增加趋势，民营医院占医院的比重也不断增加。但医院在整个医疗机构总数中的比重却不超过 3%，而在这不到 3% 的医院中，公立医院占据了三分之二以上的比重，民营医院仅占约三分之一，而且民营医院在医疗技术、医务人员的技术水平等方面远不能与公立医院相比。因此，一般患者在就医时都会选择技术力量雄厚、名医聚集的三甲综合性医院，而很少选择民营医院。从表 4.3 可知，从 2008 年到 2011 年，我国民营医院在全国

---

[1] 以上数据来源于《2009 年中国卫生统计年鉴》《2011 年中国卫生统计年鉴》以及 2011 年我国卫生事业发展统计公报。参见中国卫生部网站. http://www.moh.gov.cn/zwgkzt/pwstj/list.shtml, 2012 - 12 - 23。

医院中所占比例虽提高了近 20 个百分点，全国医院总床位、公立医院床位以及民营医院床位呈现不断上涨的趋势。公立医院床位在以绝对数增长的同时，其在全国医院床位中的比重呈不断下降趋势。但尽管如此，公立医院仍然占据了全国医院总床位的 80% 以上。2008 年至 2011 年，公立医院床位分别占全国医院床位的 90.5%、89.5%、88.7% 和 87.5%。而民营医院床位数绝对值虽然不断增加，其在全国医院床位中的比重也呈不断上涨趋势，但 2008 年到 2011 年，民营医院床位在全国医院床位中却仅仅占 9.5%、10.5%、11.3% 和 12.5%。与公立医疗机构相比，其所占市场份额仍然十分有限。

表 4.2　2008—2011 年医疗机构数❶(单位:个)

年份		2008	2009	2010	2011
医疗机构数		891 480	916 571	936 927	954 389
医院数总计		19 712	20 291	20 918	21 979
其中:	公立医院	14 309	14 051	13 850	13 542
	民营医院	3 718	4 356	7 068	8 437

表 4.3　2008—2011 年公立医院和民营医院床位数❷(单位:张)

年　份	2008	2009	2010	2011
公立医院	2 609 636	2 792 544	3 013 768	3 243 658
民营医院	273 226	328 229	373 669	461 460
总计	2 882 862	3 120 773	3 387 437	3 705 118

❶ 该表资料来源于 2009—2011 年各年卫生部的中国卫生统计年鉴和 2011 年我国卫生事业发展统计公报。参见中国卫生部网站. http://www. moh. gov. cn/zwgkzt/pwstj/list. shtml, 2012 - 12 - 23。

❷ 该表资料来源于 2012 年中国卫生统计提要. http://www. moh. gov. cn/mohwsbwstjxxzx/s7967/201206/55044. shtml,2012 - 12 - 21。

整个医疗行业中，从公立医疗机构拥有的床位数、医务技术人员数、总资产和总收入看，其在医疗服务体系中占有绝对的市场垄断地位。由于政府的扶持，公立医疗机构不仅享有政府财政补贴，还拥有先进的技术设备、雄厚的资金，在整个医疗市场中居于金字塔顶端，因而在市场竞争中处于优势地位。而民营医疗机构无论是在规模、实力还是在医疗服务水平上，目前都难以与之抗衡。从表4.4可知，2009年我国共有各级各类医疗机构91.7万个，其中公立医疗机构数量为46.1万个，占全国医疗机构总数的50.3%。民营医疗机构有39.6万个，占全国医疗机构总数的43.3%。从公立医疗机构在医疗机构中所占比重看，似乎公立医疗机构并非居于垄断地位。尽管公立医疗机构的数量仅占医疗市场的一半，但却在整个医疗市场中拥有91.5%的床位、82.6%的卫生技术人员、90.6%的总资产和90.5%的总收入。而民营医疗机构虽然占有医疗市场43.3%的份额，却仅仅拥有整个医疗服务市场4.9%的医疗床位、13%的卫生技术人员、4.9%的资产和5.5%的收入。由此可见，90%以上的医院床位、资产和收入，80%以上的医务卫生技术人员等卫生资源均被公立医疗机构所掌握。可见，民营医疗机构尽管在医疗机构数、床位数、卫生技术人员数、总资产和总收入等方面的绝对数量相对比较可观，但与公立医疗机构相比，其所占市场份额却微乎其微。民营医疗机构在医疗市场中的比重与卫生部设定的民营医疗机构在未来发展中应占有20%的目标仍有一定的差距，因此，民营医疗机构还有很大的发展空间。[1]

综上所述，民营医疗机构数量、医务技术人员数量、床位数、

---

[1] 参见我国进一步开放医疗服务市场，鼓励社会资本办医. http://finance.eastmoney.com/news/1348,20120419201496185.html. 2012－04－19。

资产等的绝对值不断增长，但在整个医疗服务市场中与公立医疗机构相比，其比重仍然不足三分之一。可见，当前我国医疗机构所有制形式单一，产权结构单一且不合理。即使是在市场经济转型时期的今天，民营医疗机构的发展仍极为缓慢，各类医疗机构发展极为不平衡，医院比重过小，诊所比重较大，民营医疗机构所占有的整体市场份额仍然十分有限。这充分表明民营医疗机构发展严重不足，整个医疗市场竞争明显不足。

表 4.4　2009 年我国公立医疗机构与民营医疗机构的各项指标对比❶

	医疗机构数量(个)	床位数(张)	卫生技术人员数(人)	总资产(元)	总收入(元)
公立医疗机构	460 746	4 042 343	6 428 417	158 190 610	107 379 291
民营医疗机构	396 495	219 050	1 013 726	8 572 528	6 523 195
其他	59 330	155 219	339 305	7 747 614	4 726 631
合计	916 571	4 416 612	7 781 448	174 510 752	118 629 118

4.3.3　民营医疗机构提供的医疗服务量有限

民营医疗机构市场准入后可以在一定程度上增加患者对于供给主体的选择空间，缓解医疗服务供给需求之间的矛盾。同时由于潜在的民营医疗机构市场准入，与公立医疗机构在诊疗服务上形成一定竞争，有利于打破医疗服务领域公立医疗机构的垄断地位，促进公平有序的医疗服务市场竞争机制的形成。国外学者通过分析指出，多元化的医疗服务供给方式有利于消费者福利的提高。医疗机构通过提供高质量服务和有竞争力的价格来吸

❶　该表资料来源于《2011 年中国卫生统计年鉴》. http://www.moh.gov.cn/publicfiles/business/htmlfiles/ zwgkzt/ptjnj/ year2011/index2011. html,2012 -02 -06。

引患者的情况通常发生在那些患者可以从几家医疗机构中选择的情况之下。❶

但民营医疗机构进入市场后，从其所提供的服务量看，在医疗服务总量中的比例仍然较低。 2011 年全国医疗卫生机构总诊疗人次达 62.7 亿人次，比 2010 年增加 4.3 亿人次，增长 7.4%。 2011 年居民到医疗卫生机构平均就诊 4.63 次。 2011 年总诊疗人次中，医院 22.6 亿人次（占 36.0%），基层医疗机构 38.1 亿人次（占 60.8%），其他医疗机构 2.0 亿人次（占 3.2%）。 与 2010 年比较，医院诊疗人次增加 2.2 亿人次，基层医疗机构诊疗人次增加 2.0 亿人次（见表 4.5）。 虽然与 2010 年相比，2011 年全国医疗卫生机构总诊疗人次、医院总诊疗人次、基层医疗机构诊疗人次均有所增加，但民营医院提供的医疗服务仍然十分有限。 2011 年公立医院诊疗人次 20.5 亿人次，占医院诊疗人次总数的 90.7%；民营医院 2.1 亿人次，仅仅只占医院诊疗人次总数的 9.3%。

从所占有病人的数量看，公立医院在医疗服务市场份额中占有绝对的市场支配地位。 病人的多少决定了医院能否正常运营。 目前，我国病人付费方式主要有两种：一是机构买单（即医保）；一是病人自己买单。 显而易见，后者与前者在购买力上没有可比性。 实践中，民营医疗机构，无论是营利性民营医疗机构还是非营利性民营医疗机构都不可能获得政府的任何补贴，而且在获得定点医保资格方面更是遭遇了沉重的障碍和歧视，因此也就使得民营医院入院人数明显低于公立医院。 从表 4.5 可知，2011 年全国医疗卫生机构入院人数 15 298 万人，比 2010 年增加 1 124 万人（增长 7.9%）。 2011 年每百居民住院 11.3 人。 2011 年入院人数中，医

❶ 参见 Miehael R. Pollard. Fostering Competition in Health Care. Proceedings of the Academy of Political Science. Medical Economic Review, 1980:158 – 160。

院10 755万人(占70.3%)，基层医疗机构3 775万人(占24.7%)，其他医疗机构768万人(占5.0%)。与2010年比较，医院入院人数增加1 231万人，基层医疗机构入院人数减少175万人，其他医疗机构入院人数增加68万人。医院中，公立医院入院人数9 708万人（占医院总入院人数的90.3%），民营医院1 047万人（占医院总入院人数的9.7%）。综上所述，我们发现民营医疗机构提供的医疗服务量有限，这与民营医疗机构规模小、结构单一以及所占市场份额有限有着直接的必然关系。同时，这也再次表明需加快民营医疗机构发展步伐，提升民营医疗机构的规模和市场份额，丰富民营医疗机构内部结构。

表4.5　2010—2011年医疗服务工作量❶

	诊疗人次数(亿人次)		入院人数(万人)	
	2010年	2011年	2010年	2011年
医疗卫生机构合计	58.4	62.7	14 174	15 298
医院	20.4	22.6	9 524	10 755
公立医院	18.7	20.5	8 724	9 708
民营医院	1.7	2.1	800	1 047
基层医疗机构	36.1	38.1	3 950	3 775
其他医疗机构	1.9	2.0	700	768

4.3.4　医疗机构所有制形式单一

我国民营医疗机构发展不足的一个典型表现是医疗机构所有制形式单一，大部分为公立医疗机构，医疗市场竞争明显不足。改

❶ 该表资料来源于2011年我国卫生事业发展统计公报. http://www.moh.gov.cn/publicfiles/business/ htmlfiles/mohwsbwstjxxzx/s7967/201105/51862. htm，2012-02-09。

革开放三十多年来，我国国民经济迅速发展，形成了以公有制经济为主体、多种所有制经济共同发展的格局。但在我国医疗服务业中，医疗服务业的产权结构单一，医疗服务多元供给局面尚未形成。从表 4.6 可知，公立医疗机构在全部医疗机构中的比重虽然只有 50% 左右，但公立医院在全部医院中的比重则在 70% 左右。由此可见，当前公立医疗机构在医疗服务体系中占有绝对的垄断地位，整个医疗服务体系由公立医疗机构占据了一半以上。因此，我国当前的医疗服务体系事实上既以公立医疗机构为主体，又以公立医疗机构为主导，这使得规模小、实力弱的民营医疗机构没有生存的空间。

尽管这些年我国民营医疗机构有了明显的发展，民营医疗机构的条件、设备、服务水平等都有了很大的提高，但多样化的供给模式仍未真正形成，单一的公立医院占主导的供给模式无法满足居民多样化的需求。医疗服务产品性质的多层次性决定了多元化的供给机制要远比单一供给模式有效，它能综合发挥各主体的优势，多方筹集资金，在医疗卫生服务的不同层次上扮演不同的角色，满足社会群体多样化的需求。基本医疗服务的普及，关系到人们生存权利的保障，更强调社会公平性，因此政府要承担起为全体公民提供此类服务的责任。对于属于私人产品性质的医疗服务，完全可以通过市场化的运作，允许民营医疗机构市场准入以满足社会不同群体不同层面的需求，对于具有公共产品和准公共产品属性的医疗服务则可采用合同购买或者以分工与合作的方式向社会提供以满足需求。

表 4.6　2006—2009 年我国公立医疗机构数及其比重❶

年份	2006 年			2007 年			2008 年			2009 年		
	总数（万个）	公立数（万个）	比重（%）	总数（万个）	公立数（万个）	比重（%）	总数（万个）	公立数（万个）	比重（%）	总数（万个）	公立数（万个）	比重（%）
医疗机构	30.90	14.20	45.9	29.84	13.67	45.8	27.83	12.58	45.2	91.66	46.07	50.3
医 院	1.92	1.51	78.7	1.99	1.49	75.1	1.97	1.43	72.6	2.03	1.41	69.2
专科医院	0.30	0.17	57.6	0.33	0.18	53.8	0.34	0.17	50.7	0.37	0.18	47.7
诊所	15.09	1.08	7.1	14.25	0.94	6.6	13.43	0.85	6.3	13.82	0.83	6.0

由于医疗机构在不同地域分布的数量不同，医疗机构的级别、规模、技术力量等均有所不同，这些因素的存在使得医疗服务领域存在一定的竞争。但公立医疗机构的垄断地位使得其比较容易将成本转嫁给消费者，加上公立医疗机构并没有来自市场竞争的硬性约束，导致其缺乏通过竞争来赢取市场的动力。此外，由于医疗机构的设立受到严格的医疗规划限制，在一定区域内公立医疗机构的数量有限，尤其是综合性三甲医院的数量极为有限。而医疗服务的地域性更是使得公立医疗机构在一定程度上具备了垄断力。公立医疗机构较强的地域性使其在市场的集中度越来越高，而其潜在竞争力却很小，因而患者在与医疗机构或医生的博弈中便始终处于被动和弱势地位，这也是公立医疗机构公益性逐渐淡化、医疗服务的价格居高不下、服务质量越来越低的原因之一。这样一来，由于民营医疗机构本身规模很小，医疗机构所有制形式主要以公有制为主，高级别公立医疗机构在一定地域内的垄断地位便不会受到

❶　该表资料来源于《2007 年卫生统计年鉴》和《2010 年卫生统计年鉴》. http://www. moh. gov. cn/zwgkzt/ tjnj/list. shtml,2012－10－12。

民营医疗机构的威胁，也不会受到其他较低级别公立医疗机构的威胁，因此公立医疗机构更没有竞争动力。竞争动力的缺乏降低了外部约束力度，也减弱了市场的力量。

实践表明，一国之中如果经济所有制形式单一，公有制经济所占比例过大，将会对国家的经济体制产生质的影响。这种经济体制不可能是市场经济，而是计划经济。因为在这种经济体制之下，国家掌握了全部或大部分生产资料，政府是经济的绝对统治者，市场主体没有真正的自主权，其生产经营活动仅仅是完成国家经济计划的方式和手段。在这种体制下，资源的配置方式依靠国家计划或者行政命令，而不是依靠市场机制。也许在法律上政府可能会尊重市场主体的经营自主权，但政府基于其出资人的身份和职责，往往会干涉市场主体的相关决策。在一个行业或者部门的国有经济比例大到可以控制这个行业或者部门的情况下，这个行业或者部门就难以引入市场竞争机制。因此，放宽非公有制经济的市场准入是引入市场竞争机制的一个重要途径。当前，面对医疗服务供给需求矛盾，我国需尽快实现医疗服务供给主体的多元化，形成各种所有制形式的医疗机构共同发展的格局。允许民营医疗机构市场准入，使公立医疗机构受到来自市场力量的制约，不断改善服务质量，迅速提高服务效率，使消费者在竞争中享受安全、高质量而又廉价的医疗服务。

第5章　民营医疗机构市场准入法律制度的基本方略选择

5.1　民营医疗机构与公立医疗机构的关系选择

我国每一项重大的改革举措，几乎都是以政策先行的。为了应对瞬息万变的经济生活，促使经济快速、稳定健康地发展，并提高国家及其经济的国际竞争力，经济法对经济关系的调整通常也是以政策先行，并赋予政策以法的效力。可以说，经济法往往比其他法律部门更具有政策性特征。

一般而言，在市场经济体制下，市场主体进入市场进行交易应体现交易自由原则，不应设置一些交易进入的壁垒，但“进入市场的自由，实际上不仅受到社会的、经济的等多种条件的制约，而且也受到政策目的制约”。这是因为市场主体不仅具有经济属性，还具有社会属性。民营医疗机构也是如此，从所有制形式看民营医疗机构属于非公有制经济，但其仍然具有社会公益性质。我国民营医疗机构发展至今，政府从限制、禁止其发展到允许、鼓励和支持其发展，可以说除了宪法已承认其作为非公有制经济的合法地位外，其他有关民营医疗机构市场准入的规定，均是以政策代替法律规定在运行。由于有关民营医疗机构市场准入的相关规定均为一些经济政策，这些政策看似灵活但却使民营医疗机构在市场准入过程中增加了许多不确定性、模糊性和不可操作性。为此，我们有必要对这些政策进行梳理，并分析其合理性，厘清民营医疗机构与公立医疗机构在政策目标中的关系，从而为民营医疗机构市场准入奠定基础。

5.1.1　现行政策对二者关系的定位

从民营医疗机构发展的过程我们发现，我国政策对于民营医疗机构与公立医疗机构关系的界定出现了混乱与偏差。国务院《关于卫生改革与发展的决定》（简称《决定》）提出，举办医疗机构要以国家、集体为主，其他社会力量和个人为补充。这一规定所说的“以国家、集体为主”中“主”的含义不明，既可以理解为“主导”也可理解为“主体”。笔者认为，强调政府在医疗服务市场的主导作用是合理的，因为医疗服务市场先天具有外部性、不可逆转性、信息不对称等特点，为了实现人人享有基本医疗卫生服务的目标，政府在医疗服务中的主导作用不容忽视。但从《决定》关于“其他社会力量和个人为补充”的这一提法，我们却可认为《决定》有意将公立医疗机构与民营医疗机构的地位划分主次。《关于城镇医药卫生体制改革的指导意见》（简称《指导意见》）指出：“非营利性医疗机构在医疗服务体系中占主导地位，享受相应的税收优惠政策，政府举办的非营利性医疗机构由同级财政给予合理补助，其他非营利性医疗机构不享受政府补助。”笔者认为，将非营利性医疗机构定位为主导地位，符合我国当前医疗服务的实际情况。但这种定位仅从医疗机构的经营性质出发，并非是对不同所有制形式的医疗机构地位的界定。因为依据《指导意见》的内容，其中的“非营利医疗机构占主导地位”不仅包括公立医疗机构，还包括非营利性民营医疗机构。而国务院《关于深化医药卫生体制改革的意见》（以下简称《意见》）则做出了与《指导意见》完全不同的规定。❶ 笔者认为，《意见》与《指导意见》在对非营利性医疗机构的定位上出现了很大的冲突，前者将其定位为“主导”，而后者将其定位为“主体”。“主导”强调的是非营利性医疗机构的控制力，而“主体”强调的是非营利性医疗机构在医疗服务体系中应占有绝对数量的优势。笔者认为，《意见》中“以公立医疗机构为主导，非公立医疗机构共同发展的办医原则，建立政府主导的多元卫生投入机制，并确立政府在提供公共卫生和基本医疗服务中的主导地位”这一提法比较合理。因为“公立医疗机构为主导”并不是说公立医疗机构越多越好，而只是强调公立医疗机构在整个医疗服务市场中的统治地位。从另一个角度讲，也就是说民营医疗机构市场准入后，并不意味着公立医疗机构的完全退出，政府仍应承担医疗服务供给的主要责任，即要实现“民进国不退”，公立医疗机构与民营医疗机构共同发展。但国务院《关于鼓励和引导民间投资健康发展的若干意见》即“新36条”将民营医疗机构定位为社会公共事业发展的“重要补充”，并强调应尽快形

❶ 国务院《关于深化医药卫生体制改革的意见》指出，我国当前应坚持非营利性医疗机构为主体、营利性医疗机构为补充，公立医疗机构为主导、非公立医疗机构共同发展的办医原则，建立结构合理、覆盖城乡的医疗服务体系。在此，《关于深化医药卫生体制改革的意见》把原来“以非营利性医疗机构为主导”的说法改成了“非营利性医疗机构为主体”。而“主导”与“主体”之间有着本质的区别。

成政府投入为主、民间投资为辅的医疗服务体系，允许和支持民营医疗机构承担公共卫生服务、基本医疗服务和医疗保险定点服务。《关于进一步鼓励和引导社会资本举办医疗机构的意见》坚持公立医疗机构为主导、非公立医疗机构共同发展，加快形成多元化办医格局，是医药卫生体制改革的基本原则和方向。

笔者认为，《关于进一步鼓励和引导社会资本举办医疗机构的意见》可以说较为准确而合理地界定了当前我国公立医疗机构与民营医疗机构在医疗服务体系中的关系和地位。这既符合我国基本经济制度的要求，也符合公有制经济和非公有制经济在我国市场经济中的地位，并与我国宪法对于非公有制经济与公有制经济关系的定位相吻合。宪法规定，公有制经济是我国国民经济中的主导力量，非公有制经济是市场经济的重要组成部分。当前社会主义初级阶段，我国仍应坚持以公有制为主体、多种所有制形式共同发展的基本经济制度。“公立医疗机构为主导”意味着在当前我国医疗服务供给存在严重不足的情况下，公立医疗机构在医疗服务体系中主要承担公共卫生和基本医疗服务的供给任务，确保医疗服务公平性与可及性的实现，确保人人享有基本健康权。但这并不是说公立医疗机构在数量上应占有绝对的优势，而是应合理配置医疗服务资源，允许民营医疗机构进入市场，充分发挥其提供医疗服务的优势，形成多元化医疗服务格局，最终确保人人享有基本医疗卫生服务。

从民营医疗机构的发展历程来看，其发展的主要障碍很大程度上是国家有关民营医疗机构定位的政策所致。当前，以公有制为主体、多种经济成分并存是我国市场经济条件之下市场主体的一个重要特征，也是制约非公有制市场主体市场准入的一个重要因素。民营医疗机构市场准入的有些政策本身存在所有制歧视性质的规定，属于正式制度的歧视；有的政策本身不存在歧视性规定，但在执行过程中存在歧视性质的做法，属于非正式制度的歧视。前者如我国明确规定非营利性民营医疗机构不享有财政补贴，但非营利性公立医疗机构却可享有；后者例如民营医疗机构可以自由申请或选择营利性或选择非营利性设立，但事实上设立非营利性民营医疗机构很难。[1] 可见，当前我国对民营医疗机构的政策定位受到这种“公为主、民为辅”传统思想的影响。这种政策定位必将制约民营医疗机构的发展，自然而然地催生了民营医疗机构普遍的机会主义心态。于是，一些民营医疗机构开始迫不及待地追逐短期利益，利用医患之间的信息不对称，诱导消费者，为本来就失控的医药费用上涨推波助澜，从而造成了严重的社会影响。这不仅强化了人们对民营医疗机构的偏见，在社会和居民中造成了一种恐惧民营医疗机构的心理；而且，也使得人们将民营医疗机构在其发展过程中所表现出来的弊端加以放大，错误地认为民营医疗机构只追求经济利益，只有政府举办的公立医疗机构才是真正的非营利性医院，才能够承担提供基本医疗服务的责任和处理突发公共卫生事件。其实医疗事业的社会公益性与医疗机构的所有制形式无关；民营医疗机构的发展与社会公益也并不一定水火不容。无论是公立医疗机构还是民营医疗机构，作为市场主体都无法克服其“经济人”本性。因此，只要激励机制合理，民营医疗机构同样可以承担社会责任，维护社会公益。民营医疗机构与公立医疗机构之间的不平等竞争关系及民营医疗机构遭遇的不公平待遇，这种现实的困境大多源自于国家医疗服务政策关于民营医疗机构补充地位的

---

[1] 2012 年 1 月 29 日，北京嫣然天使儿童医院作为中国第一个非营利性民营儿童综合医院通过北京市卫生局批复，正式成立。参见 http://zfxxgk.beijing.gov.cn/columns/81/index.html,2012－10－22。

定位。

因此，笔者认为，从法律层面看，我国宪法已明确规定非公有制经济既不是公有制经济的辅助部分，也不是社会主义市场经济的“有益补充”，而是社会主义市场经济的“重要组成部分”。那么，作为非公有制经济中的民营医疗机构也应是社会主义市场经济的重要组成部分。医疗服务业作为国民经济的一部分，不可能游离于现行立法的框架之外，因此民营医疗机构同样应属于医疗服务市场的重要组成部分。从政策层面看，我国应将民营医疗机构置于医疗服务体系中与公立医疗机构并重的地位，对民营医疗机构实行“国民待遇”，将“公立医疗机构为主体”改为“公立医疗机构为主导”，摒弃多年以来民营医疗机构是公立医疗机构的补充、居于公立医疗机构的辅助地位的思想，确立民营医疗机构是医疗服务体系中不可或缺的重要组成部分。只有真正将民营医疗机构视为医疗服务体系的重要组成部分，不断提高民营医疗机构的地位，使公立医疗机构与民营医疗机构相互促进、公平竞争、共同发展，才有可能最终形成医疗服务供给主体多元化的格局，并有效缓解“看病难”和财政不足的现状。

5.1.2　二者应处于并重地位的原因分析

长期以来，医疗服务业“公为主、民为辅”的政策定位是导致民营医疗机构裹足不前的一个重要原因。为此，我们有必要在政策目标导向上将民营医疗机构与公立医疗机构置于并重的地位。这不仅仅源自于民营医疗机构本身地位不高，与公立医疗机构之间存在事实上的不平等，还因为我国医疗服务供给不足、政府财政投入有限、公立医疗机构服务效率低等。这些现实情况的存在，都要求我国在现阶段必须坚持将民营医疗机构与公立医疗机构放在并重的地位，将民营医疗机构视为医疗服务业的重要组成部分。

5.1.2.1　二者在市场准入中的不平等政策待遇

民营医疗机构与公立医疗机构从产生之日起便因所有制形式的不同而存在“身份歧视”的烙印。在我国由于长期受计划经济的影响，“公”与“私”在人们的心中有着天壤之别，人们对于由政府设立并由政府扶持的公立医疗机构深信不疑。加之，民营医疗机构起步晚，执业不规范、医疗欺诈等行为导致其在消费者心中不具有很好的信誉。最重要的是公立医疗机构在我国被界定为社会主义公益事业的组成部分，尽管其以公益之名，大行非公益之举，但消费者迫于定点医保的限制，均只好选择公立医疗机构。

长期以来，我国有关放宽民营医疗机构准入的相关政策在目标定位上的偏差，使得民营医疗机构与公立医疗机构的关系在竞争中极不协调。在医疗市场竞争不充分的情况下，以公立医疗机构为主体、民营医疗机构为公立医疗机构补充的定位和关系，使得公立医疗机构的垄断地位更加难以打破，民营医疗机构的发展受到更大的限制。由于这种政策导向定位的偏差，在政策上民营医疗机构市场准入遭遇了很多不公平的待遇：

一是税收政策的不公平待遇。民营医疗机构税收种类多，税率高，优惠期太短。依据财税〔2000〕42号文件的规定，民营医疗机构必须缴纳营业税。2010年《关于进一步鼓励和引导社会资本举办医疗机构的意见》第7条已取消了民营医疗机构的营业税，这对民营医疗机构的发展无疑是极大的鼓舞。但市场经济是法治经济，税收法定是税法的基本原则，唯有从法律上明确规定民营医疗机构征税的税目、税种及税率，才能为民营医疗机构创建一个公平的竞争环境。

二是民营医疗机构市场准入门槛高。即使民营医疗机构具备了准入条件，但由于我国对医疗机构准入实行严格的区域卫生规划，卫生行政部门基于对公立医疗机构既得利益的维护，也很难将民营医疗机构纳入区域卫生规划范围。《关于进一步鼓励和引导社会资本举办医疗机构的意见》中虽明确指出，需要调整和新增医疗卫生资源时，在同等条件下，优先考虑民营医疗机构，给民营医疗机构留有合理空间。但这一规定并不具有法律上的强制力，更不具有可操作性。

三是民营医疗机构在医疗保险定点、建设用地审批、资金借贷、引进大型医用设备审批、医院等级评审、医务人员职称晋升、政策信息等方面缺少必要的支持与保护。以定点医保为例，公立医疗机构在我国一般可以自动获得医保定点，而且具有极高支付能力的行政事业单位及其干部职工的基本医疗都是以公立医疗机构为定点医疗单位。而大多数民营医疗机构都被排除在医保定点单位之外，尤其是社区医务室、诊所等，要经过层层考核，很难成为医保定点单位。民营医疗机构如果不能获得医保定点资格，将意味着会失去大部分享有社会医疗保险的住院病人。消费者如果要使用医保就不会选择非医保定点医院，特别是对于住院病人。当前我国城市居民看病，费用主要是依靠社会医疗保险。对于民营医疗机构而言，无法获得医保定点的资格，就很难有大量病人前来就医，其生存之艰难就可想而知。❶

四是医疗卫生区域规划往往未将民营医疗机构纳入。我国对医疗机构市场准入实行严格的区域卫生规划设置。区域卫生规划的目的是合理优化配置卫生资源。因此，区域卫生规划具有十分

---

❶ 参见新型现代医疗服务体系建设与评估课题组. 关于促进中国民营医疗机构发展的政策和立法研究. 国外医学(卫生经济分册), 2008, 25(2): 92－93。

重要的意义，其决定了特定时期内一个区域卫生事业发展的方向和布局。由于民营医疗机构的出现是对公立医疗机构的一种替代，更是一种竞争，因此，卫生行政部门基于“父爱式”关怀，在卫生区域规划中往往将民营医疗机构排除在外❶，未给民营医疗机构的发展留有足够空间。

可见，民营医疗机构市场准入受到政策的阻碍，无法与公立医疗机构享有公平的竞争政策。而政府对民营医疗机构不仅没有必要的支持，反而让民营医疗机构在承受自身管理运营、与公立医院竞争、获取公众信任的压力之外，还要承受来自政策上的歧视，使得民营医疗机构市场准入处处受限，根本无法与公立医疗机构展开公平竞争、共同发展。因此，从二者事实上的不平等地位而言，应提高民营医疗机构的地位，将民营医疗机构与公立医疗机构放在并重的地位，这样才有可能促进民营医疗机构市场准入。

5.1.2.2 医疗服务的性质

公立医疗机构与民营医疗机构在医疗服务体系中的地位，很大程度上取决于对医疗服务性质的界定。对于医疗服务的性质，应包括两层含义，一是医疗服务行业自身的性质；二是指医疗机构所提供的医疗服务产品的性质。

首先，医疗服务行业具有社会公益事业的性质。民营医疗

---

❶ 例如，《天津市区域卫生规划(2001—2010)》只是要求“社会办非营利性医疗机构的医疗资源，要纳入区域卫生规划范围”，而将社会办营利性医疗机构排除在规划以外。还有的地方在区域卫生规划中，虽然也提出要“倡导多元办医，充分发挥社会力量办医，形成多元化办医格局”，但同时又从卫生从业人员编制、医疗技术运用、大型医疗设备购置等具体方面向业已存在的公立医疗机构倾斜，没有为将来可能设置的非公立医疗机构留下空间，通过规划把非公立医疗机构发展排除在外。参见刘洋，高国顺.鼓励社会资本举办医疗机构的政策探析. 中国卫生政策研究，2011，4(4)：44。

机构作为医疗服务的供给者，是一个具有双重属性的特殊医疗服务主体。民营医疗机构在所有制形式上是非公有制经济主体，其所有权和产权具有私的性质；但从其社会属性看，民营医疗机构作为医疗卫生事业的组成部分，是具有一定福利性质的社会公益性事业。尽管其经营目的、功能任务及设立宗旨与公立医疗机构不同，但二者均属于社会公益事业，都应为“社会公众利益服务而设立和营运”，都应“无偿承担预防保健、健康宣传和政府指派的公益性任务”。当发生重大灾害、事故、疫情等特殊情况时，无论是公立医疗机构还是民营医疗机构均有义务执行政府指令性任务。因此，民营医疗机构又是带有一定福利性质的社会公益事业，属于社会公益性事业的组成部分，具有社会公益性质。从整个医疗行业的性质而言，民营医疗机构不同于一般的企业，其社会公益性质十分显著。可见，民营医疗机构与公立医疗机构之间不是非此即彼的关系，二者均为社会公益事业的重要组成部分，是我国医疗服务体系中不可或缺的重要组成部分。

其次，医疗机构提供的医疗服务产品的性质。由于在前文中已有关于医疗卫生服务产品性质的论述，因此笔者在此主要从民营医疗机构提供的医疗服务私人产品性质加以分析。医疗服务作为医疗卫生服务中的组成部分之一，具有私人产品性质，这为民营医疗机构市场准入奠定了基础。事实证明，具有私人产品性质的医疗服务因具有排他性和竞争性，通过市场提供是最有效率的。但作为纯粹公共产品的医疗服务，由于其具有非排他性和非竞争性，因此由政府提供比较适宜；而准公共产品不同时具备非排他性和非竞争性，一般具有“拥挤性”(congestion)的特点，因此由政府提供比较可行。笔者认为，为了保证消费者能平等地获得基本医疗服务，医疗服务公共产品由政府提供本无可厚非，但政府供给并不一定等于政府亲自生产，政府通过购买医疗服务同样可以达到这一目的。那么，作为具有私人产品性质的医疗服务则更可以由市场来提供了。医疗服务产品性质的多样性决定了医疗服务供给主体完全可以多元化。事实上，政府向消费者提供医疗服务公共产品同样存在交易成本，在某种程度上，其成本和效率较市场而言更加难以预测。因为政府在提供医疗服务公共产品的过程中也不可避免地会发生“寻租”现象，使得政府提供医疗服务公共产品的成本比市场提供的成本更高。当前我国公立医疗机构的服务价格普遍高于民营医疗机构的服务价格便是很好的例证。消费者对于医疗服务公共产品的消费不仅具有超前性，还可能具有超额性。而政府提供的医疗服务公共产品只能满足大多数消费者最基本的公共需求。这时就需要依靠市场满足消费者对医疗服务公共产品超额性的需求。

长期以来，人们将民营医疗机构视为“营利”的代名词，把民营医疗机构的发展与医疗服务事业的社会公益性对立起来。正是基于这种陈旧而错误的认识，我国将民营医疗机构定位为公立医疗服务体系的补充，在这样的战略定位之下，虽然经过近三十年的发展，我国民营医疗机构的发展仍然十分缓慢。不可否认民营营利性医疗机构的确具有逐利性，但我们不能因此而忽视了其本身具有的社会公益性质。对于医疗服务产品性质的错误认识，使人们觉得民营医疗机构处于医疗服务体系中的补充地位是一种应然。政府未意识到民营医疗机构是社会公益事业的重要组成部分，未意识到政府对医疗服务体系的责任不仅在于向消费者提供医疗公共产品，还应保障消费者对基本医疗服务的需求。同时，政府提供医疗公共产品并不一定是有效率的，而消费者的医疗服务需求却在不断增长，不仅包括对基本医疗服务的需求，还包括对医疗服务公共产品的需求。因此，从民营医疗机构的社会公益属性以及医疗服务产品性质的多样性看，民营医疗机构作为医疗服务市场的重要组成部分，更应与公立医疗机构处于并重的地位，其应与公立医疗机构相辅相成，取长补短，共同发展。笔者认为，将民营医疗机构与公立医疗机构放在并重的地位，将能更加有效地促使民营医疗机构市场准入并发挥其缓解医疗供给不足现状的作用，任何失之偏颇的做法都是不可取的，也是不理性的。

5.1.2.3　政府对医疗服务的财政投入不足

政府对医疗服务的财政投入不足，可以说是当今世界各国的通病。也正是由于这一原因，世界各国均允许民营医疗机构作为医疗服务供给主体以减轻政府负担。尽管一直以来我国对卫生事业投入的绝对值不断增加，但相对于卫生事业的发展和社会对卫生事业的需求而言，仍然是不足的。衡量政府对医疗服务投入的高低主要看政府卫生支出、社会卫生支出以及个人卫生支出在卫生总费用中的比重。政府卫生支出和社会卫生支出在卫生总费用中的比重越高，表明政府对医疗服务的投入越高；而个人卫生支出比重越高则表明社会需求增加和政府财政投入的减少。

从表 5.1 可知，从总体上看，政府卫生支出❶在卫生总费用❷构成中的比重呈逐年下降趋势。1990 年政府卫生支出费用共计 187.3亿元，占卫生总费用的 25.1%。2008 年政府卫生费用支出的数值虽然明显增加，达 3 593.9 亿元，但却仅占卫生总费用的24.7%，直到 2009 年有所上升，为 27.4%。1990 年社会卫生支出❸费用为 293.1 亿元，占卫生总费用的 39.2%。2009 年社会卫生支出费用虽然达 4 685.6 亿元，但却只占卫生总费用的 34.6%。居民个人卫生支出❹呈不断上升趋势：1990 年居民个人卫生支出费用为 267.0 亿元，占卫生总费用的 35.7%；2001 年其所占比重上升为 60%，创历史最高；2002 年开始，所占比重逐渐下降。政府卫生支出与社会卫生支出在卫生总费用中比重的不断下降，表明政府对医疗卫生的投入在日渐减少。卫生事业费❺支出是用于发展卫生事业、为大多数人提供基本医疗服务的基础条件。1990 年我国卫生事业费 86.1 亿元，其占财政支出的比重为 2.8%；而 2002 年我国卫生事业费达 381.7 亿元，但其占财政支出的比重却下降为 1.7%，创造了历史最低。此外，

❶ 政府卫生支出指各级政府用于医疗卫生服务、医疗保障补助、卫生和医疗保障行政管理、人口与计划生育事务性支出等各项事业的经费。

❷ 卫生总费用指一个国家或地区在一定时期内，为开展卫生服务活动从全社会筹集的卫生资源的货币总额，按来源法核算。它反映一定经济条件下，政府、社会和居民个人对卫生保健的重视程度和费用负担水平，以及卫生筹资模式的主要特征和卫生筹资的公平性、合理性。

❸ 社会卫生支出指政府支出外的社会各界对卫生事业的资金投入，包括社会医疗保障支出、商业健康保险费、社会办医支出、社会捐赠援助、行政事业性收费收入等。

❹ 居民个人卫生支出指城乡居民在接受各类医疗卫生服务时的现金支付，包括享受各种医疗保险制度的居民就医时自付的费用，可分为城镇居民、农村居民个人现金卫生支出，反映城乡居民医疗卫生费用的负担程度。

❺ 卫生事业费是指各级政府用于卫生机构的财政补助，不包括预算内卫生基建投资。

衡量政府对医疗服务财政投入多少的指标还有卫生费用在GDP中所占的比重。1990年，我国卫生费用占全国GDP的4%，到2008年卫生费用占全国GDP的4.8%，在18年的时间内，卫生费用在全国GDP中的比重仅仅提高了0.8个百分点。2009年，中国卫生费用已经占到GDP的5.1%，预计2020年中国将会成为仅次于美国的全球第二大医疗市场。

在政府投资不足的情况下，为提高医院的医疗条件和技术水平，促进民营医疗机构市场准入，吸收社会资本投资医疗服务是一种现实的选择。但市场经济的属性决定了民营医疗机构一般不会选择在边远穷地区设立。因此，对于发达的城市地区，政府可优先考虑民营医疗机构市场准入，充分发挥市场的作用。而对于那些边远穷地区，政府则应承担主要的医疗服务供给任务。事实上，政府对医疗服务的财政投入永远是有限的，即使西方发达国家也不可能对医疗服务无限制地投资。美国投入了占GDP 17.6%的卫生经费，仍然没有很好解决医疗卫生问题。如果医疗机构都由政府举办，由政府管理和经营，毋庸置疑政府将不堪重负。相反，如果放松规制，允许国内外民间资本进入医疗领域，那么政府则可将有限的财政投入到缺医少药的边远地区。因此，放松规制并促进民营医疗机构市场准入，不仅可以使我国医疗卫生资源配置合理化、均等化、公正化，还能进一步发挥我国医疗卫生服务的社会公益性。事实上，政府允许民营医疗机构市场准入，并未削弱政府调控能力。民营医疗机构市场准入后，公立医疗机构的比例虽然有一定的缩小，但政府对医疗服务的财政拨款也随之相应减少，并且政府还可通过对民营营利性医疗机构征税以增加其财政收入。这样政府就可以将其有限的财政拨款投入到边远穷地区的医疗服务供给中。

表 5.1 全国卫生总费用❶

年份	卫生总费用(亿元)				卫生总费用构成(%)			城乡卫生费用(亿元)		人均卫生费用(元)			卫生总费用占GDP比重(%)
	合计	政府卫生支出	社会卫生支出	个人卫生支出	政府卫生支出	社会卫生支出	个人卫生支出	城市	农村	合计	城市	农村	
1990	747.4	187.3	293.1	267.0	25.1	39.2	35.7	396.0	351.4	65.4	158.8	38.8	4.0
1994	1 761.2	342.2	644.9	774.1	19.4	36.6	43.9	991.5	769.74	146.9	332.6	86.3	3.7
1996	2 709.4	461.6	875.7	1 372.2	17.0	32.3	50.6	1 495.0	1 452.3	221.4	467.4	150.7	3.8
1998	3 678.7	590.1	1 071.0	2 017.6	16.0	29.1	54.8	1 906.9	1 771.8	294.9	625.9	194.6	4.4
2000	4 586.6	709.5	1 171.94	2 705.1	15.5	25.6	59.0	2 624.2	1 962.4	361.9	813.7	214.7	4.6
2002	5 790.0	908.5	1 539.4	3 342.1	15.7	26.6	57.7	3 448.2	2 341.8	450.7	987.1	259.3	4.1
2004	7 590.3	1 293.6	2 225.4	4 071.4	17.0	29.3	53.6	4 939.2	2 651.1	583.9	1 261.9	301.6	4.8
2006	9 843.3	1 778.8	3 210.9	4 853.6	18.1	32.6	49.3	7 174.7	2 668.6	748.8	1 248.3	361.9	4.6
2008	14 535.4	3 593.9	5 065.6	5 875.9	24.7	34.9	40.4	11 255.0	3 280.4	1 094.5	1 862.3	454.8	4.8
2009	17 204.8	4 685.6	5 948.4	6 570.8	27.2	34.6	38.2	–	–	1 289.0	–	–	5.1

5.2 医疗安全与医疗发展的关系选择

从宏观上看，医疗服务安全与医疗事业的发展是民营医疗机构市场准入必须做出的一个选择。民营医疗机构市场准入过程中是更应注重医疗安全价值，还是更应强调医疗事业的发展，还是既要保证医疗服务安全又要促进医疗事业的发展，事实上是民营医疗机

❶ 该表资料来源于中国卫生部《2010 年中国卫生统计年鉴》. http：//www. moh. gov. cn/publicfiles/business/htmlfiles/ zwgkzt/ptjnj/year2010/index2010. html，2012 - 03 - 14。

构市场准入价值取向的一个重要问题，同时也是民营医疗机构市场准入必须明确的问题。因为医疗安全与医疗发展关系的明确将对民营医疗机构的发展有着重要的影响，它将影响民营医疗机构市场准入的成本和难易程度，影响医疗市场的秩序与安全。

5.2.1　医务安全的重要性

医疗事业关系到消费者的健康与生命安全，是重大民生问题。不断加快医药卫生事业发展，提高医疗服务质量，适应人民群众日益增长的医药卫生需求，增强人民群众健康素质，是贯彻落实科学发展观、促进经济社会全面协调可持续发展的必然要求，是维护社会公平正义、提高人民生活质量的重要举措，是全面建设小康社会和构建社会主义和谐社会的一项重大任务。正是基于消费者生命安全与健康以及社会稳定的角度考虑，积极构建我国民营医疗机构市场准入法律制度显得尤为重要。

医疗服务事业关乎民生，关乎社会公共利益。社会公共利益有多种表现形式，而公共安全就是社会公共利益最简单的表现形式。正如霍布斯所言："人民的安全乃是至高无上的法律。"[1]安全是指享受其他价值在时间上真实的或被认知的延伸的可能性。在经济日益发达的今天，确保公众的安全这本身就是一种社会公共利益。美国早在 19 世纪，已将公共安全和公众健康、公共道德放在一起并由宪法性法律认可，作为合理限制的基础[2]，自然权利必须做出让步。在疾病的性质和起因被人们认知之前，有一种不像今天这样明显的趋势，那就是注重公众健康的利益。在民营医疗

[1] 参见 Christain Bay. The Structure of Freedom. Standard Press, 1958:19。

[2] 参见 Shaw, C. J. Natural Rights in Commonwealth. Alger, RushMass, 1851:53。

机构市场准入过程中，安全是必须坚守的一个重要价值观和理念。在缺医少药、商品短缺的计划经济时期，消费者因受自身条件和外部条件所限，对于医疗服务要求不高；然而随着经济的发展，人们生活水平不断提高，对于健康的内涵有了更深层次的认识。人们不仅注重健康保护，还要求在医治过程中各方面都安全，以防止后患。例如，拒绝使用大量抗生素药物等。因此，为了实现医疗服务安全，我国对于民营医疗机构实行市场准入，对于民营医疗机构的设立实行审批并进行登记，授予其医疗服务市场主体资格，将其相关信息予以公示，并通过市场准入法律责任制度，使得民营医疗机构审慎经营、规范运营，进而实现安全价值。事实上，“没有责任，自由就会变成无政府状态，而人的权利就会成为无限制的任性”。医疗服务业与人的生命密切相关，为了维护社会公共利益，为防止不具备执业资格的医疗机构进入市场，确保消费者的生命健康安全，对于那些不具备资质和条件进入医疗服务领域提供服务、超范围经营、非法执业、破坏医疗服务市场秩序的医疗机构和医务技术人员，世界各国均规定了严格的法律责任，以此规范医疗机构和医务人员的行为，确保医疗服务市场的安全有序，维护消费者利益，从而保证经济和社会的安全与稳定。

人的生命的珍贵性、脆弱性和人对社会发展的重要地位与作用以及民营医疗机构现存的医疗秩序混乱、超范围执业等现象，从正反两面说明医疗服务安全的重要性。长久以来，在民营医疗机构市场准入中，既存在一味强调安全价值而忽视医疗发展的做法，又存在因注重医疗事业发展而忽略医疗安全的倾向。但我们绝不能因为民营医疗机构存在违法经营的现象就禁止民营医疗机构市场准入，这是一种削足适履的做法。医疗安全事关消费者的健康安全，的确应放在至关重要的位置。但如果没有足够的医疗服务供给，没有较高的医疗服务效率，即使是最安全的医疗服务，当消费者面临疾病时也最终会因为医疗服务效率低下、供给不足而丧失生命健康安全保障。民营医疗机构进入市场的目的并不是要扰乱市场，而是为了能作为医疗服务供给主体参与医疗服务市场竞争。从另一个层面来说，医疗技术本身具有高风险性，医生的专业知识和专业水平将会因个体差异而出现很大差别，而且在一定时期内人们对于医学专业知识的认知和掌握也受到一定的限制，这些或多或少都将决定医疗服务本身存在着一些不确定的风险因素。医疗风险无论在公立医疗机构还是在民营医疗机构中，无论在公立医疗机构的医生还是在民营医疗机构的医生中均存在，但我们绝不能因为这些风险的存在而扼杀医疗机构的发展，尤其是禁止民营医疗机构的发展与准入，这是一种因噎废食的做法。如果因为要保障医疗安全，而阻止民营医疗机构市场准入，不仅不能保证医疗安全，最终也不能促进医疗服务的发展。

5.2.2　加快发展医疗服务事业的原因

改革开放以来，我国民营医疗机构不断发展壮大，已经成为医疗服务市场中不可或缺的重要力量。但公立医疗机构的垄断地位使得其服务效率低下，医疗服务供给严重不足。因此需要发展民营医疗机构，形成医疗服务多元供给格局，以确保医疗服务供给需求平衡，从而进一步促进医疗服务事业的发展。

5.2.2.1　医疗服务需求量不断增长

随着经济发展和人民群众物质文化生活水平的提高，社会对医疗卫生服务的需求不断增长，现有医疗供给已经不能满足消费者的医疗需求。

医疗服务需求量不断增长的表现之一是居民个人医疗消费支出比重不断增加。随着我国社会主义市场经济的逐步完善，国内经济稳定增长，近几年来人民生活水平得到较大幅度的提高，消费结构也发生了明显的变化，居民用于医疗保健上的消费支出大幅增长。1995年，我国城市居民医疗消费支出仅占消费总支出的3.11%，到2000年基本呈直线上升趋势，尽管2002年到2004三年趋势趋于平稳，但到2004年该比例已达到7.35%，10年中上升了近1.4倍❶。2007年、2008年我国居民医疗消费支出则分别占消费总支出的8.1%、8.6%，到2009年该比例竟高达9.3%❷，相当于1995年的3倍之多。居民个人医疗消费支出比重的不断增长，表明消费者对医疗服务的需求增加。

卫生总费用和人均卫生费用不断增加则是衡量医疗服务需求量的另一个重要指标。1978年到2010年，我国卫生总费用从110亿元增长到了19 921亿元，复合增速17.6%。1978年到2009年，我国人均卫生总费用从11.5元增长到1 289元，人均卫生总费用增长幅度达到了112倍❸，远高于同期人均GDP的增幅水平。可见，由于社会经济的迅速发展、人们生活水平的日益提高及对自身健康状况的关注，医疗服务需求量非常大。卫生总费用占GDP的比重也在逐年增加，2009年卫生总费用占GDP的比重为5.13%❹。医

❶ 参见中国卫生部1990—2005年各年的卫生统计年鉴. http://www.moh.gov.cn/publicfiles//business/ htmlfiles/zwgkzt/pwstj/index.htm，2012-04-24。

❷ 参见中国卫生部《2010年中国卫生统计年鉴》. http://www.stats.gov.cn/tjsj/ndsj/2010/indexch.htm，2012-10-06。

❸ 参见医院蝶变，探路中国——医院产业系列专题研究报告之中国篇. 国泰君安证券所研究报告. http://microbell.com/docdetail_692961.html。

❹ 参见中国卫生部《2010年中国卫生统计年鉴》. http: //www.moh.gov.cn/publicfiles/business/htmlfiles/zwgkzt/ ptjnj/year2010/index2010.html，2012-10-26。

疗费用的增幅明显超出了社会经济发展水平。 而在这期间，全国各类医疗机构中医院只增加125%，医护人员增加了138%，医疗床位增加了 134%。 相对于快速增长的医疗服务需求，缓慢变化的供给步伐显得较为沉重。

随着我国卫生费用占 GDP 的比例和卫生总费用的不断上涨，政府卫生支出占卫生总费用的比例却大幅度下降。 政府卫生支出的大幅度下降，一方面削弱了政府对卫生部门的控制能力；另一方面导致了个人卫生费用的增长，使得许多经济状况不好的患者出现了“因病致贫”的现象。 由于政府卫生支出的减少，加之医疗机构的设置审批受到政府严格控制，使得一定范围或地区内的公立医疗机构的数量、规模等均受到一定限制。 尽管近年国家对医疗服务规制有所放松，但由于受到利益的驱动，许多优秀的医务技术人才均往大城市流动，使得农村仍然面临着缺医少药的困境。 于是，很多患者由于无法在农村有效救治，便集中到大医院求治，导致公立医疗机构医疗服务供给不足，“看病难”现象凸显。

从需求角度看，民营医疗机构的出现是由于存在着过度医疗需求和差异医疗需求。 过度医疗需求是指患者的医疗需求大于公立医疗机构所能提供的卫生资源，这种情况为民营医疗机构的出现提供了可能性。 由于医疗健康权是人的一项基本权利，同时也是政府应尽的责任，因此政府有义务为民营医疗机构的发展提供一个良好的政策环境，以尽量满足消费者不断增长的医疗服务需求。 而差异医疗需求指人们的医疗需求超过了现有公立医疗机构的水平和范围，在这种情况下出现的民营医疗机构能够提供比公立医疗机构水平更高或内容更丰富的服务。 随着人们经济水平和生活水平的提高，人们对于医疗需求并不仅仅限于有病才就医这一层次，许多人由于工作压力可能会更加注重平时的保健、疗养等。 因此，结构单一、模式固定的公立医疗机构所提供的医疗服务从现实的角度看已经不再适应消费者多层系、多元化的医疗需求。从政策的角度看，民营医疗机构在一个国家卫生服务体系中所占据的地位和作用，取决于一个国家制定的政策。政策可以促进民营医疗机构的发展，也可抑制民营医疗机构的发展。评价一个卫生政策的好坏主要应看其能否增加人们就医的机会，是否改善卫生服务的公平和效率，是否能满足消费者多元化的医疗服务需求。

5.2.2.2 医疗服务供给严重不足

在医疗服务领域，医疗服务的供给主体指为患者提供医疗服务的医疗机构和个人，医疗服务需求主体指因患疾病而需要就诊的患者。目前，我国医疗服务供给不足主要表现为“看病难”“看病贵”。“看病难”是指患者的医疗服务可及性差，即医疗服务的供给无法满足需求，出现供不应求的状况。其本质上是医疗服务需求与医疗服务供给之间存在矛盾的外在表现。从政府责任的层面看，“看病难”主要是医疗卫生服务难以满足消费者基本及多层次医疗服务需求的具体表现。“看病贵”主要是指昂贵的医药费影响群众获得基本医疗服务和非基本医疗服务。从政府责任层面看，“看病贵”主要指政府未能有效分担群众基本医疗服务保障范围内的医疗服务费用而造成的患者负担偏重的现象。因此，政府可采取增加财政投入和价格补贴等措施，降低医疗机构的成本，提高其供给；同时，还可适度放开医疗市场，让民营医疗机构进入医疗服务市场提供医疗服务，以增加医疗服务供给。具体而言，医疗服务供给不足表现为：

其一，公立医疗机构服务效率低。医院医生人均负担日诊疗人次、人均负担住院床日以及病床利用率是衡量医疗服务资源配置效率的重要指标。1990年至2008年，在医疗机构数目、病床数以及卫生技术人员总体上涨的趋势下，公立综合性医院病床使用率、医生日均担负诊疗人次以及住院床日却出现了下降。1990年到2008年病床使用率呈逐年下降趋势，1990年病床使用率为80.7%，以后逐年下降，1999年病床使用率最低仅为59.6%，到2008年病床使用率有所回升，达到81.5%，而这相对于1990年的病床使用率而言仅仅提高了0.8个百分点。1999年至2008年间，公立综合性医院医生人均负担诊疗人次整体上也是呈下降趋势，平均为5.3人次，而1995年最低仅为4.4人次。❶而且不同级别医院医生的工作负荷水平差别很大，医院级别越高，医生工作负荷越大。2009年至2011年我国公立医院医生人均负担日诊疗人次、人均负担住院床日以及病床利用率均有所增长，但与其医疗机构数目、病床数和卫生技术人员的增长数值极不相称。2011年，医院医师日均担负诊疗6.9人次和住院床日2.4天。与上年比较，医生日均负担诊疗人次增加0.5人次，住院床日增加0.2天。2011年，全国医院病床使用率为88.5%，与上年比较，医院病床使用率提高1.8个百分点。❷尽管2009年到2011年，我国公立医疗机构效率有所提高，但医生日均负担诊疗人次和日均负担住院床日相比1990年的数据仍然涨幅不大。2011年医院病床使用率虽然达到了88.5%，但与1990年相比，增长的比例很小。这表明在我国医疗供给资源不断扩张的同时，医疗服务市场实际上处在低效率的运行状态。

---

❶ 参见中国卫生部《2010年中国卫生统计年鉴》. http://www.moh.gov.cn/publicfiles/business/htmlfiles/zwgkzt/ptjnj/year2010/index2010.html，2012-07-14。

❷ 参见2011年我国卫生事业发展统计公报. http://www.moh.gov.cn/publicfiles/business/htmlfiles/mohwsbwstjxxzx/s7967/201204/54532.htm，2012-12-12。

公立医疗机构服务效率低下引发了严重的后果。一方面，低效率的运转使其无法有效满足消费者日益增长的医疗需求，导致医疗服务供给严重不足。另一方面，医疗服务效率低下必然引起成本上涨，于是医疗机构为了弥补不断增长的成本，只能将其转嫁给消费者，从而导致门诊费和住院费急速上升。随着价格上涨，医疗服务质量降低，最终导致“看病难、看病贵”。

其二，医疗服务可及性下降。医疗服务的可及性是指患者寻求并获得医疗服务的难易程度，反映了消费者获得医疗服务的条件公平和机会公平。❶ 当前，我国卫生资源不足，特别是优质卫生资源严重不足，同时由于城乡“二元化”和经济“二元化”，导致医疗卫生资源“二元化”格局明显，卫生资源配置不合理，进而造成医疗服务可及性下降，主要表现为“看病难”。医疗服务可及性通常可以用每千人口医疗机构床位数、每千人口技术人员数等指标来衡量。2002 年全国卫生医疗机构床位 311.3 万张，每千人口医疗卫生机构床位 2.49 张。❷ 截至 2011 年年末，全国医疗卫生机构床位 516.0 万张，相当于 2002 年的 1.7 倍，但 2011 年每千人口医疗卫生机构床位数则仅为 3.81 张。2001 年卫生技术人员 450.8 万人，每千人口执业（助理）医师为 1.69 人。2011 年，卫生技术人员 620.3 万人。其中，执业(助理)医师 246.6 万人，每千人口执业(助理)医师为 1.82 人。❸ 在这 10 年间，卫生技术人员总数增长了近 1.4 倍，但每

---

❶ 参见郑成功. 城乡医疗卫生服务的可及性比较. 中国社会保障改革与发展战略——医疗保障卷. 北京：人民出版社，2011：143。

❷ 参见《2010 年中国统计年鉴》. http://www.stats.gov.cn/tjsj/ndsj/2011/indexch.htm，2012－07－05。

❸ 参见 2011 年我国卫生事业发展统计公报. http://www.moh.gov.cn/publicfiles/business/htmlfiles/mohws bwstjxxzx/s7967/201204/54532.htm，2012－12－20。

千人口执业（助理）医师仅仅增长 0.13 人。相对不断增长的医疗机构数、医疗卫生技术人员数，每千人口医疗卫生技术人员数和每千人口医疗机构数增长明显较为缓慢。

从表 5.2 可以看出，城乡每千人口卫生技术人员和每千人口医疗机构床位相差更为明显，并且有不断扩大的趋势。1990 年城市每千人口卫生技术人员数为 6.59 人，此后呈不断下降趋势，最低为 2003 年的 4.84 人，而且城市每千人口卫生技术人员数直到 2009 年仍然只有 5.67 人，仍未达到 1990 年的水平。每千人口医疗机构床位也不断下降，1990 年城市为 4.18 张，到 2004 年居然降至 1.64 张；而县每千人口医疗机构床位数 1990 年为 1.55 张，2004 年降至 0.75 张。到 2009 年，城市每千人口卫生技术人员是县的 2.4 倍，城市每千人口医疗机构床位是县的 2.3 倍。我国农村人口占全国总人口的 70%，但却只享有 20% 的医疗资源，80% 的医疗资源都集中在大城市。城乡之间卫生资源的这种巨大差距造成了城乡居民在服务利用上的非公平性。此外，由于医疗服务的需求者具有异质性，而医疗服务消费又具有不可逆转性，作为医疗服务的提供者，无论是医生还是医院都必须具备一定的条件方能进入医疗服务领域提供医疗服务。而提供医疗服务的医生除了具备扎实的医学理论知识外，更需要在临床中通过长期实践积累丰富的诊断经验，因此在一定的时期内医生的供给是有限的，优秀医生的供给更为有限且无法复制。加上我国大部分优质的医疗服务资源均聚集在城市，这就更加使得医疗服务的可及性出现问题。

表 5.2 每千人口卫生技术人员数和每千人口医疗机构床位数❶

年份	每千人口卫生技术人员(人)		每千人口医疗机构床位(张)	
	市	县	市	县
1990	6.59	2.15	4.18	1.55
1995	5.36	2.32	3.50	1.59
2000	5.17	2.41	3.49	1.50
2001	5.15	2.38	3.51	1.48
2003	4.84	2.19	3.42	1.41
2004	4.93	2.16	1.64	0.75
2005	4.99	2.15	3.59	1.43
2006	5.14	2.17	3.69	1.49
2007	5.44	2.25	3.80	1.58
2008	5.67	2.34	4.05	1.75
2009	5.67	2.34	4.05	1.75

其三，医疗服务公平性存在问题。通常以两周患病率、两周就诊率、年住院率、两周新发病例未就诊比例、应住院而未住院比例来反映居民医疗卫生服务的需求量。卫生部公布的《第四次国家卫生服务调查主要结果》显示，调查地区居民两周患病率为18.9%，其中城市为22.2%，农村为17.7%，城乡居民患病率差别不大。但是我国70%的人口居住在农村，只有30%的人口居住在城市，这表明农村对医疗卫生服务的需求量大于城市。在调查地区，两周新发病例未就诊的比重为38.2%，其中城市和农村分别为47.9%、35.6%。在未就诊患者中，仅少部分患者未采取任何治疗措施，而大部分患者通过自行采药或者去药店购药等方式对疾病进

❶ 该表资料来源于2011年我国卫生事业发展统计公报. http://www.moh.gov.cn/publicfiles/business/ htmlfiles/mohwsbwstjxxzx/s7967/201204/54532. htm，2012－12－24。

行了治疗，其比重占 70%。经医生诊断需住院而未住院的比例为 21%，其中城市和农村分别为 22%、20%。从以上数据可以得知，农村应住院而未住院的人数远远高于城市。关于应就诊而未就诊的原因，67.8% 的人自感病轻认为不需要就诊，14.9% 的人认为经济困难或认为就诊太贵而未就诊。在应住院而未住院的人中，70.3% 的人是由于“经济困难”而没有住院，10.7% 的人认为“没必要”而未住院，其中只有 7.7% 的人因为“无时间”而未住院。住院病人中，因为经济困难或花费太多而要求出院的病人占 54.5%。❶ 由此可以看出，仍有很大数量的人看不起病和治不起病，“因病致贫”的现象并不罕见，这严重影响了医疗服务的公平性。

综上所述，当前医疗服务需求供给之间的矛盾已经成为我国医疗服务体系中不可回避的一个现实问题，并且随着经济的进一步发展，消费者日益增长的医疗服务需求与医疗服务供给严重不足之间的矛盾将进一步加深。这就需要我们加快医疗服务事业的发展，最大限度地满足消费者不断增长的医疗消费需求。医疗卫生事业作为公认的社会公益事业，国家对其发展重视与否体现了一国对人权的关注程度。世界卫生组织在《健康与卫生服务的公平性》中强调，每个社会成员不管其收入水平、社会地位如何，也不管其性别、年龄等方面的差别，在需要的时候均有相等的机会获得医疗服务，以达到基本生存标准。同时，只有不断加快医疗事业的发展才能更好地保证人人享有基本医疗健康权，保证人人享有安全的医疗服务。从某种意义上说，医疗卫生事业的发展水平越高，医疗

---

❶ 以上相关数据参见卫生部公布的第四次国家卫生服务调查主要结果. http://www. moh. gov. cn/publicfiles/ business/htmlfiles/mohbgt/s3582/200902/39201. htm, 2010 - 10 - 20。

安全越有保障。因此，促进医疗卫生事业发展，是政府义不容辞的责任。

5.2.3 医疗安全与医疗发展并重

法律的发展在很大程度上也是为安全而推进的。当前我们之所以要构建民营医疗机构市场准入制度，除了要解决医疗服务供需矛盾之外，还有一个重要的原因就是满足消费者关于医疗服务安全的心理预期，为消费者的医疗安全提供现实的法律保障。立法本身就是对安全进行法律保障的第一步。医疗服务安全的保障来自于法制的完善和医疗事业发展，而医疗事业发展的目的之一本身就是保证医疗服务安全。强调医疗安全不能以牺牲医疗事业发展为前提，而重视医疗事业发展也并非一定要以舍弃医疗安全为代价。医疗安全与医疗事业发展应是相辅相成、共同促进的关系。

因此，结合当前我国医疗服务的现状，民营医疗机构市场准入法律制度应做出既要保证医疗服务安全，又要促进医疗事业发展的并重和结合选择。之所以强调医疗安全与医疗事业发展并重，是基于以下考虑：

首先，人的生命是珍贵的。人的生命是不可重复的而且是有限的。“一个人既然没有创造自我生命的能力，就不能以契约或通过同意，把自己交由任何人奴役，或置于别人的绝对的、任意的权力之下，任其夺去生命。凡不能剥夺自己生命的人，就不能把支配自己生命的权力交给别人。”生命对于任何人来说都是唯一的。生命不仅是人的存在根据与状态，同时还是促进社会发展的动力。人的生命又是脆弱的。现实中存在很多危害生命的因素，其中疾病对生命的危害是人类无法控制的。由于医疗服务先天具有信息不对称、外部性和易产生供给诱导需求等特点，使得消费者在接受医疗服务过程中明显居于弱势地位。为保证消费者的生命安全，必须通过法律规定医疗机构市场准入的资质，从而确保医疗服务安全，保障生命健康。世界各国的法律已将生命权明确宣布为人权，不仅赋予了生命极高的法律地位，也确认了生命权的具体内容，其中生命安全便是一个十分重要的内容之一，还通过相关的法律制度来具体保护生命安全权。例如通过相关医疗法律制度保证医疗安全，从而保证生命安全。因此，生命的有限性、唯一性和不可重复性决定了生命应受到重视和保护，也决定了在民营医疗机构市场准入过程中必须要坚持医疗服务安全的重要价值理念。因为在法律社会，如果没有对于生命安全的法律保障，一切人权的法律保障都将流于空谈或者化为乌有。生命安全是法律的第一价值。正如有的西方学者所言："就法律本身而言，只要是世俗的法律，毫无疑问，它必然会用类似的用语将生命安全价值放在第一位。"

其次，法的功能是基于法的属性、内部诸要素及其结构所决定的法的某些潜在的能力，是指法作为一种特殊的社会规范本身所固有的内在属性、稳定属性、应然属性，而法的作用是被赋予和设定的，常有变动，具有现实的指向。一方面，民营医疗机构市场准入法律制度的实质是国家对医疗服务市场基本的、初始的干预，是政府管理医疗服务市场、干预医疗服务供给制度安排和国家意志的体现，是国家市场规制职能的重要体现。其通过设置民营医疗机构市场准入的条件、准入方式和准入程序，明确民营医疗机构市场准入的范围，限制不具备相应医疗服务资质的民营医疗机构和不具备执业资质的医疗卫生技术人员进入市场，其主要目标在于维护民营医疗市场乃至整个医疗服务市场的稳定，维护消费者的合法权益，促进医疗服务事业的发展，维护医疗服务安全。民营医疗机构市场准入制度本身具有的确认功能是对医疗安全的一种保障和强调。国家通过设定民营医疗机构市场准入的条件，引导民营医疗机构按照预设的条件进入医疗服务领域，从而在医疗服务市场建立真正的市场竞争机制，促进整个医疗服务业的发展。民营医疗机构市场准入制度本身既可确保医疗服务的安全，也可确保医疗服务市场的有序、稳定、规范发展。另一方面，从民营医疗机构市场准入制度的保障功能看，其对消费者安全和公共利益具有前置式防范和保障功能。民营医疗机构作为医疗服务供给主体，其是否具备市场准入资质将关系到每一个消费者的生命健康与安全。一旦医疗安全出现问题，将直接威胁和损害消费者的生命安全。因而为保障医疗服务安全，对民营医疗机构的准入设定条件也就在法理之中。在医疗服务中，处于弱势地位的消费者若不能获得保护，则一国医疗服务体系稳定必然堪虞。民营医疗机构市场准入限制在一定程度上保证了进入机构的质量，从而使保护消费者安全和公共利益具备了可能性。为将医疗服务的危险降低到最低程度，采用预防性规制，即通过预设条件来消除这些活动可能产生的危害是最为有效的方式之一。预防性规制的基本方式是行政许可，而“防止危险是行政许可最主要、最基本的功能”。因此，为确保消费者安全和社会公共利益，我国行政许可法规定对于民营医疗机构市场准入且为提供的医疗服务的内容设定行政许可。立法者设定民营医疗机构市场准入的条件，将不具备市场准入条件的民营医疗机构排除在医疗服务领域之外，这样医疗服务安全就能够得到最大程度的维护，市场准入也就构成了一道阻却风险的“门槛”。

维护市场秩序是经济法的制度偏好。只有在健康、有序、稳定的医疗市场秩序之下，才会有规范的市场行为、安全的市场交易、稳定的市场关系和有序的市场结构；否则，医疗市场随机行为和短暂行为将会泛滥，市场组织规模和分布将会不合理，医疗机构将难以按既定规则从事经营活动，消费者在交易中也难以获得安全保障。民营医疗机构市场准入法律制度作为国家对医疗服务市场主体规制的源头，在尊重市场经济运行机理的同时，从源头上规范民营医疗机构市场准入条件，保证医疗服务的质量，为维护医疗服务市场秩序奠定了基础，为保证医疗服务安全创造了可行性。

最后，保障医疗机构之间的市场竞争、促进医疗事业的发展同样也是民营医疗机构市场准入功能的体现。市场经济是竞争经济，医疗服务竞争是医疗事业内在运行机制之一，是医疗事业发展与变迁的动力与源泉。唯有保证竞争机制的有效运行，才能确保医疗市场主体的优胜劣汰，才能出现“良币驱逐劣币”的场景，实现公平与效率。民营医疗机构市场准入制度通过规范民营医疗机构市场准入的条件，确保民营医疗机构的质量，以期能引入医疗市场竞争机制，使民营医疗机构与公立医疗机构形成竞争，实现医疗服务的多元化供给，最终促进医疗事业的发展。

因此，从民营医疗机构市场准入制度的功能视角而言，民营医疗机构市场准入制度本身就蕴含着既保证医疗服务安全又促进医疗事业发展的价值取向。民营医疗机构市场准入制度是前置式的市场规制，是确保医疗安全有效的头道关卡。民营医疗机构市场准入制度不是为了限制医疗服务事业的发展，而是为了医疗安全；不是为了设置障碍，而是为了有序开放，不断促进医疗事业的发展；不是消极的、被动的、一成不变的，而是积极的、主动的、与时俱进的。医疗安全与医疗事业发展是相辅相成的并重关系，任何一方都不能偏废。民营医疗机构市场准入制度的最终目标是既要保证医疗服务安全，又要保证民营医疗机构市场准入，从而促进和加快医疗事业的发展。

5.3 从严规制与从宽规制的关系选择

从严规制与从宽规制的选择是民营医疗机构市场准入法律制度安排政府与市场功能组合结构时难以把握而又必须明确的一个重要问题。从严规制与从宽规制的选择，不是要用理想的市场取代有缺陷的政府，也不是要用理想的政府取代有缺陷的市场，而是结合民营医疗机构市场准入的范围以及民营医疗机构的设立形式、规模等因素，明确哪些方面应从严规制、哪些方面应从宽规制，从而寻求政府与市场的均衡点，而并非强调一味地从严规制或者一味地从宽规制。

5.3.1 从现行政策与立法看从严与从宽的关系

从现行政策看，当前我国正处在市场经济转型的关键时期。因此，大力发展民营医疗机构不仅对经济发展有十分重要的意义，而且对改善民生、保证新医改的成功都有举足轻重的意义。纵观我国从中央到地方出台的一系列促进民营医疗机构市场准入的相关政策，均一律规定对民营医疗机构市场准入要实行“从宽”政策，其中最多的字眼莫过于“放宽”二字。这些政策有的要求拓宽投资领域和准入范围，有的要求放宽社会资本举办医疗机构的准入范围[1]，有的要求放宽民营医疗机构准入条件、简化准入程序。而在新中国成立初期至20世纪80年代初，我国对民营医疗机构市场准入则是实行一律从严规制的作法，以至于民营医疗机构发展缓慢。当然，从严规制与从宽规制均受特定时期与特定因素的影响，但无论是从严还是从宽的选择，都需要考虑民营医疗机构的现实状况。

从现行立法看，我国对公立医疗机构与民营医疗机构市场准入实行“一刀切”的从严规制。民营医疗机构与公立医疗机构除了准入范围、登记机关不同之外，二者的准入条件、准入方式相同。公立医疗机构可进入任何医疗服务领域，即公共医疗卫生服务领域和私人产品性质的医疗服务领域；而民营医疗机构当前则仅仅能进入具有私人产品性质的基本医疗服务领域，不仅进入的数量十分有限，市场准入还处处受到限制。

现行政策对民营医疗机构市场准入一味从宽的做法，无法突破立法对民营医疗机构市场准入从严的规定。因此，唯有做到从严与从宽并重，才能真正保证向消费者提供安全、有效、廉价的医疗服务。

5.3.2　我国长期对民营医疗机构实行从严规制的原因分析

我国现行立法之所以一直坚持对民营医疗机构与公立医疗机构

---

[1] 例如，《关于鼓励和引导民间投资健康发展的若干意见》指出应拓宽社会资本在医疗服务领域的投资领域和准入范围；《关于进一步鼓励和引导社会资本举办医疗机构意见的通知》中也明确提出了放宽社会资本举办医疗机构准入范围的六条意见。

一样实行从严规制，除了政府职能❶不清之外，还有一个原因就是当前我国对医疗服务的属性界定不清。在医疗服务领域，政府的基本职能应是向社会群体提供安全高效的医疗服务，政府可以通过直接生产、管制和补贴等方式实现其职能。而这些医疗服务是否由政府直接生产并提供，取决于医疗服务的产品属性。如果医疗服务属于公共产品或者准公共产品，则由政府举办公立医疗机构并提供医疗服务比较合适；反之，则不必由政府直接举办公立医疗机构，也不必由公立医疗机构提供医疗服务。因此，对于民营医疗机构市场准入是从严规制还是从宽规制，首先必须弄清医疗服务的产品属性。

依据经济学理论，医疗服务市场由于存在着垄断，医患之间存在着信息不对称和易产生供给诱导需求的特征，同时又由于医疗服务业是社会福利事业性质，因此政府一般都对医疗服务市场实行直接经济管制，首先表现为对医疗机构的市场准入进行控制。然而，事实上只有真正了解医疗服务的产品属性，才能判断医疗服务是否有必要由政府对其进行直接经济管制。如果医疗服务属于公共产品或者准公共产品，则应由政府直接提供；如果医疗服务不是公共产品，而是私人产品，那么就既可以由政府提供，也可以由市场提供。

当前我国大部分学者均认为医疗服务具有公共产品属性。事实上，通过前文中关于医疗服务性质的分析，我们知道医疗服务只是医疗卫生服务中的一个组成部分。医疗卫生服务不仅包括具有公共产品性质的公共卫生、公共预防和防疫，即为促进人类在生活

❶ 马斯格雷夫在1959年将政府的职能概括为三个方面，即参与资源配置、协调收入分配和促进经济稳定。这一界定目前仍然被认可。党的十六次代表大会指出，市场经济下政府的职能包括经济调节、市场监管、社会管理和社会服务。

和劳动过程中增强体质、避免和抵御外部环境对人体的不良影响、保持健康而进行的环境保护、劳动保护、防疫、保健等一系列活动，还包括具有准公共产品性质的特殊人群的卫生保健和特殊疾病的预防与治疗活动，更包括具有私人产品属性的医疗服务，即医生或医院依靠一定的医学专业技术和医疗设备，对已经患有疾病的患者进行医治，使之得到康复的服务活动。我国当前民营医疗机构提供的服务即属于此种具有私人产品属性的服务。

医疗服务的私人产品属性表明医疗服务市场是一个存在供求关系和市场竞争的市场，即医疗服务市场是一种具有可竞争性的市场。而医疗服务市场要形成有效竞争，其前提条件是必须打破公立医疗机构垄断医疗服务行业的格局，促进医疗服务供给主体多元化的形成。真正的市场机制除了使公立医疗机构之间展开公平竞争外，更应使公立医疗机构与民营医疗机构之间形成有效的竞争机制。因而，医疗服务的私人产品属性是民营医疗机构市场准入的基础。医疗卫生服务市场中的信息不对称、垄断、供给诱导需求等情况，导致市场失灵。市场失灵为政府干预医疗服务市场提供了合理的理由。当前我国政府干预医疗市场的主要形式为举办公立医院、进行财政补贴和价格管制，为居民提供免费或者低价的基本医疗服务。但由于政府财政有限，设立的公立医疗机构数量有限，无法满足医疗服务需求者的需求。医疗服务又具有消费的排他性和竞争性，属于典型的私人产品属性，患者对这类服务的需求各异，并且这一需求随着经济增长而急剧上升，因此，这种服务可由市场提供，以弥补政府供给的不足。这也是民营医疗机构市场准入的基础。实际上，尽管供给诱导需求在医疗服务市场无处不在，但因此而否定医疗服务领域中市场机制存在的必要性及其作用，是一种极其简单化的思维方式。因为这些问题并非不能解决，人们可以通过市场制度精细化的安排❶来有效缓解这些问题。

当前，公立医疗机构承担着提供公共卫生和公共预防与防疫、特殊人群的卫生保健、特殊疾病的预防与治疗、医疗服务的任务；换句话说，公立医疗机构不仅提供纯粹的公共产品、准公共产品，还提供医疗服务这种私人产品。而民营医疗机构仅仅提供具有私人产品属性的医疗服务。根据经典经济学理论，不同性质的产品应采取不同的供给模式：私人产品由私人以市场方式提供更有效率，而公共产品或准公共产品则由政府提供更有效率。长期以来，无论学界还是实践中，人们总是将医疗服务，与公共卫生和公共预防、防疫，特殊人群的卫生保健，特殊疾病的预防与治疗等相提并论，将三者均看成是公共产品。因此，基于社会公共利益和医疗安全的考虑，认为政府举办公立医疗机构并提供医疗服务是一种应然；而民营医疗机构由于其非公有制经济的身份以及逐利性的本性，对其市场准入实行从严规制，并在立法上一直沿用市场经济初期我国关于公立医疗机构市场准入的规定。

医疗卫生服务属性的多样性，说明民营医疗机构市场准入不仅可行，而且极有必要。我国之所以对民营医疗机构市场准入长期实行从严规制，一方面是因为认为医疗服务属于公共产品，具有非竞争性和非排他性，由市场提供将导致无效率或者高成本。另一方面是因为受到公立医疗机构这种“混业经营”模式的困扰，没有弄清楚医疗卫生服务中哪些服务应由政府承担供给责任，哪些服务可由市场提供，从而做出对民营医疗机构市场准入实行一味地从严

❶ 所谓市场制度精细化的安排，即通过如执照、证书、评级、持续性医患关系的建立等制度安排来有效缓解供给诱导需求、外部性、垄断等医疗市场失灵现象。参见 Folland Sherman, Allen C. Goodman, Miron Stano. The Economics of Health and Health Care. Upper Saddle River: Prentice Hall, 2001: 201。

规制选择。

5.3.3　从严规制与从宽规制并重

结合我国政策对民营医疗机构市场准入一味从宽的做法和我国立法对民营医疗机构市场准入一味从严的规定，笔者认为，对于民营医疗机构市场准入应做到从严规制与从宽规制并重，相互结合，该从严规制的则应从严规制，该从宽规制的应从宽规制，而不是一味地从严规制或者一味地从宽规制。一味地从严规制，将直接制约民营医疗机构市场准入的成本与效率；一味地从宽规制，则势必造成机会主义的泛滥和医疗安全隐患。这种从严规制与从宽规制相互并重、相互结合的选择将呈现出结构性的特点。例如，对于医疗技术人员市场准入应从严规制，这也是国际上通行的做法。国外许多国家均对医疗技术人员市场准入规定了医学专业学历、医学实践年限的要求，并且实行医生和护士市场准入执业资格许可制度。同时，对于通科医生执业许可和专科医生执业许可规定了不同的条件，相比之下，专科医生执业许可的门槛更高更严。笔者认为在我国民营医疗机构市场准入过程中，对于医疗技术人员执业资格准入条件应当从严规制，而不是从宽规制。因为民营医疗机构提供医疗服务质量的高低，除了取决于医疗机构的管理水平以外，最终取决于其医务技术人员的技术水平。但对医疗技术人员的从严规制实际上在不同区域又有所不同。例如对于医务技术人员的学历，在我国西部地区或边远地区，相对东部地区或城市而言可以适当降低。对于营利性民营医疗机构和非营利性民营医疗机构可以从宽规制，只是对于二者在准入之后的侧重点有所不同：后者重在保证其设立宗旨与实际经营运行相符合；前者则重在保障其规范、有序运行，并依法纳税。但这一从宽规制也只是相对的，例如以公司形式设立的民营医疗机构，其注册资本必须达到法律规定，而对于以合伙形式设立的民营医疗机构，其设立资金限制则可从宽。

强调从严规制是基于医疗服务的社会公益性和医疗安全的考虑。由于民营医疗机构市场准入制度的缺失，民营医疗服务市场秩序混乱，极大威胁着消费者生命健康安全。具体表现为：第一，民营医疗机构良莠不齐，盲目进入。某些民营医疗机构存在投机心理，缺乏市场分析和对医疗行业的了解，盲目进入，结果陷入困境，于是利用医疗机构的优势欺骗患者，将无病说成有病、小病说成大病、小手术变大手术。第二，医疗机构超范围经营现象严重。许多民营医疗机构为了利益，其经营范围与其核准登记的范围往往不一致。例如，没有外科门诊却为患者实施外科手术；民营医疗机构往往不顾病人具体情况，不需要开刀的给病人开刀，不需要住院的强留其住院；不顾自身技术条件，一味留住病人，不到万不得已不转院，甚至酿成医疗事故；有的还存在不合理用药和不合理检查以及诱导开大处方现象。[1] 第三，雇佣无相应资格的、未经注册或备案的医务人员从事医疗服务的现象严重。当前民营医疗机构中有的医务人员虽已取得执业医师资格的技术水平、执业助理医师资格证书、护士执业证书，但未经本地卫生部门进行变更注册取得有效执业证书便从事诊疗活动；更为甚者，有的医务人员在尚未取得执业医师资格证书、执业助理医师资格证书、护士执业证书时便已开始就从事医疗工作。第四，虚假广告泛滥。据统

---

[1] 参见新型现代医疗服务体系建设与评估课题组. 关于促进中国民营医疗机构发展的政策和立法研究. 国外医学（卫生经济分册），2000，25(2)：93。

计，90%以上的民营医疗机构均存在虚假医疗广告现象。[1] 许多民营医疗机构为了经济利益走进了“以广告吸引患者的怪圈”。当前违法医疗广告的主要表现为：未经卫生部门、工商部门审批便进行广告宣传；在广告中夸大新技术、新药的作用；利用广告将一般的医生包装成所谓的高级专家，做广告欺骗消费者。虚假广告的发布，不仅损害了消费者的利益，也损害了民营医疗机构自身的形象。民营医疗机构上述种种违法经营的行为，造成了民营医疗机构信用缺失，如果不从严规制，势必将损害消费者生命健康与安全，损害社会公共利益。因此，应通过严格的市场准入制度将其在准入源头中扼杀，并通过准入后的监管加以严格规制。第五，对于医疗技术人员市场准入，国际上统一的做法是一律从严规制。

强调从宽规制并不是否定医疗服务规制的必要性，而只是针对民营医疗机构的弱势地位，针对其进入的医疗范围，有条件地部分放宽规制，仍然保留部分规制，或者说是在整体上从宽规制的同时，在局部从严规制。从宽规制的主要原因在于：第一，由于计划经济体制的长期影响，公立医疗机构的行政垄断地位仍然是民营医疗机构市场准入的重要障碍。从立法上看，已有的公立医疗机构市场准入的相关法律制度并不一定完全适宜民营医疗机构市场准入。相关立法对二者不平等的现实并未引起足够重视并予以特别保护，因此从立法视角而言，有必要对民营医疗机构予以倾斜保护，考虑放宽其准入条件，促进民营医疗机构市场准入。第二，从政策层面看，我国医疗服务业中长期坚持以公立医疗机构为主体、民营医疗机构为补充的错误定位，以及过分强调医疗服务安全而忽视医疗事业发展的举措，导致二者在融资、税收、财政补贴、

---

[1] 参见正方，陈晓伟．新医改：民营医院路在何方．http://www.cqn.com.cn，2011－12－10。

医保定点、人才引进以及设备准入等方面享受着完全不公平的待遇。因此，从政策层面看，应该在医疗服务体系中将公立医疗机构与民营医疗机构放在并重的地位，将医疗安全与医疗事业发展相结合，放宽民营医疗机构市场准入。第三，从医疗服务的性质看，医疗服务属于社会公益事业，但医疗服务产品却具有多样性，决定了民营医疗机构市场准入的范围并不会完全一样。它可以进入公共医疗服务领域，也可以进入基本医疗服务领域。而且民营医疗机构将以不同的法律组织形式进入不同的领域。如果对于不同法律组织形式的民营医疗机构进入不同的医疗服务领域均实行统一的从严规制，显然是不切实际的。例如，民营医疗机构进入公共医疗服务领域，提供公共卫生和公共预防与防疫、特殊人群的卫生保健和特殊疾病的预防与治疗服务时，由于提供这些公共产品或者准公共产品相比提供基本医疗服务而言，在技术、设备等条件方面要求更高，而且其涉及面更广、影响更深，因此政府应对其所生产和提供的公共医疗服务产品进行严格监控，实行从严规制。但如果民营医疗机构进入基本医疗服务领域，以个体诊所形式设立在社区提供医疗服务，那么应从严规制其医疗服务人员的资质，而对于个体诊所的场所、设立经费等条件可以从宽规制。

事实上，从严规制和从宽规制的选择也是有条件的，对于从严规制与从宽规制的选择依据是社会公益的最大化和经济效率。一般而言，市场机制成熟度非常高，医疗法制完备，医疗市场形成真正的竞争机制时，可以考虑从宽规制；反之，则应从严规制。总之，民营医疗机构市场准入采取从严规制与从宽规制并重的选择并不是最终目的，而仅仅只是一种手段和方式而已，其最终目的是要通过从严规制与从宽规制的有机结合，既保证医疗服务安全，促进民营医疗机构市场准入，又保证社会资本有效缓解政府财政不足，从而形成真正的医疗市场竞争机制。

5.4　我国民营医疗机构市场准入法律制度的立法模式选择

民营医疗机构市场准入立法模式的选择，不仅取决于一个国家具体的社会、经济环境，还取决于选择了某一具体立法模式后是否适应并最有利于这个国家民营医疗机构的发展、医疗服务事业的发展和医疗安全，有利于医疗服务行业特定问题的解决，更取决于这一立法模式能否最大限度地保证民营医疗机构市场准入，维护医疗市场的公平和效率。就我国民营医疗机构市场准入立法模式的选择而言，当前必须充分考虑我国正处于市场经济发展转型时期的特点、我国医疗服务行业的现状以及民营医疗机构市场准入的现状等具体问题，最大限度促进民营医疗机构市场准入，促成真正的医疗市场竞争机制的形成，并最终形成医疗供给多元化格局。

5.4.1　域外民营医疗机构市场准入法律制度立法模式考察

关于民营医疗机构市场准入立法模式，纵观世界各国及相关地区的具体做法，不外乎统一式和单行式两种主要模式。所谓统一式立法模式是指将民营医疗机构市场准入的相关内容规定在一部统一的法案之中。所谓单行式立法模式是指针对一国民营医疗机构的现状制定专门的规范民营医疗机构市场准入的法律。两者各有利弊。各个国家和地区对两者不同的取舍，或是基于各自不同的政治、经济乃至文化环境而加以主观选择，或是基于各自特定的历史背景客观形成。

5.4.1.1 统一式立法模式

统一式立法模式最典型的代表是美国。美国有关民营医疗机构市场准入的制度均置于《美国法典》中，《美国法典》第24篇是专门关于医院和救济院的规定。《美国科罗拉多州医院法》对于非营利性医院的设立程序及条件做出了规定。依据该法规定，设立非营利性医院，首先须从公共卫生和环境部门获得许可并取得执业执照，否则其设立、运营行为就是非法的。二是免税申请程序。取得法人资格的非营利性医院要获得免税优惠，必须根据美国税法501C3条款的规定，提交一份两页纸的机构章程，写明机构名称、目标，说明不为任何私人谋利益的宗旨，然后交由该非营利性医院所在地的州税务局提出免税申请。申请内容包括活动陈述、组织条例和章程的副本以及当前财务状况的说明等。只有达到联邦税法规定的特殊免税要求后，才能获得这一权利。《美国科罗拉多州医院法》对于非营利医院的执业执照期限规定了“一年一照”的制度，即非营利性医疗机构申请并取得执业执照后并非可以一劳永逸，而是必须每年按照一定的方式，提出申请，重新领取执业执照，并缴纳一定的费用，否则执业执照到期将作废。在完备的立法下，美国法律对医疗机构市场准入起到了有效的调控与规制，使得美国医疗服务市场竞争十分激烈。

统一式立法模式有利于维护法律制度的统一性，可以使立法在体系上更具系统性、完整性和权威性，是一种较为完美的立法模式。采用统一式立法模式的国家和地区大多是市场经济相对发达的国家和地区，但这种立法模式对于立法者的技术水平要求较高，立法的成本也较高，立法任务艰巨，而且需要有其他相关法律制度作为支撑和辅助。统一式立法模式对于美国这样经济高度自由和法制完备的国家比较适宜，但对于我国而言，我国不仅在医疗服务方面的立法极其匮乏，而且与民营医疗机构市场准入的相关立法也较为落后，因此对这种立法模式应慎重选择。

5.4.1.2　单行式立法模式

以单行式立法模式促进民营医疗机构市场准入的国家和地区居大多数，其中最典型的代表当属日本、新加坡、英国和我国台湾以及香港地区。

日本于 1948 年制定了《医疗法》，确立了医疗法人制度，并对医疗机构的设置、规模、医院内部设备标准、人员配备标准等方面有具体明确的规定。医疗法人制度作为民法中最为深邃和繁复的制度之一，起源于罗马，正式确立于德国，现在正从私法领域向公法领域扩展。目前世界上实行医疗法人制度的典型代表国家和地区是日本和我国台湾地区。日本《医疗法》用了将近三分之一的条款从通则、设立、管理、医疗法人债、合并与解散、监督等 6 个方面来规定医疗法人制度。医疗法人制度不仅为个人开设私立医疗机构提供资金积累、方便运营等有利条件，而且法人化可以达到经营稳定长久和规范化的效果，使得私人医院纷纷转为医疗法人机构。

医疗法人是日本私立医疗机构最主要的法律组织形式。日本《医疗法》对医疗法人设立的条件、非营利性质、医疗法人的类型、医疗机构的设置审批以及医疗计划等都进行了详细规定。日本《医疗法》第 44 条规定，医疗法人设立医疗机构，除必须得到都道府县知事的认可外，还必须在其章程中明确其设立目的、名称、将要开设医院的场所、事务所的所在地、相关必要的资产等条件。就医疗法人市场准入方式而言，日本也是采取许可加登记的方式。医疗法人经许可设立后，必须按其主要事务所所在地的政令的规定进行设立登记。除此之外，日本还用民法来规范“公益组织”，并且制定了《非营利组织促进法》《日本特定非营利活动促进法》等一系列规范各类非营利性医疗机构的法律。在非营利性医疗机构的登记设立方面，仅在一个地区之内设立的日本医疗团体只要获得地方政府部门的正式批准后就可成立。此外，日本法律从市场准入、税收政策、运行以及市场退出等方面对非营利性医疗机构做出了具体规定。为保证其注册的规范性，日本法律对非营利性医疗机构的所有权、资金、职能等方面做出了规定。为保证其真正执行不分配盈利的政策，日本法律对非营利性医疗机构的治理结构和盈利业务均有较为完备的规范。此外，对于非营利性医疗机构的筹资方式、免税政策和撤资方式均做出了规定。

日本的医疗法人制度较好地实现了对私立医疗机构市场准入行为的规制。医疗法人制度既有效保证了社会资本进入医疗服务领域，保证了私立医疗机构社会公益性的实现，又保证了私立医疗机构的独立法人资格，使其能以自己的名义独立承担责任和履行义务，为私立医疗机构的进一步发展提供了重要的法律保障。不仅如此，医疗法人制度更是在私立医疗机构市场准入过程中实现医疗机构去行政化的重要途径。医疗法人制度不仅使得私立医疗机构与公立医疗机构一样具有独立的法人资格，能以法人的形式开展医疗活动，而且以多元投资主体设立的医疗法人制度能够最大限度地为医疗机构筹措资金，解决了私人医疗机构的融资困难，有利于其发展。同时，医疗法人制度能最大限度分散经营风险，基本解决了医疗机构继承经营的法律障碍问题，增强了私立医疗机构经营的积极性，使得医师合伙经营医疗机构合法化，减少了合伙开业的经济纠纷。

医疗财团法人制度对于促进我国民营非营利性医疗机构的设立很有借鉴意义。医疗财团法人制度的主要目的是使自然人可以超越个人生存期限的制约，以组织体的形式来实现一些长期或者永续存在、有意义的社会目标，促进公益事业，带动社会发展。医疗财团法人主要是通过捐助或者遗赠而设立，且只能是非营利的。捐助人或遗赠人通过捐助章程或者遗嘱的方式，明确医疗财团法人的相关内容，包括其设立目的、财产、组织和管理方法等。医疗财团法人成立后，捐助人或者遗嘱执行人将财产转移给医疗财团法人。医疗财团法人依照章程而独立运作，不受捐助人或者遗嘱执行人的干涉。由于医疗财团法人机构对社会发展的贡献，所以在法律上通过税收等方面的优惠来特别加以鼓励。医疗财团法人机构的建立，使得捐助者既因为对社会事业的贡献有了成就感，又因为税收的优惠得到了经济上的鼓励。这种机制为社会资本进入医疗服务领域并且保证其不以营利为目的的社会公益性开辟了良性的渠道，值得借鉴和研究。

医疗社团法人制度对民营营利性医疗机构市场准入有很好的制度借鉴作用。医疗社团法人属于人合性质的医疗法人组织，其以社员为组织基础而成立。医疗社团法人有自己的社员或者组织成员，有社员总会和执行机关董事会，医疗社团法人可以随时改变，较富弹性。相对于医疗财团法人而言，医疗社团法人是更具弹性的管理组织。医疗社团法人必须是两个人以上的合同行为，且须为生前行为。医疗社团法人有自己的意思机关，其可以依据其最高意思表示机关决议、变更其组织章程。医疗社团法人设立的目的可以是营利，也可以是公益，而医疗财团法人只能以非营利性为目的。医疗社团法人的上述特征，为我国民营医疗机构市场准入制度提供了很好的借鉴。

《英国国家保健标准委员会准入(注册)法规》对于以个人名义和组织名义申请设立医疗机构的条件分别做出了明确规定。申请者如果以个人名义申请开办医疗机构的，则必须具备以下条件：个人专业的和技术的资格细节，经营机构的经历，这些资格和经历要和向人们提供的服务相关并且这些服务是在机构里提供的；要有两个证明人等。申请者如果以组织的名义申请开办医疗机构，也需要具备一定的条件。同时，无论是个人还是组织申请开办医疗机构，都要有一份银行出具的证明申请者经济能力的意见书，以确保申请者有经济能力开办医疗机构。英国不仅对民营医疗机构市场准入条件进行了规定，而且还对医生执业准入条件进行了规定。英国《医师法》规定了医生执业注册制度和医生注册的五种制度。

完善的医疗行业法律法规体系，是政府对医疗机构市场准入进行有效规制的法律基础和依据。为了规范私立医疗机构市场准入，新加坡政府1999年制定了《私立医院和医疗诊所法》，之后又制定了《私立医院和医疗诊所法案指导原则》。通过这两部立法，新加坡政府对私立医疗机构的设置审批做出了详细规定。《私立医院和医疗诊所法》规定了私立医疗机构的许可；规范许可的发放和更新；私立医疗机构的种类；私立医疗机构注册、许可的中止和撤消；以及私立医疗机构设置审批方面的法律救济活动。新加坡是一个法制非常健全的国家，法律在其经济发展和社会生活中起着重要作用。新加坡政府不仅注重对医疗服务主体规制的立法，还注重对医疗服务职业规制的立法。现行的医疗职业规制的立法有《牙医法》《西医注册法》《护士与助产士法》《药师注册法》和《中医执业者法》。

可见，单行式立法模式是一种较为流行并被普遍采用的立法模式。单行式立法模式的最大优点在于：一是立法目的极其明确，便于立法者针对一国民营医疗机构的状况、特点明确其立法的宗旨，能有效地为民营医疗机构市场准入提供有力的法律保障，不会与其他立法发生矛盾与冲突。二是立法内容明确清晰，便于保护民营医疗机构公平的市场准入权利，使执法机关对于不符合市场准入条件的行为、限制或者人为阻止民营医疗机构准入的行为，采取必要的手段方法加以规制，同时也是民营医疗机构市场准入权利受到剥夺时有力的救济途径。三是具有较强的可操作性。由于立法目的明确、立法内容确定，因此便于执法机关依法对民营医疗机构市场准入行为进行判断。当然，采用单行式立法模式也并非十全十美，如单行式立法模式将导致立法成本增加等。

5.4.2　我国民营医疗机构市场准入法律制度立法模式的检视

目前，我国民营医疗机构市场准入法律制度已初具雏形，并已经形成了以行政法规、部门规章和规范性文件组成的三个层次立法体系。

第一层次由一系列规范民营医疗机构市场准入的行政法规和部门规章组成，例如《医疗机构管理条例》《医疗机构管理条例及其实施细则》《中外合资合作医疗机构暂行条例》等。但这些法规缺乏完整性和系统性，主要表现在两个方面：首先，立法分散、层次低。有关民营医疗机构市场准入的规范散见于诸多法律文件中，政出多门且杂乱无章，难以统一把握，且大多数文件都以部门规章形式存在，效力层级不高，相互之间还存在重叠交叉甚至冲突，不具有可操作性。这些法规和部门规章往往关注部门利益，在立法过程中带有明显的行政部门利益色彩。现有立法也没有考虑到公立医疗机构和民营医疗机构之间的不平等性，未注意到民营医疗机构市场准入的特殊性，将公立医疗机构市场准入与民营医疗机构市场准入放在同一起跑线上，以至于二者之间原本就存在的不平等地位更加凸显。现有的法规主要是从管理角度进行规定，不仅立法层次低、立法空白较多，缺乏医疗法人制度的相关规定，也无医疗机构法人制度的规定，更不用说民营医疗机构市场准入法律制度的专项立法。仅有的关于医疗机构市场准入的规定过于原则与抽象，缺乏可操作性，对于医疗机构市场准入范围、准入条件和准入方式等一些重要问题尚未涉及。其次，立法真空不少，明显滞后于市场经济的发展。我国医疗机构准入的主要依据是《医疗机构管理条例》。《医疗机构管理条例》制定于市场经济初期的20世纪90年代初，当时民办医疗机构凤毛麟角。随着民办医疗机构迅速发展，其许多内容已不符合目前市场经济发展的需要，而且其立法滞后，行政本位色彩浓厚，准入条件模糊，行政裁量权力过大，审批权力过于集中，审批过程缺乏透明度，带有明显的部门利益色彩。对于民营医疗机构市场准入的条件，无论《医疗机构管理条例》还是其他相关国家政策均未做出明确规定。目前，仅外资医疗机构以及港澳台医疗机构注册资金有明确规定，而内地民营医疗机构注册资金尚未规定明确数额。

第二层次由国家制定的一系列规范性文件组成，例如《国务院关于鼓励和引导民间投资健康发展的若干意见》《关于城镇医疗机构分类管理的实施意见》《关于医疗卫生机构有关税收政策的通知》《国务院关于鼓励支持和引导个体私营等非公有制经济发展的若干意见》《关于城镇非营利性医疗机构进行民办非企业单位登记有关问题的通知》等。这些规范性文件虽然一再强调放宽民营医疗机构市场准入，允许民营医疗机构市场准入，加快民间资本进入医疗服务领域的步伐，但仍有“雷声大，雨点小”之嫌。虽然非公经济新旧“36条”的出台，使人们看到了国家鼓励国外资本和民营资本投资医疗服务行业的希望，但这些规定均未上升到法律层面，对民营医疗机构市场准入的规定过于原则与抽象，缺乏可操作性，从而使民营医疗机构市场准入仍然难以实践。

第三层次是地方制定的促进民营医疗机构市场准入的规范性文件，例如北京市2012年的《关于进一步鼓励和引导社会资本举办医疗机构的若干政策(征求意见稿)》、上海市颁布的《关于本市促进社会办医发展民办医疗机构若干意见（试行）的通知》、浙江省宁波市制定的《关于促进社会办医规范发展民办医疗机构的若干意见（试行）》、云南省出台的《加快发展民营医疗机构的实施意见》、杭州市制定的《关于鼓励民资外资兴办医疗机构的实施意见》等。这些规范性文件对于民营医疗机构的设置审批程序、登记注册准入方式、资金扶持、用地、税收、人才以及定点医保等内容均进行了规定。但无论是国家已有的行政法规、规章还是规范性文件均没有对民营医疗机构市场准入范围、准入条件和准入方式等核心内容做出明确规定。

我国民营医疗机构准入制度的立法与国外相比，存在很大差距，即使与同属社会主义公益事业的民办教育行业相比，也相差甚远。2002年我国就已颁布了《中华人民共和国民办教育促进法》，对于民办教育机构的设立、组织与活动、资产与财务管理等做出了明确规定。

综上所述，事实上我国并没有真正意义上的专门促进民营医疗机构市场准入的法律规范，现有的相关规定多以行政法规、部门规章以及其他规范性文件为主，且主要是针对公立医疗机构市场准入的规定，立法的效力层次低，内容缺乏系统性、可操作性，在实践中彼此存在着许多矛盾，不具有法律的权威性，因此很难保证民营医疗机构实质性市场准入。可以说，当前我国民营医疗机构发展不足，市场准入受到种种阻碍，与我国民营医疗机构市场准入制度缺失有着直接的、必然的关系。因此，应采取单行式立法模式，制定专门促进民营医疗机构市场准入的法律制度。

5.4.3 我国民营医疗机构市场准入法律制度应采用单行式立法模式

民营医疗机构市场准入立法模式的选择和确定，并不是立法者的主观臆想，而是取决于一国特定的历史条件及不同的社会、文化背景。不同的立法模式孰优孰劣，并没有一个绝对的、固定的标准。针对民营医疗机构发展的严重不足、民营医疗机构市场准入存在种种“暗礁”的状况，笔者主张应采用直接针对民营医疗机构市场准入的单行式立法模式，即将民营医疗机构市场准入制度的内容集中在一部法律制度中表述。当前我国亟需以现有的行政法规、部门规章和其他规范性文件为基础，制定一部适用于全国的民营医疗机构市场准入的基本法律制度。通过制定促进民营医疗机构市场准入的专门法律规范，明确民营医疗机构市场准入的范围、条件和方式。其中，应明确国家允许、鼓励和支持民营医疗机构进入哪些医疗服务领域，禁止或限制其进入哪些医疗服务领域。然后依据准入范围，确定民营医疗机构准入的条件和方式等。

关于我国民营医疗机构市场准入立法模式的选择，国内部分学者较为一致的呼声是以单行式立法模式制定适应全国的促进民营医疗机构市场准入的法律制度。但有关民营医疗机构市场准入的法律制度以单行式立法模式制定的呼声仍然十分微弱，无论是民营医疗机构本身还是政府及其所属部门更倾向于选择制定相关政策，鼓励和促进民营医疗机构市场准入的做法。笔者认为，基于民营医疗机构的现实情况，已经不适宜采用统一式立法模式，而应借鉴国外民营医疗机构市场准入的经验，基于我国促进民办教育的立法实践，以单行式立法模式制定适用于全国的《民营医疗机构促进法》。国外实践证明，完备的法律制度是保证民营医疗机构有序市场准入的前提，更是规范其准入行为的保障。我国未来民营医疗机构市场准入法律制度之所以命名为《民营医疗机构促进法》[1]，主要原因为：其一，我国已有的《民办教育促进法》能够为民营医疗机构市场准入提供很好的借鉴，而且二者在很多方面有类似之处，尤其是对我国非营利性民营医疗机构的准入有很好的借鉴作用。其二，医院法主要规范医院执业条件，医院仅仅属于医疗机构的一种类型，而且医疗机构的内涵与外延要比医院宽得多。医疗法规制的是医疗行为，而《民营医疗机构促进法》则非常明确地旨在促进民营医疗机构健康发展，规范民营医疗机构及其医务人员执业准入条件、准入范围和方式，维护民营医疗机构和消费者的合法权益。

之所以选择单行式立法模式，从宏观上讲，一方面可以避免立法技术上的诸多不便，另一方面也是适应我国民营医疗机构弱者地位的客观情势，同时又符合经济法对民营医疗机构弱者权利的倾斜性配置，促进民营医疗机构与公立医疗机构之间的公平自由竞争的

---

[1] 曹艳林等建议制定《医疗法》，因为《医疗法》在调整范围和法律关系方面比医院法更明确，能更好地发挥法律对人们行为的规范和指导作用。参见曹艳林，王将军，魏占英，等. 医疗机构法律规制研究. 医院院长论坛，2011(2)：59。郭祎建议在《医疗机构管理条例》的基础上，制定《民办医疗机构促进法》或《医疗机构法》，为民营医疗机构营造医疗机构公平的竞争环境创制法律保障。参见郭祎. 我国医疗机构公平竞争的立法思考. 河北科技大学学报(社会科学版)，2010，10(2)：55。

实质正义目标实现。发达国家和地区的经验表明，只有建立完备的医疗机构市场准入法律制度，才能既确保民营医疗机构真正与公立医疗机构公平竞争，实现实质性市场准入，又保证民营医疗机构规范执业、依法运行，保证医疗服务安全。同时，完备的市场准入法律制度也是民营医疗机构市场准入过程中去行政化的最好方式之一。从微观而言，选择单行式立法模式制定《民营医疗机构促进法》主要是因为：第一，目前我国尚未有适用于全国的规范民营医疗机构市场准入的单项专门立法。现有的关于民营医疗机构市场准入的行政法规、部门规章及规范性文件的规定彼此矛盾冲突，导致在实践中难以操作，而且这些规范性文件往往朝令夕改，不具稳定性，权威性也有待提高。而法律却能克服政策的不稳定性，能明确政府、民营医疗机构、医务人员、患者的权责，能更好地指引和规范民营医疗机构和医务人员的执业行为，保障其合法权益。因此，对于民营医疗机构市场准入应以间接的法律规制方式取代现行的直接行政性规制。此外，由于我国受计划经济体制的影响，所有制“身份论”的观念根深蒂固，如果不以法制为基础，很难制约政府权力，克服权力寻租的现象。第二，已有的关于民营医疗机构市场准入的规定属“头痛医头、脚痛医脚”的做法，缺乏系统性和整体性，过于庞杂分散。有的规定以行政法规、部门规章形式出现，有的则属于其他规范性文件和政策，尚未上升至法律层面，权威性有待提高。有的规定的相关内容过于笼统和抽象，缺乏可操作性。有的甚至根本就不具有强制性、约束力，不能有效规制政府在审批中滥用自由裁量权的行为，也无法保证民营医疗机构市场准入，有违市场经济法治原则。第三，民营医疗机构市场准入现存的所有问题均表明，民营医疗机构市场准入法律制度的缺失是导致民营医疗机构难以进入医疗服务市场的最为关键的原因。

在我国市场经济转型时期，法治仍是促进民营医疗机构市场准入的最优选择。

笔者认为，《民营医疗机构促进法》的具体内容应包括总则、民营医疗机构市场准入的范围、市场准入的条件、市场准入程序、救济途径、市场退出以及监督机制等。其中，准入范围、监督、市场退出和权利救济应作为重点加以完善和建构。日本的《医疗法》中没有涉及监督和权利救济的专门章节，我国民营医疗机构专项立法中，应该将“监督”“市场退出”和权利救济作为独立的部分，以规范医疗服务行为，有效防范医疗风险，维护公平有序的竞争。此外，我国还可在《民营医疗机构促进法》中借鉴日本《医疗法》的医疗法人制度，为非营利性民营医疗机构市场准入提供有力的支持。毕竟医疗法人制度经过了两千余年的发展，较好地实现了对私立医疗机构准入行为的规制，该制度的设置能更好地弥补我国当前民营医疗机构市场准入体制固有的缺陷。

第 6 章　我国民营医疗机构市场准入法律制度的建议

我国民营医疗机构市场准入制度的重要目标是确保医疗安全与医疗事业的健康发展，实现医疗服务供给主体的多元化。这就要求明确民营医疗机构市场准入的范围、市场准入条件，合理规定准入方式，规范市场准入程序，完善市场准入体制。

6.1　民营医疗机构市场准入范围

有人认为当前公立医疗机构的垄断地位、税收政策、定点医保以及人才等因素极大制约了民营医疗机构市场准入。笔者认为，上述观点具有一定的合理性，但这些观点尚未发现问题的本源，事实上民营医疗机构市场准入法律制度的构建当务之急是要明确民营医疗机构市场准入的范围，只有明确了这一重要构成因素之后，才可能使得民营医疗机构市场准入做到有法可依。笔者认为尽管“它山之石可以攻玉”，比较相关国家和地区民营医疗机构市场准入的立法规定，可以为我们构建民营医疗机构市场准入法律制度提供很好的借鉴与启示。然而，就民营医疗机构市场准入范围而言，我国当前更需要的是找到适合中国国情的道路。

6.1.1　国外民营医疗机构市场准入范围的立法考察

由于国外一般将医疗机构划分为公立医疗机构和私立医疗机构，而私立医疗机构又分为营利性医疗机构和非营利性医疗机构，并没有民营医疗机构的说法，而实际上国外的私立医疗机构与我国民营医疗机构在外延和内涵上均有一定的重合，因此，笔者在下文中所称“私立医疗机构”与“民营医疗机构”实属同义。此外，由于医疗机构能进入某一医疗领域意味着其可以在此领域提供医疗服务，因此，医疗机构市场准入的范围实际上也可以由医疗服务的提供主体来界定。质言之，确定了医疗公共产品、准公共产品以及医疗服务私人产品，究竟由哪些医疗机构提供，实际上也就确定了医疗机构市场准入的范围。

英国建立了以公立医院垄断为主的医疗服务供给模式。1946年英国颁布了《国家卫生服务法》。1948 年，英国国家医疗服务体系（National Health Service，NHS）正式实施。1964 年，英国对《医疗卫生法》进行修订。英国 NHS 具有以下特征：政府直接举办医院并成为医疗服务的提供者；政府代表患者购买医疗服务，成为医疗服务的最后支付者。由于健全的 NHS，在英国患者就医的费用很低，但公立医院的垄断地位和竞争的缺乏，导致医疗服务供给效率低、服务质量差，不能满足患者的需求，就诊等待时间很长，尤其是住院和手术需要很长时间。据官方的保守数字，预约医院的常规门诊是 6 个月，等候住院手术要 18 个月。由此可见，

在英国存在严重的“看病难”问题。❶

20 世纪 80 年代以来，英国政府对其医疗服务供给模式进行了重大改革，即将政府作为医疗服务的供给者与购买者的角色进行分离，引入竞争机制，引入内部竞争市场或者公共合同。首先，进行医疗机构改革。英国政府将所有医疗机构与卫生部门脱离，而不论其规模大小。改革后的医疗机构实行自我管理和自我经营，但其资产仍属于国家所有，且其每年收入的 6% 必须归入其固定资产。这样就使医院不能免费使用国家医疗卫生财政经费，从而不得不通过提高效率来保证其生存和发展。其次，政府卫生部门转换职能。政府卫生部门不再直接提供医疗服务，也不再直接向医院提供资金资助，而是在比较各医院所提供的服务质量和价格基础上，以合同方式购买公立医院或私立医院的服务，并以此促进医院之间的内部竞争。换而言之，卫生部门已从原来的提供者和购买者的双重身份转变为购买者和行业规制者。

新加坡建立了公私互补型的医疗供给模式。20 世纪 60 年代初，其医疗服务主要由公立机构提供。现在，新加坡医疗服务卫生体系由公立医疗机构和私立医疗机构组成。私立医疗机构由私立医院和开业医生（general practitioner，GP）组成。公立医疗机构主要包括公立医院、联合诊所。新加坡政府认为要改善医疗服务

❶ 英国媒体报道过一个极端的例子，一个女孩在登记扁桃腺手术后，20 年后才接到通知．此时，小女孩早已成为两个孩子的母亲了。例子虽有些极端，但却反映了在英国“看病难”的程度。还有一个例子，时任新加坡内阁资政的李光耀的夫人在英国突发急性脑溢血，救护车送到医院后却被告知要排队等候，据说通过友人的帮忙才在一两个小时后得到治疗。之后李光耀冒险护送病危的夫人回国治疗。他形容那次“冒险飞行”中的心情“如入地狱一般”，怒斥英国的医疗服务是全世界最差的。参见南方健康网．英国民卫生服务让英国人爱恨交加．http://www.fm120.com/content/2004-2/7/19775-2.html，2012-08-20。

水平，提高服务效率，市场竞争的作用是必要的。因此，在新加坡医疗市场中主要由私立医疗机构向患者提供具有私人产品属性的医疗服务，即基本医疗服务，而公立医疗机构不作为基本医疗服务提供者存在。因为新加坡政府认为私立医疗机构费用较低，对于基本医疗，市场力量一般都能有效地使价格维持在较低水平。质言之，新加坡对于具有私人产品属性的医疗服务领域完全向私立医疗机构放开准入之门，而公立医疗机构则一般不承担基本医疗服务任务。同时，由于医疗市场自身的局限性，政府必须对其进行调控。政府为了解决患者在大医院的"看病难"问题做出了如下规定：如果患者直接去大医院看病，按专科急诊对待，其所花费的医疗费用将是由社区综合诊疗所推荐转诊后的费用的 3 ~ 8 倍。因此，居民得小病自愿选择社区医院。我国可借鉴新加坡的做法，在医疗服务费用和功能方面拉开各级医院的档次：三甲医院可将重点精力和资源放在科研教学及疑难杂症的治疗上，而社区医院则应以方便、快捷和便宜为主要特点。如此一来，患者事先分流，有利于缓解"看病难"问题。

美国建立了以市场为主导的医疗供给模式。美国医疗服务由一个松散系统组成，其医疗服务体系❶几乎涵括了各种形式的医院。从所有制形式看，美国的医院主要包括公立医院、私立营利性医院和私立非营利性医院。美国医疗服务主要由私立医疗机构提供，例如急性病服务、口腔科服务、医院的治疗和手术服务等都由私人医生完成，一些预防性服务可能由政府和其他组

❶ 美国医疗服务体系主要包括各类医院、诊所、持续护理生活区、家庭护理公司、老年病医院、临终关怀医院等医疗保健组织以及政府为现役和退伍军人等举办的医院。可以说，美国医疗服务体系几乎无所不包，但却极为松散。参见王丙毅. 政府医疗管制模式重构研究. 北京：人民出版社，2008：213。

织完成❶，但其中的主要部分仍由私人医生提供。美国军人医院主要为美国军人提供必要的医疗服务以及预防性服务，这在美国医疗服务系统中是独一无二的。退伍军人医院则主要提供需要长期护理的医疗服务，但不提供公共卫生服务和常规疾病治疗医疗服务。由于政治上的分权和经济上的自由竞争，美国医疗卫生服务体系充满了自由竞争的气息。因此，美国医疗卫生服务提供体系不存在公共提供的弊端。美国的医疗服务提供具有典型的市场化的特点。其中，美国疾病医疗服务和公共医疗服务基本由私立医院提供，这也就说明私立医院既可进入具有私人产品属性的医疗服务领域，也可进入具有（准）公共产品属性的公共卫生和公共预防与防疫，特殊人群的卫生保健和特殊疾病的预防与治疗领域。因此，事实上美国整个医疗服务系统是一个开放的系统，私立医院无法进入或者不能进入之时，公立医院方进入提供公共卫生和基本医疗服务。

德国建立了政府与市场相结合的医疗服务供给模式。德国将整个卫生服务系统划分为公共卫生和医疗服务两大体系。其中，公共卫生医疗服务由政府直接供给，医疗服务市场则实行以公共合同为代表的医疗供给模式。德国医疗服务体系分为四个部分，即私人诊所、医院、康复机构和护理机构，这些机构各司其职。❷依

❶ 美国预防工作包括：一是预防不发病，例如免疫接种、制定卫生标准等；二是早期发现疾病，及时制止其发展；三是对已有的疾病并发症的预防。其中，公共卫生医生和预防工作者做了大量的预防工作，降低了人们对初级保健的需求。美国提供预防性服务的机构主要有：计划生育中心、儿童咨询中心、预防中毒中心。参见储振华.发达国家医疗管理制度.北京：时事出版社，2001:75。

❷ 德国的私人诊所负责一般门诊检查、咨询工作。医院承担各种形式的住院治疗。康复机构负责经医院治疗后的康复。护理机构负责老年以及残疾者的护理。在德国，医疗机构之间的分工和执业范围十分明确。德国私人诊所由开业医生自己筹资建立，其中大多数为全科医生，一般通过提供相关服务获得收入。

据所有制形式的不同，德国的医院又可分为公立医院和私立医院，其中私立医院又包括营利性医院和非营利性医院。由政府投资并受政府管理或由大学代管的为公立医院；由私人投资兴建的为私立营利性医院；由教会或者慈善机构举办和管理的为私立非营利性医院，然后委托给私人机构，例如私人股东、私营保险机构等经营。在数量上，德国仍以公立医院为主导，非营利性医院居于补充地位。德国联邦政府一般不直接对医院进行管理，更不直接经营医院，而是赋予医院更多的经营自主权，在医疗服务市场中引入竞争机制。政府主要负责制定法律法规、宏观政策调整和医疗机构的规制工作。事实上，德国卫生服务系统的一个重要特征就是私有化。❶ 在医院和社会保健领域，德国实行由公立医疗机构和私立医疗机构共同提供医疗服务的模式。可见，私立非营利性医院和营利性医院在德国医疗服务体系的作用正在日渐加强。而且德国私立医院提供的医疗服务既有二级服务，也有三级服务❷，范围十分广泛。德国医疗服务体系中，医疗服务的提供者和购买者之间是合同关系，二者彼此分离。具体而言，住院服务和门诊服务严格分离，前者主要由医院负责，而后者则主要由开业医生负责。德国政府采取许多灵活多样的方法，鼓励营利性医院不断发展。目前，德国公立医院正处于规模缩减中，而营利性医院则在不断扩张。2005年，德国私立营利性医院的数目与前年相比增加7.4%，占总医院数的44.2%，而公立医院所占比例从46.0%下降到35.1%，其余的非营

---

❶ 例如，开业医生和牙科服务以及私立药房的药事服务等几乎全部依赖于私立卫生服务提供者。参见龚向光，胡善联. 德国医院体制改革. 卫生经济研究，2002(7)：32。

❷ 二级医疗服务(secondary care)，指普通疾病的专科诊断和治疗。三级医疗服务(tertiary care)，指疑难重症的专科诊断和治疗。

利性医院比例同期保持不变。在医疗需求方面，德国消费者主要通过医疗保险来购买医疗服务。在德国，医疗保险是强制性的，除了具备法定条件者外，所有居民必须依照法律程序参加相应的医疗保险组织。作为患者的代理人，医疗保险机构与医院之间是合同关系。医疗保险机构通过付费方式购买医院的医疗服务，其选择医院的依据主要是医院的服务质量和服务水平。

澳大利亚的公共卫生服务由公共卫生机构和私立卫生机构共同提供。澳大利亚公共卫生服务采取联邦、州和地方三级政府负责制，以州和地方政府为主。由于一般传染病在澳大利亚已得到很好的控制、较为少见，因此澳大利亚对于疾病的预防重点已经转向慢性疾病防治，例如心脏病等。针对这些疾病，澳大利亚政府卫生部门、非政府卫生机构以及公共团体一方面加强疾病筛选、早期诊断，一方面加强卫生宣传教育工作。对于职业病的防治主要也由政府承担。在公共卫生和公共预防与防疫，特殊人群的卫生保健和特殊疾病的预防与治疗领域，澳大利亚建构了以政府卫生部门为主，非政府卫生机构及公共团体为辅的供给模式。这一模式充分证明公共医疗机构并非只能由政府主办的公立医院提供，还可允许私立医疗机构进入公共卫生领域并提供这类医疗服务。

法国医疗机构主要包括公立医院和私立医院两大部分。在法国所有的医院都必须承担社区的疾病治疗工作，流行病、传染病的防治工作以及社会医疗救护工作。所有这些能在较大程度上保证了该国居民的医疗保健，也较好地提高了医疗服务质量。在法国，公立医院和私立医院既可提供疾病治疗的医疗服务，也可承担公共卫生防疫与预防以及特殊疾病治疗与预防的公共医疗和准公共医疗服务。

日本医疗机构按所有制形式不同分为国立、公立和私立医疗机构三类；按规模分为医院和诊所。公立和私立综合性医院治疗技术水平和设备条件较高，可提供各种医疗服务。国立医院承担住院周期长且医疗费昂贵的医疗服务，例如麻风病、结核病、肿瘤等。由此可见，日本国立医院承担公共医疗服务，但其承担具有公共产品或者准公共产品的医疗服务，并不是基于其所有制身份，而是基于国立医院主要以科研为主并从事疑难病症的治疗研究，另外还因为国立医院内设有一定数量的康复床位。

6.1.2　我国民营医疗机构市场准入范围的建议

医疗产品中既有公共产品、准公共产品，又有私人产品。医疗产品的性质决定了医疗机构市场准入的范围。我国应依据医疗产品的性质，合理、科学地界定民营医疗机构市场准入范围。

6.1.2.1　允许民营医疗机构进入具有公共产品属性的医疗服务领域

公共产品的供给与生产相区分的理论告诉我们，政府可以是公共产品的提供者，但却并不是公共产品的唯一提供者和生产者，公共产品也可由市场生产然后通过政府购买方式提供。但在医疗服务中，具有公共产品属性和准公共产品属性的医疗服务仍应由政府承担主要供给责任，即政府不能完全退出公共医疗服务的提供，而应做到有所为有所不为。同时，公共医疗服务并不必然一定由政府亲自提供，也可采取公私合作生产、私人生产政府购买或者私人提供而由政府给私人提供者提供补贴的方式提供。当前由政府在公共医疗服务领域通过合同外包方式购买民营医疗机构的服务，并向消费者提供服务已成为世界趋势。从根本上来说，公共物品的私人供给机制是一种公私部门之间的委托代理关系，政府通过政策安排等方式将医疗服务产品委托给私人部门进行生产。英国在实施医疗市场化改革之前，把医疗服务的提供纳入政府职能。在实施市场化改革之后，英国政府卫生部门不再直接提供医疗服务，也不再直接向医院提供资金资助，而是在比较各医院所提供的服务质量和价格基础上，以合同方式购买公立医院或私立医院的服务，并以此促进医院之间的内部竞争。换而言之，卫生部门已从原来的提供者和购买者的双重身份转变为购买者和行业规制者。改革后，英国医疗服务供给状况有了明显改观，患者候诊时间缩短，医院服务质量和效率提高。

公共医疗服务产品既可由政府生产并提供，即由政府直接举办公立医疗机构并提供，同样也可由政府购买民营医疗机构生产的公共医疗服务向消费者提供。民营医疗机构通过这种间接准入的方式进入公共医疗卫生服务领域。我国《关于进一步鼓励和引导社会资本举办医疗机构的意见》中已明确指出，鼓励政府购买民营医疗机构提供的服务，并且采取招标采购等办法，选择符合条件的民营医疗机构承担公共卫生服务。由此可见，我国在政策层面已经明确了由民营医疗机构生产公共医疗卫生服务，然后通过政府购买公共医疗服务而允许民营医疗机构进入公共卫生服务领域的可能性。

首先，对于纯粹公共医疗产品可由政府举办的公立医疗机构直接供给。同时，也可由民营医疗机构生产，然后由政府通过付费，以合同方式购买民营医疗机构的服务，再向消费者提供公共医疗服务。传统的公共产品供给理论认为，公共产品是典型的市场失灵领域，由于纯粹公共医疗产品不具有非排他性和非竞争性，因此由政府来提供可保证其效率和质量，而如果通过市场供给则可能导致供给不足。正如公共选择理论所言，政府虽然能够在一定程度上比市场提供公共产品有效率，但政府同样存在失灵。政府可能在未提供经济上有效的公共产品的同时，错误地提供了经济上无效的其他公共产品。因此医疗卫生服务提供完全由政府垄断绝不是一种有效率的供给方式。为提高医疗服务供给效率，必须在医疗卫生服务提供系统中允许私立医疗机构市场准入。

对于准公共产品性质的医疗服务，也应由政府直接供给为主，不能完全市场化，可以政府供给为主、民营医疗机构供给为辅的方式提供。这类性质的产品虽具有竞争性，可以由民营医疗机构以市场方式提供，但这类产品不具有排他性，例如，治愈了结核病人后，周围其他人就会减少传染此病的概率。由此可见，这类产品具有较强的正外部性，因此不具有排他性。这类产品如果由市场提供往往会造成供给不足，而且准公共产品的提供也需要成本。例如，幼儿接种免疫，需要相应的技术能力，如果免费提供会产生拥挤现象，并且增加其消费就会增加其成本，其边际成本不为零。但从需求角度而言，这种服务活动的需求又往往是个别人的需求，且这种需求一旦被满足后将对周围其他人的健康产生重要影响，并有可能使之受益。因此，对于这类准公共产品性质的医疗服务仍应由政府承担主要供给责任。但可通过举办特殊机构来承担这种服务活动，由政府以采购方式购买这种服务，但绝对不能完全市场化。当前我国政府已举办了大量这类特殊医疗机构，例如妇幼保健院、传染病院、结核病院、精神病院和戒毒所等。此外，还有代表医学发展方向的示范医院、教学医院等。这些特种医院可由政府举办，也可通过产权改革委托给民营医院，但绝对不能以营利为目的。

6.1.2.2　允许民营医疗机构进入具有私人产品性质的医疗服务领域

对于具有私人产品性质的医疗服务则可实行公私混合提供方

式，允许符合条件的民营医疗机构进入该医疗服务领域，并与公立医疗机构公平竞争，共同向患者提供其所需的医疗服务。医疗服务公私混合提供在世界上已成为一种共同趋势，尤其是非营利性民营医疗机构在医疗服务中发挥着越来越重要的供给作用。事实上，我国公立医疗机构长期以来不仅承担提供公共产品、准公共产品的任务，还承担着提供私人产品服务的任务，以至于民营医疗机构在有限的医疗市场空间中与居于行政垄断地位的公立医疗机构争夺市场，进行竞争。可想而知，民营医疗机构市场准入的难度之大，准入空间和范围之有限。虽然公立医疗机构和民营医疗机构均能进入具有私人产品性质的医疗服务领域，并提供这类服务产品，但是由于私人医疗服务又可分为基本医疗服务和特需医疗服务，因此事实上，在私人医疗服务市场中，民营医疗机构与公立医疗机构在准入范围上还是各有侧重。

公立医疗机构应承担部分保障公平、防止垄断的基本医疗服务供给任务。政府的责任不仅在于举办一定数量的公立医疗机构，免费向弱势群体提供医疗服务，而且还应向社会公众提供一些低收费的医疗服务。因为这些医疗服务如果完全由民营医疗机构提供，由于患者支付水平各有不同，其结果必然导致高收入者可以获得较多的医疗服务，而低收入者只能获得较少的医疗服务。这将可能导致由于支付能力的不同而引发的享受基本医疗服务的严重不公平。虽然基本医疗服务属于私人产品，但基本医疗服务的享有是人的一项基本权利，保障享有健康权也是人的基本权利。对于部分保障公平的基本医疗服务，如果放任市场自行调节，可能不但不能解决公平问题，还有可能导致社会不稳定等问题。因此政府对此类医疗服务的提供负有不可推卸的义务。

由于医疗服务的特殊性，技术垄断给医疗机构带来的不良后果相当显著，其中典型的表现之一就是“大处方”现象。如果一个医院在一定区域内或者一定的执业范围中实现了技术上的垄断，那么医生便有可能搭载医院的“医院声誉”这个公共物品的便车，进行违规行为。公立医疗机构尚且如此，就更不用说民营医疗机构了。技术垄断将导致医疗服务可及性降低。因此，对于防止垄断技术出现的基本医疗服务也应由政府来提供。

除了保障公平、防止垄断的基本医疗服务以外，一些特需医疗服务、部分基本医疗服务，公立医疗机构可退出，预留一定的空间由民营医疗机构准入，由民营医疗机构承担提供服务的责任。医疗服务的私人产品性质表明医疗服务市场是一个存在供求关系和市场竞争的市场，即医疗服务市场是一种具有可竞争性的市场。而医疗服务市场要形成有效竞争，其前提条件是必须打破公立医疗机构垄断医疗服务行业的格局，促进医疗服务供给主体多元化的形成。真正的市场机制除了在公立医疗机构之间展开公平竞争外，更应在公立医疗机构与民营医疗机构之间形成有效的竞争机制。因而，医疗服务的私人产品性质❶是民营医疗机构市场准入的基础。医疗卫生服务市场中的信息不对称、垄断、供给诱导需求等情况，导致市场失灵。市场失灵成为政府干预医疗服务市场的主要原因。当前我国政府干预医疗市场的主要形式为举办公立医院、进行财政补贴和价格管制，为居民提供免费或者低价的基本医疗服务。由于政府的财政有限，设立的公立医疗机构数量有限，无法满足医疗服务需求者的需求，而医疗服务又具有消费的排他性和竞争性，属于典型的私人产品，

---

❶ 参见 Flooand S. Goodman A. Stano M. The Economies of Health. 4th edition. New Jersey: Prentice－Hall Inc, 2004:230－240。

患者对这类服务的需求各异，并且这一需求随着经济增长而急剧上升，因此，这种服务也可由市场提供❶，以弥补政府供给的不足。这为民营医疗机构市场准入提供了基础。

在具有私人产品性质的医疗服务市场中，允许公立医疗机构和民营医疗机构同时准入，向患者提供医疗服务，有利于市场竞争，有利于促进医疗服务条件、技术水平、服务质量的提高。在市场竞争机制下，作为医疗服务供给者的医生和医院，一般根据其成本和医疗需求状况提供医疗服务；而医疗服务需求者则根据自身的病情、经济状况以及医院和医生的技术水平、服务质量以及供给价格，选择医院或者医生进行就诊。医疗服务供需双方对医疗服务产品进行交换和选择的行为，构成了医疗服务市场的核心内容，也使得医疗服务市场可以充分发挥市场竞争的作用，使得医院之间、医生之间展开充分竞争。一所医院的服务条件越好，服务质量和技术水平越高，信誉和声誉越好，患者对它的服务需求也就越多，该医院的市场竞争力就越强。反之，患者对该医院的服务需求就会减少，该医院自然难以生存和发展。

经济学家的实证分析表明，医疗市场竞争程度的提高，会带来医疗服务质量的改善。20 世纪 90 年代前期的医疗服务市场竞争，导致了英国的社会福利水平明显改善。1991 年以后，市场竞争不仅使英国的医疗服务成本显著降低，而且也大幅度地降低了医疗事故的发生率。而医疗服务领域内的竞争则有赖于医疗服务供给主体的多元化❷，在公立医疗机构垄断的单一制供给模式下很难实现

❶ 参见 Feldstein P. Health Care Economics. 6th edition. New Jersey：Thomson Delmar – Learning，2005：267。

❷ 参见 Kessler D.，McClellan，M. Is Hospitapl Comppetition Socially Wasteful. Quarterly Journal of Economics，2000，115(2)：577 – 615。

真正的市场竞争。发达国家医疗机构供给主体的多元化格局的实践和研究表明，医疗机构之间的竞争能够降低成本，而且竞争对营利性医疗机构有利，对非营利性医疗机构也是有利的。❶ 不仅如此，医疗机构之间的竞争还有利于医疗信息的传递与公开，有利于医疗服务透明度的提高，有利于降低医疗服务市场中的道德风险——供给诱导需求行为。公平竞争有利于医疗服务质量和服务效率的提高。

当前民营医疗机构在我国医疗服务领域中起着十分重要的作用，其对于“看病难”问题起到了很好的缓解作用。然而，我国目前的医疗服务基本由公立机构垄断，单一的供给方式成为腐败滋生的温床。由于没有其他医疗机构与独居垄断地位的公立医疗机构展开行业竞争，使得公立医疗机构公益性淡化，日趋市场化，其服务质量、医疗费用、行业风气等方面均存在着问题。明确民营医疗机构市场准入的范围、医疗服务的私人产品性质，使得民营医疗机构进入市场提供医疗服务不仅在理论上成立，而且在国外实践中也普遍存在。具有私人产品性质的医疗服务既可以由政府举办的公立医疗机构提供，也可以由民营医疗机构提供。传统社会中医疗服务主要由个体行医者及其所开的小诊所主宰是一个极端。而在计划经济体制下国家几乎垄断了所有医疗服务的提供则是另一个极端。国家以垄断方式建立公立医疗机构提供医疗服务，仅仅是一种可以选择的模式，而绝不应该成为唯一的模式。对于这种模式的可行性，我国改革前的经验以及没有改革之前的英国模式已经给出了否定的答案。现代市场经济中，医疗服务的提供者既可以是公立医疗机构，又可以是民

---

❶ 参见 Rees R. Inefficiency, Public Enterprises and Privatization. European Economic Review, 1988(32): 422 - 431。

营医疗机构。政府的选择具有多样性，其可以在以下集中方案中进行选择❶：直接做这些事情；为民间组织做这些事情提供动力；命令民间组织做这些事情；以上三种形式的混合。

只要医疗服务领域中存在私人领域，医疗市场就存在竞争，而只有存在竞争，医疗市场才会实现医疗服务质量和服务效率的提高。由于并非所有医疗服务产品都能完全满足排他性和竞争性这两条标准，而具有公共产品性质的医疗服务有赖于政府的财政投资，但政府的财政有限，因此医疗服务是否采用公共产品的方式提供，实际上取决于效率因素。

6.2 民营医疗机构市场准入条件

民营医疗机构市场准入的目标是既要鼓励、引导民营医疗机构进入医疗服务市场，引入市场竞争机制，同时又要对民营医疗机构市场准入行为进行规范和约束。因此，制定具体的、可操作性的市场准入条件无疑成为民营医疗机构市场准入法律制度的关键组成部分。笔者认为，针对我国民营医疗机构市场准入条件存在的不足，应以“新36条”及其他一系列政策中关于“放宽民营医疗机构市场准入”的内容为导向，针对我国实践中的经验与教训，在我国未来的《民营医疗机构促进法》中，依据民营医疗机构准入范围的不同及所提供的医疗服务需求层次的不同，对市场准入条件做出明确规定。

---

❶ 参见 Joseph Stiglitz. Economics. 2 edition. New York: W. W. Norton & Company, 1997:161。

6.2.1　域外民营医疗机构市场准入条件的立法比较

由于医疗机构主要提供的是诊疗服务，事关人们的生命安全与健康，因此，对于医疗机构市场准入问题，大多数国家和地区均做出了严格的法律规定。了解其他国家和地区有关医疗服务人员和医疗机构的市场准入立法并加以借鉴，将有助于我们发现现行立法的缺陷，分析问题存在的原因。

6.2.1.1　日本私立医疗机构市场准入的条件

日本私立医疗机构包括医疗法人开办的医院、私立大学和医科大学的附属医院、公益团体和宗教团体举办的医院以及各种私营保险团体举办的医院。截止到2008年，私立医院在日本占80.6%，公立医院只占19.4%，而医疗法人约占私立医疗机构总数的85%。日本禁止投资者建立营利性医院，因为日本政府认为开办医院的主要目的是向患者提供科学的而且适当的诊疗，而不是营利。因此，在日本无论公立医疗机构还是私立医疗机构都只能是非营利性医疗机构。一般而言，日本法律对于非营利组织没有成员人数和资本数量的要求。但对于提供医疗服务的私立非营利性医疗机构却要求必须有经营一所医院所必需的设施、设备和为社会提供医疗服务的资金。在日本，非营利性医院的建立必须得到政府的批准，但有时即便非营利性医院的建立完全符合相关法律的规定，也并不一定会得到政府的批准。

医疗法人是日本私立医疗机构中最主要的法律组织形式，医院以及有医生、牙医全职工作的医疗诊所和有老人看护保健设施的社团、财团被认为是医疗法人。使用医疗法人这一名称有严格规定，如果不是医疗法人的话，在它们的名称里面不能出现医疗法人这些字眼。日本《医疗法》第44条规定，医疗法人设立医疗机构，必须得到都道府县知事的认可，否则不得设立。除此之外的其他与申请医疗法人的设立认可相关的必要事项则由厚生劳动省令规定。医疗法人设立时，在其规章或捐赠行为里应规定如下事宜：设立目的；名称；将要开设的医院、医疗诊所或老人看护保健设施的名称及开设场所；事务所的所在地；有关资产和账目的规定；有关干事的规定；如果医疗法人是社团的话，有关社员资格得失的规定；有关解散的规定；有关变更规章和捐赠行为的规定；公告的方法；必须在规章或捐赠行为里规定医疗法人设立之初的干事。都道府县的知事在接到医疗法人申请设立医疗机构的申请时，必须要先审查此申请所涉及的医疗法人是否拥有进行业务的必要的资产。医疗法人必须拥有进行业务的必要的资产，与其资产有关的必要事宜由厚生劳动省依照医疗法人所开设的医疗机构的规模来规定。都道府县的知事要看它的规章及捐赠行为的内容有没有违反法令的规定，然后再决定是否需要给予认可。都道府县的知事在决定是否认可之前，必须事先征求都道府县医疗审议会的意见。医疗法人经营的医疗机构要配备全职医生、牙医以及为老人提供健康服务的医疗保健设备。医疗法人经营的医疗机构还要承担从医人员的教育、建立医疗和牙科研究机构以及与其相关的其他任务。❶

在日本，一般诊所和牙科诊所可由执业医师设立。其中，一般诊所的准入条件有：执业医生已完成临床研修；诊所设立前必须

---

❶ 参见卫生部卫生经济研究所．医疗机构分类管理若干问题综述．中国医院，2000，4(5)：304－306。

先向有关部门咨询，并在诊所开设后 10 天内向诊所所在地的保健所递交诊所开设的相关文件。❶ 一般诊所符合要求，则会当场得到保健所开具的许可证，不符合条件的则整改。整个申请、审查过程是免费的。如果开设有病床的一般诊所，则还要另外提交《构造设备使用许可申请书》，并交纳 2.2 万日元手续费，通过建筑基准和消防相关部门审查。

6.2.1.2　美国医疗机构市场准入认证制度

尽管美国医疗服务业的市场竞争不断加强，但医疗服务业仍属于政府严格规制的行业。美国对医疗机构市场准入实行认证制度。医院必须要符合医疗保险和救助服务中心❷ (the Center for Medicare and Medicaid Service，简称 CMS) 设定的准入条件，并经过医疗机构认证联合委员会认证方能进入医疗市场。首先，医院只有符合医疗保险和救助服务中心设定的准入条件，才能进入国家医疗保险和救助服务网络。然后，医院只要经过医疗机构认证联合委员会❸的认证，便被认为具备了准入条件，国家医疗保险和救助服务中心不再对医院准入条件进行审查。

---

❶ 一般诊所提交的相关文件包括诊所开设报告、开设者履历表和执业资格证的复印件、诊所建筑用地周围的示意图、建筑物平面图、饮用水水质检测结果报告的复印件等十余种材料。参见钱铮. 医疗保险让绝大多数日本人看得起病. 中国医药指南，2008(2)：63。

❷ 美国医疗保险和救助服务中心隶属于联邦政府机构，其向国会以及健康与人权服务部负责，其主要通过设定医院准入条件来促进医院服务质量和安全的提高。

❸ 医疗机构认证联合委员会 (The Joint Commission for the Accred - itation - of-Healthcare Organizations，简称 JCAHO) 成立于 1952 年，是美国比较著名的独立私人非营利组织。该组织的目标是不断提高医疗服务的质量和安全，并且通过认证促进医疗机构改善绩效。该机构的运转由理事会负责，理事会成员都是美国医院协会、医疗协会、医科学院选派的代表。参见储振华. 发达国家医疗管理制度. 北京：时事出版社，2001：91 - 106。

美国的医疗机构市场准入立法体系实行“双轨制”，分为联邦立法和州立法。美国的联邦法和州法都对市场主体进入医疗市场有所规范，但以各州立法为主。美国医疗服务卫生的规制权力主要集中于各州，相对而言地方政府的权力较大，而联邦政府的权力较弱。美国各州均有卫生立法权、政策制定权、机构审批权和具体工作管理权。在开办医院方面，联邦政府授权各州政府制定标准，严格控制和监督执照的发放。开业医院要参与医疗照顾制和医疗支助制度，必须通过州立机构的检查验收标准。美国作为一个联邦制国家，其宪法保护各州社会事务方面的自主权。依据美国宪法规定，各州必须制定一个关于医院开业执照的法律，但在具体规定上各州可有较大的自主权限。各州政府可依据设备、人力、场地、安全性的有关规定来审查每一所申请开业的医院，并有权制定医院设置标准、进行监督和决定是否对其颁发医院开业执照；制定标准，颁发医生行医执照；通过司法和立法，管理私人保险公司以及健康维护组织。除此之外，公共卫生局还有权关闭不合格的医院。开业的医院必须经指定的州立机构检查验收才能参与提供医疗服务。因此，在某种意义上说，州公共卫生局既是职能机构，又是业务单位，负责本州居民的医疗服务卫生安全。

美国绝大多数的疗养院为私人营利性组织。美国对疗养院的规制机构也分为三级，即联邦、州和非政府组织。在疗养院的准入规制中，政府规制处于主导地位，而非政府组织的规制则居于辅助地位。1987 年，美国制定了《疗养院改革法案》（the Nursing Home Reform Act）。现在美国疗养院的规制在联邦一级主要由国家医疗保险和救助服务中心负责设定疗养院的准入条件，参加国家医疗保险和救助项目的疗养院必须符合国家医疗保险和救助服务中心设定的准入条件，其向健康和人权服务部（the Department of

Health and Human Services）以及国会负责；健康和人权服务部发起的长期督察员项目（long－term care ombudsman programme）也是规制疗养院的重要力量。该项目在每个州都设立了督察员办公室，主要职责包括：受理申诉、提供新信息、公开长期保健项目中存在的问题、代表病人的利益促进政策的改善、推动与鼓励公众参与。州许可核证发放机构主要负责检查疗养院对国家医疗保险和救助服务中心准入条件的遵守情况，并向其报告检查结果；通常在认证调查时不会事先通知，随时进行，主要调查参与条件不符合的疗养院。国家医疗保险和救助服务中心与州许可核证发放机构共同负责对不符合条件的疗养院采取强制措施，例如课以罚金、拒绝支付、吊销许可等。一般只有18%的疗养院没有缺陷，有缺陷的疗养院将被要求弥补改正。州规制机构还负责规制没有参与国家医疗保险和救助项目的疗养院。

除了具有独立规制权的政府医疗服务规制机构外，美国的非政府医疗规制机构在医院的规制中，也发挥着重要作用，甚至可以说发挥着比政府规制机构更为重要的作用。美国非政府医疗规制机构达25家以上，例如，美国医学会、医院协会、医疗机构认证联合委员会等。美国医学会、医院协会作为非官方的鉴定监督机构，主要是制定医院标准并对医院质量进行质量认证。在美国，认证是医院生存的必要条件，也是其获得质量认可的标志。医院只有获得相关认证机构的认证，才能进入医疗市场，提供医疗服务，才能从政府获得相应的支持。美国比较权威的非政府医疗规制机构便是医疗机构认证联合委员会❶，其主要负责对医院的认证，且其认证结果被联邦政府和州政府的规制机构大量采用。此外，美国保健机构评审委员会❷也是美国的一个比较有代表性的、权威的医疗行业标准制定和认证机构。

美国一般不直接对医疗机构市场准入进行规制，而是通过法律制度以间接准入方式对医疗机构市场准入进行规制，并重视对医疗机构市场准入之后的规制，在这一过程中行业自律组织始终发挥着重要作用。

6.2.1.3　德国民营医疗机构市场准入条件

德国是世界上最早制定和实施医疗保险法律的国家，为保证医

---

❶　根据《联邦医疗保险和医疗救助法案》规定，总共有4 500多家医院要得到其认证，约占医院总数的80%。同时，医疗机构认证联合委员会的监管领域也很广，几乎涉及了医院绩效的各个领域。医疗机构认证联合委员会负责制定和管理医院的认证手册，设定了包括15个领域的500多项标准，每项标准都有详细的指导、目标、执行机制和评价方法。医疗机构认证联合委员会每三年对医院进行一次检查，检查时间4~5天。在调查结束后，检查小组会出具一份关于标准服从情况的报告，并提出相应的改进建议。简要认证报告要向公众公布，完整报告则要保密。医疗机构认证联合委员会一般采用遵守导向的(compliance - orient)监管模式，强制措施只是作为最后的处理手段。实际上，95%以上的医院都能达到认证标准，而认证否决是唯一的正式制裁措施。参见徐兰飞，陈伟. 美国的医疗服务监管体系. 卫生经济研究，2006(3)：35。

❷　美国保健机构评审委员会建立于1951年，是提供医疗服务质量评估体系的非营利机构。美国保健机构评审委员会已经评估认证了17 000个美国医疗组织。由于美国法律规定医院只有获得美国保健机构评审委员会认证，才有资格从联邦和州政府得到Medicare(老年人、残疾人的医疗照顾计划)和Medicaid(穷人医疗援助计划)两大保险计划的赔付。参见http://www.iii.org/，2012-09-01。

疗服务的质量，在医疗服务领域制定了较为完备的法律制度。❶ 私有化是德国医疗服务的一个重要特征，有很多医疗服务几乎全部依赖于私立医疗服务提供者。 在德国，私立非营利医院、私立营利医院和公立医院是医疗服务的提供者。 政府并不直接干预医疗服务，而是主要通过法律制度以间接的方式来规范和约束医疗服务活动。 医疗市场竞争也是在法律制度的基础上进行的。 德国的医疗服务不仅保障了医疗服务的公平性，而且也确保了德国民众享有高质量的医疗服务。 因此，德国有很多做法值得我国借鉴。

在德国，私立医疗机构市场准入条件相当宽松。 德国既没有专门的关于医疗机构市场准入的立法规定，也没有像日本和我国台湾地区一样制定专门的医疗法人方面的法律法规。 在德国，私立医院按照《工商管理条例》经许可设立，公立医疗机构的法律地位属于公法人。 根据德国《行业条例》第 30 条规定，只要获得德国官方许可并满足相关条件，任何外国企业都可在德国设立医院或私人医疗机构。 根据《社会法典(五)》(SGB V)第 108 条规定，相关事务由各联邦州主管部门审批。 另外，根据《医院融资法》第 8 条第 1 款规定，投资商提交的投资方案必须为相关联邦州所接受。德国各联邦州根据自身的医疗服务需求制定相应的“医院计划”，凡进入该计划的医院可申请一定量的投资促进资金用于购置必要的设备和装备；若与医院计划相抵触，则投资方案不会被州主管机构接受。 根据德国《行业条例》第 30 条规定，可以设立私人诊所，

---

❶ 在医疗服务领域方面，德国有 3 部重要的法令：一是涉及医疗服务提供者与购买者在合作过程中的利益分配和调节以及医疗质量保证等方面内容的《社会健康保险法》；二是旨在主要解决医院投入成本及其补偿方面问题的《医院筹资法》；三是《全国医院价格条例》，主要为解决医院运营成本及其补偿方面的问题而制定。参见侯建林，等. 德国医院管理及对我国卫生改革的启示. 中华医院管理杂志，2002(9)：570。

但私人诊所只能为投保私人保险的患者提供医疗服务，费用由就医者自理。德国对外国资本投入德国医疗机构实行国民待遇，统计部门对外资和内资并未加以区别，就像德国没有外商投资企业统计一样，也没有外商投资医院统计。对于医院的质量，德国政府并不直接进行规制，而是通过保险基金会和质量监督委员会来依法进行管制❶。如果医院不按照法律规定确保医院质量，保险基金会将会减少对医院相应的补偿。

此外，德国政府同样实行严格的医疗机构设置规划。❷德国医院的设立由政府根据人口、地理等条件确定建设地点并对基本建设、设备等进行直接投资，且医院的设立必须符合政府区域卫生规划。德国医院的设立必须严格遵循“区域医院规划”，医院的等级由政府根据服务的需要，根据医院的规模、设备条件、技术力量统一安排。

6.2.1.4　英国私立医疗机构市场准入条件

英国私立医疗机构市场准入条件因申请主体不同而有所不同：一种是以个人名义申请开办医疗机构的条件；另一种是以组织名义

❶ 质量监督委员会主要对医疗的临床诊断和治疗过程进行评价，要求这些服务必须是经济的、有效的。一旦保险基金会和医院之间发生纠纷，首先应由双方共同组成的一个联合委员会进行谈判来解决问题。如果问题未能解决，则要请求仲裁机构进行仲裁。如果双方中一方不接受仲裁结果，则最终将诉诸法律，由法院进行判决。参见周胜桥. 德国医疗体制及医疗服务市场准入情况. 药品评价，2010，7(4)：9－10。

❷ 德国区域医院规划大概内容为：全国的每一城区和农村都建立四级医院服务体系。在每一个城区医院服务体系中有一所最高服务级医院、两所中心服务级医院、18～21所跨社区服务级医院和5～10所社区服务级医院。对于私人诊所，政府虽然不承担投资责任，但要根据人口、地理等条件来确定地区开业数量及基本资质标准，达到资质标准的医护人员才可以申请独立开业。参见储振华. 发达国家医疗管理制度. 北京：时事出版社，2001：160。

申请开办医疗机构的条件。

首先，对于以个人名义申请开办医疗机构的准入条件，《英国国家保健标准委员会准入(注册)法规》明确规定：申请者如果以个人名义申请开办医疗机构的，则必须在注册申请中提供以下信息：个人的姓名、出生日期、地址和电话号码；如果是合伙经营，则需提供每一个合伙者的姓名、出生日期、地址和电话号码；个人的专业的和技术的资格细节，经营机构的经历，这些资格和经历要和向人们提供的服务相关，并且这些服务是在机构里提供的；个人工作经历的细节，包括现在和以前的雇主的姓名和地址；两个介绍人的名字和地址，且这两个介绍人必须不是申请者的亲属；每个人都能提供申请者有能力经营前面描述的机构证明；以及其中之一至少雇用了申请者三个月。

其次，对于以组织名义申请开办医疗机构的，则需在注册申请信息表中提供以下信息：组织主要的或注册的办公地址；负责人的名字、出生日期和地址；负责人的专业的和技术的资格细节，经营机构的经历，这些资格和经历要和向人们提供的服务相关，并且这些服务是在机构里提供的；如果组织附属于控股公司，公司的名称以及主要的或注册的办公地址，公司的其他附属机构。

《英国国家保健标准委员会准入(注册)法规》还规定，无论是个人还是组织申请开办医疗机构，都要有一份银行出具的注册者经济状况的意见书，能证明申请者有经济能力开办医疗机构；一份关于负责人是否曾经被判破产，或是他的房产是否曾经被没收，或者他是否和他的债主发生过纠纷的声明，以证明负责人的经营状况和信誉；一份关于申请者有能力达到建立机构时设想的目标的经济能力证明；一份关于机构的工作计划；关于机构的现金流转的细节等。

综上所述，上述国家均建立了适合各自国情的宽严并济的私立医疗机构市场准入条件，且大多建立了完备的市场准入法律规定，并在此之上，通过审查医疗机构及其医务人员的执业资格，在市场准入的程序上严格把关。例如，美国政府对私立医疗机构市场准入经历了从绝对自由到逐步从严规制再到放松规制的历程，政府原则上只审查医疗机构办医资质的合法性与否，符合办医标准和行医者执业资格的，即可进入医疗服务领域。德国对于私立医疗机构市场准入几乎不设门槛，私立医院按照《工商管理条例》经许可设立。任何外国企业只要满足办医相关条件并获得德国官方许可，都可在德国设立医院或私人医疗机构。英国对于私立医疗机构设立也比较宽松，只是对医疗机构的资金条件有严格的规定：无论是个人还是组织申请开办医疗机构，均需提交银行出具的注册者经济状况证明、信誉证明等。相关国家和地区主要通过加强医生执业准入条件、医疗机构质量认证制度、医生执业保险等相关制度有效规制医疗机构准入行为及其质量。此外，上述国家和地区在对私立医疗机构市场准入放松规制的同时，均实行严格的医生执业市场准入，以保证私立医疗机构所提供服务的质量。

首先，严格的医生执业准入条件，表现在其医学教育以及学历要求方面。美国医学院只招收经过四年高等教育并取得理学学士学位的大学理科毕业生为新生。学制四年，其中两年为临床前期课程训练，两年为临床课程训练，毕业后授予医学博士学位。但如果要取得开业执照，还需进行毕业后教育，即必须在医院内科、外科、儿科和病理科轮转实习一年，经考试合格，获得美国通科医师行医执照。如果要想成为一名专科医生，那么毕业后的教育则必须在专科医学会认可的医院中进行，接受 3 ~ 4 年的主科训练，半年到一年的辅科训练，经过一定的专科培训，并经考试合格后，由专科医学委员会授予专科医师资格。美国医师执照考试（United States Medical Licensing Examination，USMLE）是由美国医学教育委员会组织的全国性医师资格统一考试。❶ 美国大多数州要求外国医师在参加临床能力的综合水平考试之前需要有美国驻院（Residence）或其他培训经验（时间不等）。对于医生助理的课程培训，则长短不一，长的为 4～5 年，大多数为 12～15 个月或者更短。护理人员的培训场所分别是医院、社会团体和医学院。护理人员的学制因培训单位的不同而不同。医院的学制一般为 3 年，毕业后有学历但无学位。医学院则培养高级护理人员，学制也因学位的不同而不同：学士学位 2～4 年，硕士学位 1～2 年，博士学位为 3 年。要成为开业护士则必须有相应学历，经过临床训练，通过州一级的统一考试。

美国医学联合会❷是一个独立于政府的非营利性社会团体，其主要负责监督所有医生的工作。医疗服务审查组织主要监督开业医生对享有医疗照顾制的患者是否提供了高质量的服务。医院健康维持组织 HMO（Organization of Health Maintaneace）和选择服务提供者组织（PPO）等则以一种合同的方式对医生进行监督和管理。

德国对于外国医生在德国从业规定了相关的准入条件及考试制度。按照欧盟和德国的有关规定，欧盟范围内的医师如果在德国

---

❶ 从 1992 年起外国医学生可以参加美国医师执照考试，申请美国行医资格。其考试内容包括基础医学各科的综合水平考试、临床各科的综合水平考试和临床能力的综合水平考试，每年分两次举行。参见汪勤俭. 国外医师资格考试及发展趋势. 中医学院管理，2005（2）：6。

❷ 美国医学联合会是相对独立的非营利性社会团体，受社会公认和法律保护，它定期对医生进行考试和考核。联邦政府、州政府和私立保险机构也参与监督管理，主要监督医生服务项目的价格。参见储振华. 发达国家医疗管理制度. 北京：时事出版社，2001：91－100。

从业，只要符合从业条件，具备和德国医师同等水平的医师素质，即可不受限制地在德国行医。但对于欧盟以外的其他国家的外籍医师，如果在德国从业，则必须符合一些基本条件❶，方能在德国从事医疗服务业。

其次，严格的医生执业考试制度有效保证了医疗机构的医务人员的技术水平。医生执业市场准入考试，不同国家做法不同。日本由国家统一组织考试。日本从1946年秋季开始实行国家医师考试制度。日本医学院的学生在毕业后，首先必须经过一年的实习期。实习期结束后，方能参加医师考试。考试合格者，由厚生省颁发行医执照。美国则由专业委员会组织考试，美国所有医生的工作均受其监督，该组织是受社会公认和法律保护的相对独立的非营利性社会团体，定期对医生进行考试和考核。英国则由学校自行组织考试。具有本国医学院校学历或被认可的外国医学院校学历的外国人可以参加医师考试。外国人参加医师考试需先通过语言考试。在通科医师基础上发展专科医师，体现了医师首先是通科医师，然后再经过专科培训成为专科医师的指导思想。由此可见，特定的年限以及严格的专业训练足以使得医生的专业水平得到保障。

最后，严格的医生执业注册制度能有效确保医疗机构的医疗质

---

❶ 例如，首先得满足准许入境和拥有居留许可等基本条件。根据《居留法》第39条第1款和第2款规定，入境签证和居留许可的颁发，必须征得劳动主管部门的同意。劳动主管部门只有在确认外国谋职者在德国所从事的职业无法在德国找到合适对象，不会对德国就业市场构成竞争和冲击的情况下，才会向外国谋职者颁发就业许可。其次，必须具备德国承认的外国国家高等学历。《就业条例》第27条第1款规定，对于(来自第三国的)外籍医师，须具备德国承认的外国高等学历。外籍医师在德国从业必须获得官方许可，行医期限和性质一般都受到限制。参见周胜桥.德国医疗体制及医疗服务市场准入情况. 药品评价，2010，7(4)：9－10。

量和医疗服务人员资质。根据英国《医师法》规定，任何人以专业医师的身份在英国执业，都必须获得英国总医学会(General Medical Council，GMC)的注册。英国执业医师有不同类型的注册制度❶。GMC 是英国负责医疗专业管理的法定机构，为合格者发放注册证书。需要注册的工作类型包括：开药，即处方权；国家卫生机构工作；签署具有法律意义的证明(如死亡证明)。新加坡医生实行执业注册和认证准入制度。新加坡卫生部专设了 5 个法定委员会❷，其中的医师理事会主要负责医师执业注册以及发放营业

---

❶　英国医师注册条件因注册种类不同而不同，主要有初等医学证明、工作经验和欧盟内的良好声誉。注册的种类包括：(1)通科注册。在英国国家卫生机构或私人诊所，医生需要经过通科注册。经过通科注册的医生可以在英国担任任何医疗职务，除 NHS 会诊医师和综合医疗职务。(2)临时注册是为使英国医学毕业生能完成实习医师培训的一种注册。临时注册的医生只能担任初级住院医师职务。临时注册适用于想在英国完成注册前实习的欧盟医生。(3)有限注册。有 GMC 认可的初等医学证明的医生，满足实习 1 年等要求，可以申请有限注册，在有限注册期间(一般为 5 年)，证明其能力合格，可以申请通科注册。(4)专科注册。在英国担任 NHS 内外科会诊医师，需要专科注册。大多数个人健康服务机构和保险公司只认可专科注册的医师。(5)暂时注册有资格申请有限注册的，如果需要在英国短期行医，可以申请暂时注册。参见汪勤俭. 国外医师资格考试及发展趋势. 中医学院管理，2005(2)：62。

❷　这五个法定委员会是：新加坡(西)医师理事会、新加坡牙医理事会、新加坡护士理事会、新加坡药师理事会和新加坡中医师管理委员会。它们负责西医执业者、牙医、护士、助产士、药师和中医执业者的注册管理。新加坡的医师管理机构是新加坡卫生部及其内设的新加坡医师理事会。医师理事会负责对医师执业者进行注册、发放营业执照，执行强制性的医师继续教育课程，对已经获得注册的医师执业者的专业行为和伦理进行制约和监管。该理事会还有权对新加坡医学学位的课程和考试提出建议。参见苏苗罕，宋华琳. 新加坡医疗服务监管研究. 中国卫生政策研究，2008，1(2)：53－55。

执照等工作。此外，新加坡还对非专科医师执业实行四种注册制度❶，而对专科医师执业则实行认证制度❷。

6.2.2 我国民营医疗机构市场准入条件的建议

民营医疗机构市场准入规制的目标是引导和鼓励民营医疗机构进入医疗市场，同时又对民营医疗机构进入医疗市场进行规范和约束。因此，如何保持宽严适当的民营医疗机构市场准入规制、设计具体而客观的民营医疗机构市场准入条件，十分重要。笔者认为，就国内民营医疗机构市场准入的条件而言，可在现行立法的基础之上结合民营医疗机构的现状，在未来的立法中以列举加兜底条款的形式明确民营医疗机构市场准入的条件，即在以列举方式明确

---

❶ 新加坡医师理事会对非专科医师注册的类型有四种：完全注册、临时注册、有条件注册、暂时性注册。获得完全注册的医师可以在新加坡任何地方执业。获得临时注册的医师，可以在医师理事会认证的培训计划或者项目下，被指派担任不超过2年期限的临床助手或者临床观察医师。获得有条件注册的医师，在指定的医疗机构执业，并接受已经注册的执业医师的监督。获得暂时注册的医师，可在一家或多家医院从事12个月的住院医生工作。上述注册的条件由《新加坡医师注册法》附件规定。医师注册的申请书需要由新加坡本地的雇主提交。但是，符合医师注册条件并不意味着可以自动获得注册许可。每一份注册许可都是逐案审查，根据其条件决定的。医师理事会在审查医师注册申请书时，需要确定医师是善意的，在过去执业地并未受到投诉或者正在接受不利调查。在获得医师注册之后，医师还需要申请获得执业许可方可开始执业。参见苏苗罕，宋华琳. 新加坡医疗服务监管研究. 中国卫生政策研究，2008，1(2)：53－55。

❷ 新加坡建立了专科医师注册认证及管理制度，形成了包括学校基本教育、毕业后医学教育和继续医学教育在内的医学教育体系，即医学生从医学院校毕业后，在某一医学专业领域接受以提高临床能力为主要目标的系统化、规范化的综合训练，使其达到从事某一临床专科实践所需要的基本要求，能独立从事某一专科临床医疗工作。申请作为专科医师执业者，首先需要获得新加坡专科医师认证委员会的认证。在获得认证之后，方可在其专科领域内执业。参见苏苗罕，宋华琳. 新加坡医疗服务监管研究. 中国卫生政策研究，2008，1(2)：53－55。

民营医疗机构市场准入具体条件的同时，可附以兜底条款“其他不违背法律和法规的准入条件”。这样既能保证民营医疗机构市场准入条件得以具体化，又能保证其具有一定的灵活性。具体而言，可从以下几个方面加以完善：

6.2.2.1　丰富民营医疗机构法律组织形式并引入医疗法人制度

日本和我国台湾地区的医疗法人制度不仅有效地规范了私立医疗机构的准入、运行和退出，有力制约了行政权力的滥用，更对整个医疗服务质量的提升起到了积极作用，较好地实现了对私立医疗机构准入行为的规制。而且医疗法人制度建立在法人制度基础之上，法人制度经过了两千余年的发展，能赋予医疗机构独立的法律人格，保障医疗机构以团体的形式承担责任和履行义务，适应市民社会的权利义务要求。此外，医疗法人制度也是实现医疗机构去行政化的重要途径。医疗法人中有关财团医疗法人和社团医疗法人的规定充分表明，医疗机构的经营性质，即非营利性还是营利性与其法律形态无关，更不会影响其独立的法人地位。对法人型营利性医疗机构而言，进行公司登记取得企业法人资格是今后一个时期的发展趋势。因此，我国在明确民营医疗机构法人地位的同时，应不断丰富其组织形式，在不断完善民法关于法人类型的理论研究基础之上，适时地引入医疗法人制度。财团医疗法人制度和社团医疗法人制度对于我国当今非营利性民营医疗机构和民营营利性医疗机构的市场准入有着极大的借鉴和促进作用。对于法人型民营医疗机构准入条件，在其设立章程中必须明确“设立目的”这项内容，并积极借鉴医疗法人董事会制度，通过董事会制度对民营医疗机构内部组织进行有效管理，并佐之以健全规范的行业协会，通过董事会来监督民营医疗机构的运行，并对其行为负责。

此外，对于其他非法人型的民营医疗机构可以参考和借鉴我国《城乡个体工商户管理暂行条例》《个人独资企业法》《合伙企业法》等的相关规定，加以规范。同时，应将“能够独立对外承担民事责任”从民营医疗机构市场准入条件中删除。因为“能够对外独立承担民事责任”只是法人的一个重要法律特征，并不是法人获得法人资格的必要条件，更不是民事主体的判断标准。同理，能独立承担民事责任也只是其他组织取得法人资格的结果，而不是其取得法人资格的条件，更不是其取得民事主体资格的条件。

对于民营医疗机构法律地位的界定，应以其法律组织形式区分而不应以其经营目的进行定位。相同法律形态的医疗机构，无论是民营医疗机构还是公立医疗机构均应当具有平等的法律地位。《关于城镇医疗机构分类管理的实施意见》中原来规定营利性医疗机构一般为城镇个体诊所、中外合资合作医疗机构、股份制和股份合作制等形式。2012 年卫生部《关于社会资本举办医疗机构经营性质的通知》规定，社会资本依其经营目的，可申办营利性医疗机构，也可申办非营利性医疗机构。这就意味着不仅非营利性民营医疗机构同样可以城镇个体诊所、股份制、股份合作制和中外合资合作制形式设立，而且民营营利性医疗机构也可以上述法律形式设立。民营医疗机构的法律组织形态与其所有制形式没有必然联系，营利性与非营利性也只是表明医疗机构的经营目的，股份制、股份合作制、中外合资合作制、个体诊所是医疗机构的法律组织形态，其与医疗机构的经营目的并无必然联系。

此外，还应不断丰富民营医疗机构的法律组织形态，允许民营医疗机构设立分支机构。首先，必须明确分支机构不具有法人资格，其法律责任由设立它的法人型民营医疗机构承担。其次，法人型民营医疗机构的分支机构设立条件是：法人型民营医疗机构执业必须具有一定期限、信誉良好、具备一定数量的拥有执业资格的医疗技术人员、必要的经费、场所等。最后，赋予分支机构享有诉讼主体资格。由于医疗服务具有技术性、复杂性、高风险性，一旦发生医疗事故，对于消费者而言有必要及时维权。但由于消费者缺乏医疗专业知识，加之疾病或者事故经过一定治疗期有的完全可以治愈，如果不赋予分支机构民事诉讼主体资格，将会导致取证困难。另一方面，由于我国地域广阔，为了节约成本、避免诉累，从更好地维护消费者合法权益的角度出发，可以借鉴我国《民事诉讼法》中关于有关分支机构诉讼主体资格的规定，赋予法人型民营医疗机构的分支机构以诉讼主体资格，但分支机构必须依法设立并履行登记程序。

6.2.2.2　增加"信誉良好"的资信证明作为市场准入的必要条件

良好的信誉是民营医疗机构的无形资产，也是以自律方式规范其医疗服务行为的内在压力和动力。良好信誉的约束在某种程度上远比法律的外在约束有效。《英国国家保健标准委员会准入(注册)法规》规定：申请开办医疗机构，无论个人还是组织，都要有一份银行出具的注册者经济状况的意见书，能证明申请者有经济能力达到开办医疗机构的目标；一份关于负责人是否曾经被判破产，或是他的房产是否曾经被没收，或者他是否和他的债主发生过纠纷的声明，以证明负责人的经营状况和信誉。因此，笔者认为，我国民营医疗机构市场准入条件中可增加关于民营医疗机构"良好信誉"的"资信证明"，该证明可由银行、法院或者其债权人提供，并且将"资信证明"作为民营医疗机构设立的必要条件之一。这样一方面可以保证医疗安全，另一方面也可预防民营医疗机构的投机行为。

6.2.2.3 依据民营医疗机构的法律组织形式规定其设立资产

对于民营医疗机构设立时经费的要求，应依据其不同法律形态，对其经费要求做出规定。对于法人型民营医疗机构，尤其是以公司形式设立的民营医疗机构，其设立时必须达到法定注册资本额。对于非法人型民营医疗机构，其设立应有投资人实缴或者认缴的出资。但对于非法人型民营医疗机构设立的资金要求可以根据其所处地点的不同，适当做出从宽的规定。相对而言，在经济发达地区的资金要求高于经济不发达地区的资金要求，西部地区和边远地区的资金要求可以低于东部地区和城市地区的资金要求。

此外，对于民营营利性医疗机构与非营利性医疗机构设立时所需资产条件应有所侧重。对于前者应重在确保其实际缴付的资金、经费或者法定注册资本。对于后者则应借鉴国外相关法律条款，明确我国非营利性民营医疗机构的内涵与标准，规定其利润分配原则，明确其社会责任，使其设立目的与经营行为相符合。

6.2.2.4 实行多种类型的医务技术人员注册制度

民营医疗机构能否有效保证医疗质量和医疗服务安全，与其是否拥有“与其开展的业务相适应的专业卫生技术人员”有着十分紧密的联系。但当前我国首先需要解决的是医疗机构设立条件中“与其开展的业务相适应的专业卫生技术人员”的资质数量要求和卫生专业技术人员注册的协调问题，以保证医疗机构在设立时具备与其业务相适应的专业技术人员。笔者建议，修改我国《中华人民共和国执业医师法》《中华人民共和国护士管理办法》关于医生、护士的注册制度，实行暂时性注册制度和完全注册制度。在这方面，新加坡医师理事会关于医师注册制度的规定值得我们借鉴。

鉴于我国当前的实际情况，笔者认为我们可借鉴新加坡关于医师注册类型的划分，将医疗技术人员注册类型分为暂时性注册和完全注册。所谓暂时性注册，即卫生技术人员在民营医疗机构设立时，只要能提供拟设立的医疗机构的名称、执业地点、执业类别、执业范围以及拟聘用其的“聘用合同”等信息，就可进行暂时性注册，但不得进行执业行为。完全注册即医疗机构批准设立时，卫生技术人员必须正式注册登记，方能执业。因此，在未来的民营医疗机构市场准入法规中，仍然要将有“与其开展的业务相适应的专业卫生技术人员”作为民营医疗机构市场准入的必要条件之一，并通过暂时性注册和完全注册两种注册方式解决医疗机构设立时对技术人员的要求。同时，应明确所谓“相适应”是指民营医疗机构在申请设立时，拟聘用的医疗技术人员已经取得医生执业证书、护士执业证书或者其他相关医务技术人员执业证书；经批准后设立的民营医疗机构，其所聘用的卫生技术专业人员经登记注册，在其注册的执业地点、执业类别、执业范围内从事相应的医疗、预防、保健业务等。

6.3　民营医疗机构市场准入方式

纵观当前世界各国和相关地区关于民营医疗机构市场准入方式的法律规定，可以说不同的国家和地区有着不同的规定，而且各具特色。有的区分医疗机构的规模，对医院市场准入实行认证制度，对医院之外的其他医疗机构实行登记注册准入方式；有的则实行行政许可加登记准入方式；有的则区分医疗机构的举办者是否是医生、妇产医生等医务技术人员，而分别实行登记和行政许可制度。总之，这些各具特色的市场准入方式为我国民营医疗机构市场准入方式的具体设计提供了很好的借鉴。

6.3.1 域外民营医疗机构市场准入方式的立法比较

美国对不同规模的民营医疗机构采取不同的市场准入方式。首先，对于以医院形式设立的民营医疗机构市场准入实行市场准入认证制度。在认证主体上，美国实行政府机构和非政府的行业组织双轨认证机制。但一般情况下，只要经过非政府机构认证，尤其是经过美国医疗机构认证联合委员会的认证，医院便在法律上认为符合准入条件，美国政府机构一般不再对医院准入条件进行审查。对于以其他形式设立的民营医疗机构，美国则采取批准加登记注册原则和登记注册制。具体而言，对于非营利性民营医疗机构市场准入，一般由民营医院所在地的州政府批准后，再到州司法局进行注册登记。对于营利性民营医疗机构，一般基本上不需要审批，只需依照法律登记注册即可。尽管美国对医院实行的认证制度能在很大程度上确保医疗服务的安全，但这对认证机构的权威性、专业性和中立性有很高的要求，同时还需建立相关的完备的一系列法律制度和认证标准。因此就我国民营医疗机构现状而言，尚缺乏借鉴这一准入方式的条件。

英国普遍建立了由权威中介进行评估的医疗机构市场准入认证制度。健康质量服务机构（Health Quality Service，HQS）是在英国建立时间最长的医疗认证机构，HQS 主要从人员、过程、环境和结果四个方面关注质量改进。其认证标准高，程序严，并且认证有时效限制。获得认证的医疗机构是高质量的象征，可获得法律和政策的优惠待遇。缺乏认证的医疗机构难以在医疗服务市场中生存。医疗机构市场准入认证制度有效保证了医疗机构的服务质量。

日本也依据私立医疗机构的规模和不同形式规定了不同的市场准入方式。首先，对于私立医院市场准入方式，依据《医疗法》第 7 条规定，开设医院时，必须获得开设地的都道府县的知事的许可，然后再按照规定进行设立登记。如果医院设立时不进行登记则不具有对抗第三人的法律效力。其次，对于以医疗法人形式设立的医疗机构，必须首先经设立地的都道府县知事的许可，否则不得设立。然后再按照其主要事务所所在地的政令规定进行设立登记，而且登记所必须在进行登记后及时公布登记的相关信息。此外，日本《医疗法》不仅区分私立医疗机构的规模，还依据设立私立医疗机构的申请人是否是医生、牙医或者助产士而实行不同的准入方式。对于不是医生、牙医或者助产士的人开设医疗诊所或者助产所的，必须获得开设地的都道府县的知事的许可，并且实行登记制度。而对于医生、牙医、助产士开设医疗诊所或助产所的，则只需要在开设后 10 天以内，向医疗诊所或助产所所在地的都道府县知事申告并登记即可。可见，日本对于私立医院、医疗法人以及非医务技术人员设立的医疗诊所或助产所市场准入均采用行政许可加登记的方式。而对于医务技术人员设立的医疗诊所或者助产所则只需经过申告并登记即可。

新加坡民营医疗机构市场准入方式采取许可加登记注册的方式。妇产医院、医疗医院、外科医院、精神病医院、康复医院以及儿童医院市场准入，必须由卫生部实行审批许可和办理登记注册手续。

由此可见，上述国家对于不同形式的医疗机构采取了不同的市场准入方式，有的采用医疗机构认证制度，有的采用注册登记制度，有的则采用许可后再登记制度。虽然这些准入方式各不相同，但却有类似之处。一般而言，大多数国家采用的是许可后再登记的制度。其中依据医疗机构规模的不同，综合性医院的设立或者医疗法人的设立，一般采用在登记注册之前必须许可的制度。对于诊所以及一些专科医院，有的国家采取了登记注册方式准入。就审批许可机关而言，有的国家规定由政府医疗服务主管部门审批，例如新加坡，而有的国家则规定由政府部门审批许可。就登记机关而言，一般均由民营医疗机构所在地主管机关审批后办理登记手续，有的则由法院办理登记。

6.3.2　我国民营医疗机构市场准入方式的建议

6.3.2.1　依据民营医疗机构准入范围确定准入方式

当前，我国民营医疗机构市场准入方式均实行统一的行政许可加登记制，而且对不同所有制形式和不同经营性质的民营医疗机构，其登记机关不同。笔者认为，当前民营医疗机构采取注册登记方式仍然十分必要，因为这一制度具有以下功能：其一，注册登记制度有利于规范民营医疗机构执业行为。民营医疗机构无论是进入哪一类型的医疗服务领域，均要求其必须具备提供医疗服务的基本条件和能力，否则消费者的生命健康与安全将无法得到保障，社会公共利益将受到损害，医疗服务市场将发生混乱。通过注册登记制度，可以使民营医疗机构在进入医疗市场之前，就具备作为医疗服务主体的基本条件，否则不准进入医疗服务领域，以保证医疗服务市场的稳定、有序。其二，掌握医疗机构的基本情况，以保证政府对其经营活动进行有效的监督管理。如果对民营医疗机构的基本情况不了解，便不可能全面了解医疗机构的情况，更无法对其活动进行监督管理。只有充分掌握医疗机构的基本情况之后，才能依据医疗机构的具体情况，采取有效的管理和监督。其三，公开民营医疗机构相关信息，更好地保护消费者和其他市场主体的合法权益。民营医疗机构进入医疗服务领域提供医疗服务，其资信状况、经营能力以及信誉对于消费者和其他市场主体而言有着十分重要的意义。如果允许一个不具有经营能力和执业资质的医疗机构进入市场，不仅不可能要求其提供高质量的服务，还有可能对其他市场主体造成潜在威胁。但就登记制度这一部分而言，却存在着十分明显的计划经济的痕迹。笔者建议，民营医疗机构市场准入应依据民营医疗机构准入的范围及其所提供的医疗服务产品的性质、其经营性质来决定其准入方式。

首先，对于进入公共卫生、公共预防与防疫医疗服务领域的民营医疗机构，其不直接提供医疗产品，只是生产这种纯粹的公共产品，然后由政府通过合同购买后提供。基于这类性质的产品先天具有非排他性和非竞争性，因此，笔者认为提供这种纯公共产品性质的医疗机构或者生产这类纯公共产品性质的民营医疗机构，无论其法律形态如何，经营性质是营利性还是非营利性，也无论其规模大小，均应实行严格的行政许可并办理注册登记手续。因为公共卫生的目标是从整体上提供健康的生存环境，其提供或者生产的产品涉及公共利益，关系到国计民生，涉及整个社会人群的健康甚至国家安全，因此进入公共卫生、公共预防与防疫领域的民营医疗机构应实行行政许可核准模式，即必须以经卫生行政部门许可然后再到登记部门登记的方式准入。

其次，对于进入特殊疾病人群保健和特殊疾病预防与治疗领域的民营医疗机构，由于这一领域的产品具有准公共产品性质，可以由政府主办的公立医疗机构提供，也可辅之以民营医疗机构提供。但这类产品虽具有竞争性，却不具有排他性，而且这种准公共产品的提供不仅需要成本，还需要相应的技术能力和基础设施，且这一类型的医疗服务主要是为一些弱势群体服务。因此，笔者认为，基于对弱势群体利益的保护，对于提供准公共产品性质医疗服务的民营医疗机构市场准入方式，采用行政许可加登记制的方式比较适宜。

最后，对于进入具有私人产品性质的医疗服务市场中的民营医疗机构，其市场准入方式可以采取严格核准主义与行政许可核准并行的方式。对于非营利性和营利性的民营医院，其准入方式仍应采用行政许可模式，即其进入医疗服务市场必须先经行政许可，然后办理登记注册手续，这样便于监督其执行“不分配政策”的情况，又便于防范医疗风险；而对于规模较小的，以个体诊所、社区卫生室、社区医疗服务中心等形式设立的非营利性和营利性民营医疗机构，其准入方式则可采取严格核准模式，即只要其具备提供医疗服务的形式要件和实质要件，即可办理登记注册手续并允许其准入。这一方面便于民营医疗机构的及时设立，另一方面也便于登记机关对其营利及其税收情况的规制。这种严格核准准入方式实质上是一种无自由裁量权的审批方式。当然，严格核准模式的采用并不意味着自由放任主义的回归，因为那是一种无管制的“自由主义”。

笔者认为，在市场各种配套机制尚不完善的情况下，鉴于医疗服务行业的特点及其对国民经济的重要影响，出于对生命健康与安全的保护，对民营医疗机构市场准入整体上采用行政许可核准准入方式是必要的，它可以在源头上防止医疗风险的发生。同时还应尽快完善行政许可程序，提高许可效率，并尽可能限制行政部门自由裁量权无限扩大。从鼓励民营医疗机构市场准入，促进医疗服务竞争机制的真正形成，保证市场主体进入秩序，维护市场交易和竞争秩序及社会公共利益角度出发，也可借鉴发达国家的做法，对部分规模较小的营利性民营医疗机构进入私人产品性质的医疗服务市场，实行严格核准准入方式也是可行的。例如，对于以个人名义申请准入的个体诊所，可以采取登记形式准入。因为当前我国个人申请举办个体诊所，其前提是申办人必须具备行医资格证。这在一定程度上可以保证医疗质量安全，因此只需要履行登记程序即可。

6.3.2.2　依据医疗机构规模和申请人是否是医务技术人员确定准入方式

笔者认为，日本依据医疗机构的规模和医疗机构申请设立人是否是医务技术人员，实行行政许可加登记的准入方式和登记的准入方式值得借鉴。当然，借鉴这两种市场准入方式，需要不断建立独立、专业的医疗机构市场准入规制机构，更需要不断加强我国医务技术人员职业道德培养和学历教育，严格医务技术人员执业市场准入相关条件。对于进入私人产品性质的医疗服务领域的民营医疗机构，可依据医疗机构规模和申请人是否是医务技术人员确定准入方式。具体而言，对于以医院形式设立的民营医疗机构，因为其医疗服务内容较多，医疗技术要求较高，涉及社会公共利益面广，因此仍应采取经卫生行政部门许可后再履行登记的方式准入。具有医生执业许可证的医生、牙医或者助产士设立规模较小的诊所、社区医疗服务中心时，可采用登记的方式。非医生、牙医或者助产士设立诊所、社区医疗服务中心时，采用先经卫生行政部门许可，然后进行登记的方式准入。

6.4 民营医疗机构市场准入体制

当前，我国亟需构建独立、专业的医疗机构规制机构。在民营医疗机构市场准入中，卫生部门应当充分发挥其作为行业的规制者的作用，对医疗服务各个环节的交易关系进行适度干预，通过对市场准入、非营利机构不分配利润政策执行和市场秩序的规制，建立规则公平和程序透明的现代规制方式。雅诺什·科尔奈认为国家的主要功能必须是提供法律框架，规制非国有机构，并提供最后的救助与保险；国家有责任保障每一个公民享有获得基本教育和医疗保障的权利。

6.4.1 域外民营医疗机构市场准入体制的比较

德国不仅拥有极为有效的政府医疗机构市场准入规制机构，其民间自律性组织在医疗服务规制中亦发挥着突出的作用。政府规制机构与民间自治规制机构合理分工、适度分权，既分工又协作，不仅避免了因政府规制干预过多而引发效率低下，还能更好地发挥专业组织的专业知识能力，以减少信息不对称带来的弊端。

德国在医疗机构规制体制上，实行三级规制，即联邦、州、区三级规制。[1] 联邦政府不同级别的规制部门拥有不同职权，且分工

---

[1] 联邦和州均设有卫生部，根据各自分管的工作享有立法权，区一级设立卫生处。联邦政府和州政府在医疗监管上进行合理分工。联邦政府制定有关政府的法规和法案；州政府负责医院规划、管理州医院，以及监督保险机构和医生协会组织等；地方政府负责区医院规划和公共健康项目。参见储振华．发达国家医疗管理制度．北京：时事出版社，2001：154－155。

合作。除了有效的政府医疗规制机构外，德国还拥有一大批自律性组织❶，其在德国医疗服务规制中发挥着重要的作用。政府与各种行业自律组织之间分工合作，不仅提高了效率，同时也有限发挥了行业自律组织专业性的作用，使得规制部门在做出重大决策时，通过自治组织之间相互协商，平衡彼此之间的利益。

英国形成了政府规制机构与非政府规制机构并存、公私合作式的医疗机构市场准入规制体制。政府规制机构不仅在业务上对私立医疗机构进行规制，而且在财务上对其进行有效规制，使得规制机构既有较强独立性，又能在行业规制方面发挥很好的作用。除了法定的政府规制机构，英国的医疗机构行业自律组织规制机构❷在英国医疗行业规制中也发挥着极为突出的作用。

美国建立了独立的医疗机构市场准入规制机构。所谓独立的规制机构，一方面是指医疗规制机构与被规制者——医疗机构之间彼此独立，没有任何利益关系；另一方面是指医疗服务规制机构与其他政府机构之间相互独立，医疗规制机构依法独立运作，在人事任免、政策制定和执行以及资金支持等方面，均不受政府政治上的

---

❶ 德国行业自律组织有很多，例如代表医院的医院联盟(GMA)、代表医生的医生联盟(DKG)以及代表公众的工会组织，它们是行业管理和行为规范的组织与实施者。另外，自治管理机构联邦共同委员会负责协调各行业组织之间的关系。参见王丙毅，尹音频．德国医疗管制模式的特点、改革取向及借鉴意义．理论学刊，2008(7)：59－60。

❷ 英国医疗服务监管的非政府组织主要包括英国皇家医疗学会、医疗过失监督计划、国家外部质量保证计划等。这些非政府性质的监管组织没有正式的法定权力去监管NHS机构，也没有权力要求NHS机构配合其调查和符合其要求，但它们拥有一定的非正式权力。例如，如果皇家医疗学会收回医疗培训认证，NHS机构将不能招募初级医师，这样，医疗服务的提供就会出现问题。皇家医疗学会主要负责监管初级医师的教育和培训，它制定了NHS机构医师培训的认证程序，认证标准每5年由学会会员及高级医师进行一次修订。如果NHS机构未达到医师培训的认证标准，学会将收回其认证。

干预和行政上的影响。美国医疗规制机构具有很大的独立性，具体表现为：一是医疗规制机构的双重性质。美国各级医疗服务规制机构均在习惯上被认为是一种介于立法、私法和行政之间的独特机构，其具有准立法权和准司法权的双重性质，权利相对集中。二是医疗规制机构的双重角色。在进行费率、服务准入以及医疗质量标准的规制时医疗规制机构扮演行政角色；而在发现违规和侵权行为时，规制机构拥有广泛的听证、举证和裁决的权利，具有相当于法院的权利。三是医疗规制机构不仅其自身不隶属于美国政府行政部门，而且其部门的管理人员属于专业人士而非政府委派的行政人员，规制机构直接向国会负责，在国会立法的范围内行使其监督管理职责。

美国医疗服务规制体系复杂，规制机构众多，各类机构并存。首先，从层级上看，美国医疗服务规制主体分为联邦、州及县三级，依次分别是美国卫生和公众服务部、州公共卫生局以及县卫生行政管理机关。在医院规制方面，美国联邦政府一级的医疗规制机构是国家医疗保险和救助服务中心（the Center for Medicare and Medicaid Service，简称 CMS）。医疗保险和救助服务中心属于联邦政府机构，其向国会以及卫生和公众服务部负责。公共卫生管理局向州政府和立法机关负责，与国家医疗保险和救助服务中心有着合同关系，二者之间不是上下级关系，而是协作关系。负责人由州长任命，仅对州长负责，但必须接受联邦政府的指导并要求达到联邦政府的一些特殊标准要求。美国医疗服务卫生的规制权力主要集中于各州，相对而言地方政府的权力较大，而联邦政府权力较弱。美国各州均有卫生立法权、政策制定权、机构审批权和具体工作管理权。在开办医院方面，联邦政府授权各州政府制定标准，严格控制和监督执照的发放。开业医院要参与医疗照顾制和医疗支助制度，必须通过指定的州立机构的检查验收标准。美国作为一个联邦制国家，其宪法保护各州社会事务方面的自主权。如前所述，依据美国宪法规定，各州必须制定一部关于医院开业执照的法律，但在具体规定上各州可有较大的自主权限。各州政府可依据设备、人力、场地、安全性的有关规定来审查每一家申请开业的医院，并有权制定医院设置标准，监督和决定是否对其颁发医院开业执照；制定标准，颁发医生行医执照等。除此之外，公共卫生局还有权关闭不合格的医院，开业的医院必须经指定的州立机构检查验收才能参与提供医疗服务。因此，在某种意义上说，州公共卫生局既是职能机构，又是业务单位，负责本州居民的医疗服务卫生安全。

如前所述，除了具有独立规制权的政府医疗服务规制机构外，美国的非政府医疗规制机构在医院的规制中也发挥着重要作用，甚至可以说发挥着比政府规制机构更为重要的作用。美国医疗自律性行业组织产生于 19 世纪中叶，而医疗市场进行规制只是 20 世纪 60 年代以后的事情。[1] 美国非政府医疗规制机构达 25 家以上，例如，美国医学会、医院协会、医疗机构认证联合委员会等。美国非政府医疗规制机构以数量多、权威性高而闻名世界。医疗机构认证联合委员会便是美国比较权威的非政府医疗规制机构。美国医学会、医院协会作为非官方认可的鉴定监督机构，主要负责制定医院标准并对医院质量进行质量认证。美国医院协会作为非政府医疗规制组织，多年来一直在维护医院权益、提供医院管理咨询和医疗保险、代表医院与政府交涉等方面起着极其重要的作用。

上述国家在私立医疗机构规制方面的共同经验是：第一，医疗

---

[1] 20 世纪初，美国反托拉斯法开始适用于医疗服务领域；1966 年开始实施老年人健康保健计划。

规制机构的独立性是确保医疗服务质量和安全的关键。第二，政府规制机构和非政府规制机构分工合作，形成了规制体系中的“合力”，得以对私立医疗机构准入后有效实施规制。第三，民间规制机构、行业规制机构在医疗机构市场准入规制中发挥了有效的规制作用。第四，中央和地方规制机构合理分权，分工合作。

当前，我国对医疗机构缺乏有效的规制和约束是导致我国民营医疗机构背离发展目标、经营混乱的一个重要原因。为此，首先，我国的卫生行政部门职能应从“办医院”转到“管医院”上来，唯有如此规制，职责才能得到落实，才能建立起权威性的独立评审机构；其次，我国到目前为止并未建立独立的医疗服务规制机构，卫生行政部门既是规制者又是政策的制定者，因此很容易基于自身利益的考虑而产生“寻租”行为；最后，我国行业组织的作用远未得到充分发挥，行业组织本身的专业性、中立性、透明性也有待提高。因此，应建立独立于政府部门和医疗机构的非营利性第三方专业评估机构对医疗机构进行规制，而且应尽可能发挥非政府性医疗规制机构或组织的作用。

6.4.2 我国民营医疗机构市场准入体制的完善

6.4.2.1 重构独立的准入规制机构

目前，我国卫生行政主管部门既是政策的制定者，又是政策的执行者和监督者，同时还是公立医疗机构的投资者和所有者。民营医疗机构则不仅受到卫生行政部门的规制，还同时受到工商部门、民政部门或者税务部门等的规制，由于行政机构规制权力分散，规制机构权责不分，以致规制效率低下。这种“管办不分，多头规制”的规制体制既不利于医疗服务市场的健康发展，更不利于民营医疗机构市场准入。因此，要有效促进民营医疗机构市场准入，就必须改革我国民营医疗机构市场准入体制，重构我国市场准入规制机构，建立一个具有专业性、独立性和中立性的规制机构。“规制机构的独立性、中立性和专业性是确保规制权公正行使的组织条件，也是有效摆脱既往的部门偏好或者其他政府部门不当干预的必要前提。”所谓独立性、中立性是指规制机构在行使规制职能和实施规制行为时，既不受政府的干涉，也不受其他行政机构和利益群体的影响，更不会与被规制者有任何利益关系，规制机构能够公正、独立地行使法律所赋予的规制权力。目前，我国对民营医疗机构市场准入实行多部门规制，规制机构之间相互推诿，难以实现有效规制，因此，重构市场准入规制机构极为必要。具体而言，笔者认为，建立独立、中立和专业的市场准入规制机构可采取以下措施：

第一，政府可考虑将原来分散在卫生和计划生育委员会、发改委、民政部、物价部门、工商管理部门等与民营医疗机构市场准入相关的职能集中到一个新的行政机构内，由它实行医疗机构市场准入规制和维持竞争秩序。该机构直接隶属于各级政府部门（国务院）或各级权力部门（人大），对政府或人大负责并受其监督，使其能够独立地执行规制权利，保证规制最大效力的发挥。在提高规制机构独立性的同时，还要形成中央与地方规制机构的适度分权、分工协作。要确保医疗规制机构既独立于其他行政机构，也独立于其上级机关，中央规制机构与地方规制机构之间不是领导与被领导的关系，而应是协作关系和业务指导关系。一般而言，中央卫生监督机构的主要职责是依法评估地方规制机构实施规制行为的业务水平、技术水平以及协调地方之间的跨区域市场准入规制事宜，而地方卫生监督机构主要负责本地医疗机构的具体规制任务。新的规制机构的立法权与执法权要分开。规制机构的规制权应由法律明确授权。规制机构实施规制行为、履行规制职责的依据的基本法律制度必须由立法机关决定。规制机构必须依据法律授权，严格依法履行医疗机构市场准入。尽管我国是单一制国家，但仍可借鉴联邦制国家关于中央与地方分权管理的办法。卫生监督机构的主要职责是制定医疗服务市场规制内容、规制程序、规制行为、规制规则和规制标准，并依据上述要求和标准对医疗服务机构进行规制，并对被规制者遵守各项规制规则的情况实施监督。

第二，由于医疗服务的复杂性和专业性，医疗服务监督涉及政治、经济、医学、医院管理、法律、财务等多个专业的知识。因此从规制机构专业性角度出发，在构建独立的医疗监管机构时，应注重其组成人员知识结构的合理性，有必要引进上述相关专业方面的专业性人才，以建立规制能力较高的专业性规制机构，增强规制机构的规制能力。美国医疗规制机构的管理人员就属于专业人士，规制机构直接向国会负责，在国会立法的范围内行使其监督管理职责。

第三，注重对规制者权力的制衡和自身的规制。独立、中立、专业的规制机构虽然能在一定程度上弥补市场失灵的缺陷，但由于规制机构拥有一定程度的自由裁量权，如果对其没有权力制约，规制机构就有滥用行政权力的可能，甚至发生“规制者被俘获”的情形。因此，建立对规制机构的问责机制，通过问责机制对其在规制过程中滥用职权的行为进行责任追究，提高规制程序和规制权利运作的透明度，同时加强中介组织、大众媒体等社会力量对规制者的监督作用。

民营医疗机构市场准入规制体制的构建是一项艰巨而复杂的工作，无论是重构独立的规制机构，还是规制机构的权力制衡必定会有一个漫长的阵痛过程。尤其建立独立规制机构，必然会发生

“牵一发而动全身”的效应，其艰巨性可想而知。但从民营医疗服务市场的健康发展角度来看，我们必须坚定地迈出这一步，有计划、有步骤、有组织地推进民营医疗机构市场准入体制改革，构建独立的医疗规制机构，保证民营医疗机构市场准入并规范运行。

6.4.2.2　构建多元化的市场准入规制机制

建立独立的规制机构固然能起到一定的有效规制作用，但科学、完整、理性的现代医疗机构规制体制除了应由政府行政部门规制以外，还应有行业自律组织和消费者保护组织参与以及公众舆论监督，尤其是行业自律组织的监督。有学者认为，行业协会不仅是经济法领域特殊而重要的主体，而且“协会自治”是国家干预的前提设置，即“经济法的思维模式将从对资源配置非此即彼的二元思维转向三步走：市场调节—协会自治—国家干预”。医疗服务具有高技术性、复杂性和专业性，规制机构的规制能力、业务水平、专业水准对于规制机构履行好规制职责，确保医疗质量和安全极其重要。因此，在确定医疗机构主体准入资格、监督复杂的医疗行为、保护消费者权益等方面，就需要规制机构拥有一支包括资深医疗服务专家、律师、会计师等组成的稳定的专业团队。当前迫切需要引入现代规制理念和规制方式，切实加强自律性行业组织的作用。

美国、德国以及英国私立医疗机构市场准入的实践均表明，对医疗机构的规制不仅应建立独立的政府规制机构，还应充分发挥非政府规制机构或行业自律组织的规制作用。健全的社会政治制度和市场体系离不开行业自律组织，行业自律组织作为政府与市场、医疗机构与市场之间联系的桥梁纽带，既是经济发展的向导，也是政治的维护者，具有政府行政管理不可替代的作用。它不仅可以避免政府因管理职责过多而引发的低效率，而且还能充分发挥专业组织的专业特长，减少信息不对称可能带来的弊端。德国的医院联盟、医生联盟以及美国的医疗质量认证联合委员会在医疗质量规制和医疗机构市场准入规制中均发挥了重要的作用。政府规制是政府处于规制者地位对被规制者进行的一种外部约束，而行业组织自我规制则是被规制者采用的一种内部约束。行业组织自律的最大优势在于，相比政府规制而言，其更了解行业的实际情况，不仅具有专业性，而且具有较强灵活性。行业组织自律追求的目标是通过私人自治、市场主导演化出医疗市场所应遵循的规则，以有助于国家立法的正式形成，提高政府规制效率。我国也有中华医学会、中国医院协会、中国医师协会等行业自律性组织，在未来应强化和规范各类行业组织在医疗服务规制中的作用，让它们在医疗服务质量规制、市场准入等方面发挥更大作用，从而打破我国医疗规制主体单一化格局，构建行政部门与行业自律组织公私合作的规制机制。

在当前我国医疗服务市场发育不完善、政府职能还未完全转变的情况下，医疗规制行业组织起着非常重要的沟通、协调、自律作用。因此，在强化行业组织规制作用的同时，政府还应当采取各种措施，做到自我角色的准确定位。首先，要理顺与行业组织的关系。一方面，政府部门要提高认识，转变观念，放开手脚，加快医疗行业中介组织的发展。另一方面，改变目前行业组织附属于政府主管部门、缺乏独立性的状况。政府要与行业组织彻底脱钩，给予其充分的独立性，使行业组织成为真正自主执业、自立信誉、自我约束、自我发展的中介组织。其次，加强行业自律组织立法，明确规定医疗行业组织的性质、宗旨和作用，组织形式和名称，职能和分类，所有制形式、经营形式和法律责任，设立条件和审批程序，规范医疗行业组织的行为，维护广大消费者的健康权益。

6.5　民营医疗机构市场准入程序

市场准入程序的完善与否直接决定着民营医疗机构市场准入的成本，市场准入的难易与时间。明确的市场准入方式，科学合理简便的市场准入程序，公开透明的市场准入机制对于民营医疗机构市场准入有着极大促进作用。

6.5.1　域外民营医疗机构市场准入程序的立法比较

6.5.1.1　市场准入程序的立法规定

国外关于民营医疗机构市场准入程序的步骤，大体有“一步”程序和“两步”程序之分。“一步”程序是指一般营利性民营医疗机构或者规模较小的诊所、社区医疗服务中心等只需履行登记手续便可设立。“两步”程序是指各种类型的医院、非营利性民营医疗机构或者非由医生、牙医等医务技术人员设立的民营医疗机构等设立时，必须首先经有关机关许可，并进行登记方可执业。

美国对于一般主体市场准入程序，采取相对较为简单的登记程序。美国将所有市场主体划分为营利性和非营利性两种进行分类管理。营利性主体的成立基本上不需要审批，只需要符合法律规定的形式条件就可注册。非营利性主体则可自由选择是否注册，但如果不登记将不具有法人资格，不享有免税待遇，只有注册的非营利组织才可以向州税务局申请免税。美国私立非营利性医院虽然属于非营利组织，但非营利性医院、私立学校等机构市场准入需由州务卿办公室负责批准，然后由州司法局进行注册登记，即美国非营利性医院市场准入程序是先经许可再进行登记。

对于非营利性医院如何取得免税资格有不同的做法，即非营利组织如何取得免税资格，通常有异议原则和登记原则。所谓异议原则是指非营利组织的设立和免税资格只要符合法律程序便没有异议，便可被视为合格的非营利组织。如果有异议则可由税务机关提出，或者由类似英联邦慈善委员会或美国州检察长等法律机构提出。登记原则是指要获得非营利组织的资格，必须到政府有关部门去登记，并向该部门提供相关材料证明其已具备非营利性医院的条件。普通法国家认为非营利组织的权利在规定这一权利或规范其活动的法律文件产生之前就已经存在了，因而非营利组织无需到政府部门登记即可以非营利组织的身份进行活动。因此，普通法系国家普遍推行异议原则。而大陆法系国家认为非营利组织必须到政府部门登记后，才可以进行合法活动。因此，大陆法系国家非营利组织的成立采用登记原则。美国虽然属于普通法系国家，但在非营利性医院的登记程序上采取的是登记原则，即美国私立非营利性医疗机构法人地位和免税资格的取得必须分别经过两个独立的程序。一是私立非营利性医疗机构必须首先经有关机关许可，再注册登记后取得法人地位。私立非营利性医院可以通过先建立一个机构（在非公司组织的情况下）或在州法律许可下建立一家公司，从而取得法人资格。如果拟以公司形式设立，则必须向意欲开业的州公共卫生局递交公司报告。报告的内容包括明确阐述的公司的宗旨和公司条例、公司开展业务的主要地点、公司的职员、表明组织结构和运营规则的公司章程。只要这些条件达到州公司法的最低要求，那么申请就会被批准。美国没有全国统一的联邦公司法，各州均享有制定公司法的权限，且各州之间对于公司的结构和人员责任等细节的规定彼此之间均有不同。依照公司法注册的非营利性医院可以顺利通过国家税务局设立的“组织性检验”，任何组织申请免税都必须经过这一检验，合格后方能享受免税。因此，现在美国大多数非营利组织都把自己变成了州管辖下的公司，如非营利性医院、学校等。二是免税申请程序。取得法人资格的非营利性医院，并不会因法人资格的获得而自动享受联邦政府的免税权利。在美国，非营利性医院依据州法律获得法人地位并非难事，只要其符合非营利组织的宗旨，不在医院所有者和董事之间分配利润即可。然而非营利性私立医疗机构要取得税收优惠，必须根据美国法律 501C3 条款的规定，提交一份两页纸的机构章程，写明机构名称、目标，说明不为任何私人谋利益的宗旨，然后交由国家税务局批准。也就是说，非营利性医院要想取得免税权必须先向其所在地的州税务局提出免税申请，国家税务局依据其递交的材料，决定其能否免税。如果可以免税，则向其签发免税证明。申请内容包括活动陈述、组织条例和章程的副本以及当前财务状况的说明等。只有当非营利性医院达到联邦税法规定的特殊免税要求后，其才能享有免税待遇。❶ 而当非营利性医院认为其受到了国家税务局的不公正对待时，可向诉讼办公室、法庭上诉。

尽管在美国非营利性私立医疗机构的设立并不是很难，但已经成立的非营利性医疗机构是否严格遵从其“非营利性”的经营宗旨，将直接决定其在成立之后能否顺利地享有免税资格。美国政府对于非营利性医疗机构的“非营利性”经营活动有着自己一套较

❶ 参见周洪宇.关于修订《民办非企业单位登记管理暂行条例》，完善服务类社会组织登记管理制度的建议. http//www. mj. org. cn/mjzt/2012nzt/2012lh/2012lhjyxc/2012lhzlmshyfz/201203/t20120303_135505. htm，2012－05－23。

为可行的判断标准。第一，以经营目标为判断标准，即判断其经营目标是出于市场目的还是慈善目的。第二，判断其经营活动是否与非营利性医疗机构本身的工作具有关联性。例如，如果一家非营利性医院附设餐厅，人们并不一定要经过医院才能进入餐厅，餐厅的门设在大街上，这个餐厅的经营就视为与该机构无关的经营活动，其收入照章纳税。如果餐厅设于医院内，但内设餐厅的食物价格超过合理程度，国税局也要考虑让其缴税。对于非营利性医疗机构的受赠行为，美国法律有着严格的规定。❶ 在美国，捐赠和接受赠予都是自由的，但要因此享受税收优惠，就必须捐给具有免税资格的501C3 条款中所列出的慈善机构。否则，不能享有免税待遇。

此外，美国还严格规定了私立医疗机构登记注册的有效时间。如《美国科罗拉多州医院法》规定，非营利性医院的执业执照由公共卫生和环境部部长签发并由州际卫生委员会验证，执照在签发一年后失效。因此，私立医疗机构申请并取得执业执照后并非可以一劳永逸，而是必须每年按照公共卫生和环境部规定的方式，向其提出申请并领取执业执照，申请更换执照的费用是360 美元。医疗机构每年必须按照公共卫生和环境部的规定申请新的执照，如果

---

❶ 美国联邦法律规定，凡捐赠额在250 美元及以上者，受赠机构需开具收据，提供给捐赠者作为抵扣应缴税额的依据。如果捐赠者接受了受赠的慈善机构的回赠礼品，礼品的价值要从捐赠额中扣除，不得享有抵扣应缴税额的优惠，以防止利用捐赠搞欺诈行为。慈善机构提交的年度报告要包括所提供的礼品的价值。美国的非营利组织向公众募捐，除游行、集会要依据有关法律向有关部门提出申请之外，无需再向其他部门请示。有奖募捐如果频率低、数额小、地区窄也无须批准。根据美国联邦税法，任何机构或个人的捐赠行为是自由选择的。不过要想获得税收优惠的政策鼓励，就必须捐给具有免税资格的501c3 条款中所列出的慈善机构。否则，一般不能获准得到税收优惠。参见何海兵.美国的非营利组织及其启示.中共四川省委党校学报，2005(2)：69－70。

因为未重新申请等原因，执照便作废了。 在申请期间，执照有可能被拒发或者失效，公共卫生和环境部会对申请者补发一个临时执照，有效期为 90 天，并支付 150 美元的费用。 如果公共卫生和环境部认为必要的话，在获取一定的费用后可以下发第二个临时执照。 在发完第二个之后，当年不能再发临时执照。 实际上，非营利性医院登记注册后其资格是永久性的，还是持续一段时间后待届满时进行再续，对非营利医院的影响非常深远。 前一种形式，即一经注册便可一劳永逸地永远具备这一资格，其最大的优点在于降低了非营利性医院市场准入的成本；缺点是如果没有完善的医疗规制机制，将很难对非营利性医院的活动及其宗旨进行有效规制。后一种形式最大的优点是便于医疗监管机构经常性检查，以确保其行为符合最初设立的非营利性医院的宗旨；但它无形之中为政府机关对非营利性医院施加不适当的政府控制创造了条件，例如有可能产生寻租行为等。

日本医疗法人设立时必须经中央主管机关许可并向法院登记。医疗财团法人经许可后应成立董事会，报请中央主管机关核定，并于核定后 30 日内向该地方法院办理法人登记。 捐助人或遗嘱执行人，应于医疗财团法人完成法人登记之日起 3 个月内，将所捐助之全部财产移归法人所有，并报请中央主管机关备查。 捐助人或遗嘱执行人未于期限内将捐助财产移归法人所有，令其限期完成；逾期仍未完成者，中央主管机关废止其许可。

由此可见，在医疗法人市场准入程序中，不仅有许可和登记程序，还有最后的财产转移及报请备查程序。 同时，对于医疗法人没有转移财产或者未在法定期限内转移财产的行为，还规定了相应的法律后果。 这对于完善我国非营利性民营医疗机构市场准入程序有很好的借鉴作用。

6.5.1.2 市场准入未予许可时的救济方式

新加坡不仅规定了私立医疗机构市场准入的详细内容，而且对于私立医疗机构市场准入未予许可，规定了私立医疗机构享有上诉的权利。依据《新加坡私立医院和医疗诊所法案》的规定，如果任何人因为主管在第6部分❶的情况下拒绝颁发或更新许可；或者主管在第9部分❷的情况下做出中止或撤销许可的决定时，其可以在接到拒绝、中止或撤销通知后的21天时间内向可以做出最终决定的部长以书面形式提出上诉。部长在做出决定之前，应该就此事向咨询委员会提出咨询。咨询委员会由下列人员组成：1名和涉事医疗诊所有关的临床医师、3名在医疗注册法规下建立的医疗委员会指定的成员；1名和涉事医疗诊所有关的牙医、3名在牙医法案下建立的牙齿保护委员会指定的成员。在做出最后决定时，部长应该尊重咨询委员会的报告。

事实上，我国民营医疗机构市场准入过程中需面临大量的行政许可和审批程序。相对无限强大的行政公权，如果仅仅通过政策允许民营医疗机构市场准入，即使以立法形式允许民营医疗机构市

---

❶ 《新加坡私立医院和医疗诊所法案》第6部分规定，在决定是否发放许可时，主管应该考虑以下情况：(1)将被发给许可的申请者的特征和适合性，或者申请者是法人团体时，主管部门或委员会或理事会或法人团体的其他管理机构的成员的特征和适合性；(2)当情况可能符合指定的标准时，申请者运行和维持一个私立医院、医疗诊所、临床实验室或者保健设施的能力；(3)当情况可能符合指定的标准时，将被许可来作为私立医院、医疗诊所、临床实验室或者保健设施使用的房屋的适宜性(包括设施和配备)。当被许可的私立医疗机构存在以上情况时，主管部门可以决定是否发放许可证。

❷ 《新加坡私立医院和医疗诊所法案》第9部分规定，如果被许可执业的医疗机构具有下列情形之一的，主管应该中止或撤销其许可：(1)颁发的许可是通过欺骗或误传而取得的；(2)颁发给许可的人将违反或已经违反或不符合任何该法规的规定或任何依该法规制订的规章、任何其他许可的条款和条件；(3)有关颁发许可的私立医院、医疗诊所、临床实验室或者保健设施停止运行；(4)公众要求这样做。

场准入，而对于政府的行政权力没有一定的制约，放任其对民营医疗机构市场准入的自由裁量，仍然是治标不治本。因此，必须将行政部门的许可、审批行为纳入法治范围，明确民营医疗机构市场准入未予许可和批准时的法律救济途径，只有这样才能确保民营医疗机构实质性市场准入。

6.5.2 我国民营医疗机构市场准入程序的完善

6.5.2.1 简化民营医疗机构市场准入程序

每一种程序的运用都在不同程度和范围内遵循一定的原则。作为一种程序化的体系，它可以反映经济发展的共同规律与要求。有些规则并不一定反映特定经济关系的要求，其基本原则存在内在的一致性。对民营医疗机构市场准入实行行政许可，旨在保护消费者的合法利益，维护患者的健康安全，应该说是有必要的。但复杂的审批程序不仅会降低民营医疗机构进入的积极性和市场准入的效率，而且还会增加市场准入的成本，更可能成为行政权力寻租的“温床”，因此亟需简化。审批手续繁杂，审批时间长，还存在着维护公立医疗机构利益、制约民营资本进入的重要因素。因此，笔者认为政府应简化、优化民营医疗机构市场准入审批程序，减少审批手续，减少不必要、不合理的审批环节，注重对民营医疗机构市场准入的实质性审批。

首先，简化和优化现行登记审批程序。可将申请批准文书与受理程序合并，即申请批准文书的程序和申请执业许可证的程序合二为一。卫生行政部门经审核认为医疗机构符合批准文书的要求，即自动进入医疗机构执业许可证的审核。这样既节约了时间，又节约了成本。对于营利性医疗机构市场准入，应及时清理原来的卫生行政机关的医疗机构执业许可登记程序，以便和工商登记程序进行有序衔接，防止出现反复申报、重复提交材料的现象。此外，对于法人型非营利性民营医疗机构市场准入，除了应向卫生行政部门履行登记程序之外，还需在登记之日起3个月内，将所有财产移归法人所有，并报请许可机关备查。未在期限内将财产移归法人型非营利性民营医疗机构所有的，令其限期完成；逾期仍未完成者，许可机关可以废止其许可。

其次，提高市场准入的审批过程的透明度。民营医疗机构市场准入审批程序的规范性对于制约规制者机会主义行为可以起到较好的规范作用。民营医疗机构市场准入的行政审批是行政权力最为集中的领域，而公开、透明的市场准入程序有利于监督规制者自身的行政审批行为。而政府规制目标的实现也有赖于科学规范、公开透明的规制程序的建立。要打破公立医疗机构垄断、公平准入、鼓励民营医疗机构市场准入，就必须加强对审批权力的制约，进一步规范、简化审批程序，推进审批过程、结果。因此，在重构民营医疗机构市场准入体制的同时，建立公开透明的市场准入程序尤为重要。具体而言，公开透明的民营医疗机构市场准入程序应包括以下内容：第一，对于申请设立的民营医疗机构的相关审查、检查、裁决以及处罚的结果，在不侵害或者涉及国家机密和个人隐私的前提下，应及时公开相关情况。并且还应保证申请人的知情权，行政部门应依法履行告知义务。对于民营医疗机构市场准入的程序、规制机构的审批权限以及相关的市场准入法律制度，应通过建立一定的信息平台向社会公布。第二，在规制过程中应明确申请人享有申辩权。不予许可准入时，规制机构应听取申请人的申辩，并向申请人说明理由，不得因申请人的申辩而故意刁难或者加重对其的处罚。第三，应建立回避制度。在审批过程中，申请人与行政审批部门行政人员有直接或者间接利害关系的，相关行政人员应予回避。

再次，对审批期限做出明确、具体的强制性规定。可借鉴北京市《关于进一步鼓励和引导社会资本举办医疗机构的若干政策（征求意见稿）》的规定，卫生、民政、工商等在进行相关审批登记手续时，必须在正式受理后 10 个工作日内完成。对于中外合资合作医疗机构的登记审批，应先由设区的市级卫生行政部门在 3 个月之内完成主要的审批工作，然后交由省级卫生行政部门审查。省级卫生行政部门主要进行形式审查，时间控制在 1 个月之内为宜。这样便可基本上保证外资医疗机构从申请到最后批准的时间控制在 1 年以内。

最后，实行业务指导和业务管理登记程序一体化。目前，国际上对于民营非营利性医疗机构均采取较为宽松的准入制度，登记程序相对简单，而我国却一直实行双重管理式登记制度。笔者认为，我们可借鉴国际经验，取消双重管理制度。对于民办非企业单位，除了其非营利性的特质不同于企业外，其他与企业大体相同，因此可取消民办非企业单位的业务主管单位，直接在民政部门进行登记注册。但由于医疗服务具有极强的专业性，民营非营利性医疗机构准入审批程序过程中，民政部门无力管理，因此可指定卫生部门作为其登记管理机关，取消民政部门作为“登记管理机关”的规定和程序。这样既打破了双重管理体制的制约，又可以加强管理效果[1]，而且还可防止民营非营利性医疗机构虽经卫生行政部门许可，但在登记过程中被民政部门以种种借口拒绝登记的情形出现。

---

[1] 参见周洪宇. 关于修订《民办非企业单位登记管理暂行条例》，完善服务类社会组织登记管理制度的建议. http//www. mj. org. cn/mjzt/2012nzt/2012lh/2012lhjyxc/2012lhzlmshyfz/201203/t20120303_135505. htm，2012－05－23。

6.5.2.2 明确民营医疗机构市场准入未予许可的救济途径

市场准入审批活动必须依据法律规定的时效进行，不得擅自延长审批时间。对于不予准入许可的，应有相应的行政复议或者司法救济程序，允许当事人通过合法途径补救。有效的救济途径和程序规范既能规制被规制者市场准入的行为，更能有效约束规制者的自由裁量行为，使权钱交易、以权谋私的寻租设租行为受到法律的约束。

笔者认为，首先应明确做出不予许可的决定的情形。对于公立医疗机构，卫生行政部门很少做出不予许可的决定，但实践中卫生行政部门对民营医疗机构却经常会做出不予许可的决定，因此卫生行政部门对做出不予许可决定的情形必须明确，以便尽量限制其自由裁量的空间，避免随意性。在这个问题上，新加坡私立医疗机构市场准入未予许可的救济规定为我们提供了很好的典范。具体而言，民营医疗机构申请执业许可证时，卫生行政部门可以基于下列情形，拒绝发放执业许可：一是申请人或者其所雇佣的人不符合法定条件，或者不具有适合性；二是申请人因资金、地点、设施、房屋、人员或者设备等原因而不具备运行和维持一个民营医疗机构的能力；三是经审查，申请人的经营收入不会完全用于实现申请人设立的宗旨。（例如，民营非营利性医疗机构可能存在分配其经营收入的情况。）当被许可的民营医疗机构存在以上情况时，主管部门应决定不予发放许可证。

其次，对于卫生行政部门做出的不予许可的决定，民营医疗机构有权提起行政诉讼。当前民营医疗机构市场准入的主要审批权几乎集中在卫生行政部门，在现行医疗体制下，卫生行政部门的特殊身份很难使其居于中立地位依法履行监管职责和审批权，这将会无形中为民营医疗机构市场准入制造人为障碍。因此，应明确规定民营医疗机构市场准入未予许可时，享有司法救济的权利。

最后，未予许可时的司法救济程序。第一，规范拒绝的通知程序。法律应该明确规定卫生行政机关机构不予许可时，必须用书面通知，并告知拒绝的理由、可以提出抗辩的程序和具体方式，以及考虑重新申请的条件。第二，申请人对于拒绝许可的决定不服的，在接到被拒绝许可决定的通知之日起 7 天内，有权依照《行政许可法》的规定，向做出决定的卫生行政部门提起申诉，要求举行听证，卫生部必须受理。经听证后，卫生行政部门仍然做出不予许可决定的，可在收到决定之日起 15 天内，向其上级卫生行政机关申请复议；对于复议决定不服的，可向人民法院提起行政诉讼。

结　论

本书主要运用语义分析、比较分析、实证分析等方法并将这些方法贯穿始终，对民营医疗机构市场准入法律制度进行了较为深入的研究，提出了本书的观点：一方面，民营医疗机构市场准入应在政策目标上做出正确选择，坚持民营医疗机构与公立医疗机构并重，坚持医疗安全与医疗发展并重，坚持从宽规制与从严规制并重。另一方面，在立法模式上，应采用单行式立法模式，制定《民营医疗机构促进法》，对民营医疗机构予以特别保护。同时，明确民营医疗机构市场准入范围和准入条件，完善准入体制，合理规定准入方式，简化并规范准入程序。具体而言，本书的结论如下：

第一，应正确认识民营医疗机构的概念、分类及其法律地位。民营医疗机构是指自然人、法人或其他组织以民间全资或控股形式在我国境内依法设立、自主经营、自负盈亏、自担风险，以从事疾病诊断、治疗活动为宗旨的医院、个体诊所等一系列机构的总称。我国民营医疗机构依据其经营目的的不同，分为营利性医疗机构和非营利性医疗机构两类。民营医疗机构作为非公有制经济组成部分,其与公立医疗机构在宪法上应享有平等的法律地位,二者同为社会主义市场经济的重要组部分而非民营医疗机构作为补充部分。然而作为行政相对人,其与卫生行政部门处于不平等地位。民营医疗机构与政府及公立医疗机构相比,处于弱者地位。民营医疗机构的弱者地位导致其市场准入受阻。为此,应在权利配置上予以倾斜,对其实行特别保护。当前,民营医疗机构作为独立的民事主体,可以股份制、合伙、个人独资、中外合资合作医疗机构等形式设立。因此,民营医疗机构的法律地位应依据其法律组织形式确定,而不应依据其所有制形式或经营性质确定。由于立法至今并未对"非营利性"的含义做出界定,同时又将民营非营利性医疗机构界定为"民办非企业单位",使得法人型民营非营利性医疗机构无法划归到现有四类法人类型中,这成为制约其市场准入和发展的瓶颈。

第二,正确认识民营医疗机构市场准入的正当性以及政府干预民营医疗机构进出市场的度。健康权是人的一项基本权利,是人实现其他基本权利的核心和基础。医疗服务的可及性和可供性是保证健康权实现的前提条件。而尊重、保障和实现公民健康权是宪法赋予政府的职责,也是政府维持政治统治职能的基本要求之一。近年我国医疗事业虽迅速发展,但"看病难、看病贵"现象仍未得到很好解决,医疗服务供给需求矛盾日益加深,现有的医疗服务无法满足消费者多元化的医疗需求。因此,政府应促进民营医疗机构市场准入,增加医疗服务供给。医疗市场先天具有的外部性、垄断性、公共产品供给短缺和信息不对称等市场失灵现象。面对市场缺陷,市场机制本身无能为力,需要政府干预才能消除市场缺陷。民营医疗机构市场准入关键不在于是否需要政府干预,而在于应如何把握政府干预民营医疗机构进出市场的度。因此,在民营医疗机构市场准入过程中,政府应结合医疗卫生服务的性质、医疗服务供给需求矛盾、民营医疗机构的应然地位和实然地位、民营医疗机构发展的现实需求、民营医疗机构的“二元化”格局、民营医疗机构的经营目的及其技术诊疗项目等因素综合考虑。政府干预应立足于“弥补性”和权力有限性的原则,明确政府应当干预什么、政府应当如何干预。

第三,我国民营医疗机构市场准入的缺陷、原因及其后果。当前,我国民营医疗机构市场准入的缺陷有:其一,市场准入的范围不明确。当前必须首先明确哪些范围准许民营医疗机构准入,哪些领域禁止或者限制其准入。其二,市场准入的条件不具体、不客观,缺乏可操作性。其三,准入程序复杂,有待规范。首先,纵向分散式的审批和登记体制存在诸多不足;其次,民营医疗机构市场准入的程序相对公立医疗机构而言更加复杂、繁琐;最后,民营医疗机构市场准入未予许可时的救济措施缺失。其四,准入方式单一,“一刀切”式的准入方式既缺乏对行政自由裁量权的必要限制,又不利于促进民营医疗机构市场准入。其五,民营医疗机构市场准入权益受侵犯时,缺乏救济途径。上述问题既是政策目标定位偏差所致,也与传统行政管理方式下民营医疗机构市场准入规制越位与缺位、公立医疗机构行政垄断有直接关联,更是现有医疗机构市场准入体制下规制机关规制过度与规制乏力所致。上述缺陷导致民营医疗机构规模小且机构单一、所占市场份额少、提供的医疗服务量有限、民营医疗市场混乱以及医疗机构所有制形式单一。

第四,民营医疗机构市场准入的基本方略。为促进民营医疗机构市场准入,应在政策目标和立法模式上做出正确的选择。一方面,在政策目标上应打破束缚民营医疗机构市场准入的桎梏,坚持民营医疗机构与公立医疗机构并重,坚持医疗安全与医疗事业发展并重,坚持从严规制与从宽规制并重。另一方面,在立法模式上应采用单行式立法模式,制定《民营医疗机构促进法》,对民营医疗机构给予特别保护。

第五,本书在比较借鉴国外民营医疗机构市场准入立法实践基础之上,提出了我国民营医疗机构市场准入制度的具体建议。具体而言:

(1)在准入范围方面,应依据医疗产品的性质,确定民营医疗机构市场准入的范围。公共产品供给和公共产品生产是两个不同概念,政府供给公共医疗产品具有一定的合理性,但这并不意味着一定要由其生产公共医疗产品。因此,可允许民营医疗机构进入具有私人产品性质的医疗领域和具有公共产品性质的医疗领域。但其进入方式和侧重点有所不同。对于纯粹公共医疗产品和准公共医疗产品,可由民营医疗机构生产,然后由政府通过合同购买的方式提供;对于准公共医疗产品应以政府供给为主、民营医疗机构供给为辅。对于医疗服务私人产品,则可完全由民营医疗机构生产并提供。

(2)合理规定民营医疗机构准入条件。不断丰富民营医疗机构法律组织形式,引入医疗法人制度;删除"医疗机构是能独立对外承担民事责任的单位"的提法;增加"信誉良好"的资信证明作为市场准入的必要条件;依据民营医疗机构的法律形态规定其设立时所需资产;实行多种类型的医生注册制度。

(3)科学界定民营医疗机构市场准入方式。依据民营医疗机构市场准入的范围,合理设立民营医疗机构市场准入的方式。对于进入公共医疗产品和准公共医疗产品领域的民营医疗机构仍然实行许可核准模式;对于进入具有私人产品性质的医疗服务市场中的民营医疗机构,又可依据民营医疗机构设立执业标准和申请人是否为医务技术人员,对其市场准入方式采取严格核准与行政许可核准并行的方式。其中,对规模较大、主要提供第二类和第三类技术诊疗项目的民营医疗机构,采取许可加登记的方式准入;对于规模较小,主要提供第一类技术诊疗项目的民营医疗机构,例如牙科诊所等,如其申请人为医生、牙医等医务技术人员,则可采用登记方式准入;如果其申请人不是医生、牙医,则采用许可加登记方式准入。

(4)进一步完善民营医疗机构市场准入体制。一是重构医疗机构市场准入规制机构,建立一个具有专业性、独立性和中立性的规制机构。建议将原来分散在卫生部、发改委、民政部等部门的与民营医疗机构市场准入相关的职能集中到一个新的行政机构内,确保该机构独立于其他行政机关及其上级机关。中央规制机构与地方规制机构是协作关系和业务指导关系,而不是领导与被领导关系。二是构建政府与行业组织、消费者等合作的、多元化的市场准入规制机制,充分发挥行业自律组织和消费者保护组织的参与作用以及公众舆论监督的作用。三是积极转变政府职能,对民营医疗机构市场准入既要适度干预,又要合理引导和支持。

(5)在市场准入程序方面,第一,将申请批准文书的程序和申请执业许可证的程序合二为一,不断提高市场准入审批过程的透明度,对审批期限做出明确、具体的强制性规定,实行业务指导和业务管理登记程序一体化。第二,明确民营医疗机构市场准入未予许可的法律救济。首先,应明确规定不予许可的情形。其次,对于卫生行政部门做出的不予许可决定,民营医疗机构有权通过行政诉讼进行救济。最后,从司法程序上完善对不予许可的救济。

民营医疗机构市场准入制度的构建，不是为了限制市场竞争，而是为了市场安全，为了有序开放，最终实现及保证民营医疗机构能实质性进入医疗服务领域，保证医疗服务的安全与质量。

我国深受计划经济体制的影响，目前又正处于市场经济转型时期，民营医疗机构市场准入制度的构建，必将忍受市场经济转型的阵痛，带着很深的历史痕迹。虽然当前民营医疗机构发展还存在诸多问题，但我们可以预测的是：民营医疗机构如果能够依法、合理、有序准入并规范执业，不仅可以在很大程度上促进医疗事业的发展，还可让消费者享受安全、高质量的医疗服务，在不久的将来也必将解决消费者“看病难、看病贵”问题。

本书在写作过程中曾一度试图突破对政府与市场的良性互动的解释，但因本人能力所限，对于政府与市场的理解和把握仍有不足，未能有所创新。对于民营医疗机构市场准入法律制度的研究，本书仅仅只是一个开始，还有很多问题有待进一步深入研究。同时由于笔者学识有限，文中难免有一些拙劣之处，恳请各位学者和专家不吝赐教！笔者也真诚地希望本书的研究能为我国民营医疗机构市场准入开启良好的抛砖引玉之作用，并能为对该领域展开进一步的深入研究有所贡献。

参考文献

1. APRIL H, PREKER A. Private Participation in Health Services [D]. Washington D. C. The World Bank, 2003: 15.

2. ARMSTRONG S C, VICKERS J. Regulatory Reform: Economic Analysis and British Experience[M]. MIT Press, 1994: 351.

3. ARROW K J. Uncertainty and the Welfare Economics of Medical Care[J]. American Economic Review, 1963(53): 941 -973.

4. BATOR F M. The Anatomy of Market Failure[J]. Quarterly Journal of Economics,1958(53): 351 -379.

5. BAUMOL W J, PANZAR J C, WILLIG R D. Contestable Markets and Theory of Industry Structure[D]. New York: Harcourt Brace Jovanovich Ltd, 1982: 115 -118.

6. BAY C. The Structure of Freedom[M]. Standard Press, 1958: 19.

7. CARR W J,PAUL J F. The Relationship of Cost to Hospital Size[M]. Inquiry,1967(4): 45 -46.

8. CARZANIGA A. GATS, Mode 4 and The Pattern of Commitments. Joint WTO – World Bank Symposium on Movement of Natural

Persons(Mode4)under the GATS[D]. Geneva, 2002 (4): 11 -12.

9. CERTLER P J, WALDMAN D M. Quality - adjusted Cost Functions and Policy Evaluation in the Nursing Home Industry [J]. Journal of Political Economy, 1992(100): 1232 -1256.

10. CONOVER C J, SLOAN F A. Does Removing Certificate of Need Regulations Lead to a Surge in Health Care Spending[J]. Journal of Health Politics, Policy and Law, 1998 (15): 23.

11. COWING, ALPHONSE G, HOLTMANN. Multi - product Short - run Hospital Cost Functions Empirical Evidence and Policy Implications from Cross - section Data[J]. Southern Economics Journal, 1983 (49): 637 -653.

12. DANNIELS N, DONALD W L, RONALD L C. Benchmarks of Fairness for Health Care Reform[M]. New York: Oxford University Press, 1996: 327.

13. DAVID M S. Regulatory and Judicial Oversight of Nonprofit Hospitals[J]. The New England Journal o f Medicine, 2007 (6): 154 -160.

14. DENSETZ H. The Private Production of Public Goods [J]. Journal of Law and Economics, 1970 (10): 293 -306.

15. DRANOVE, SHANLEY D M, SIMON C. Is Hospital Competition Wasteful[J]. Rand Journal of Economics, 1992(12): 247 -262.

16. ELEANOR D K, BRAIN A C. Provisions for Health and Health Care in the Constitutions of the Countries of the World[J]. Journal of Economics, 2004 (9): 290 -291.

17. FELDSTEIN M S. Economics Analysis for Health Service Efficiency[M]. Amsterdam: North - Holland, 1967:331 -336,423 -442.

18. FELDSTEIN P. Health Care Economics. 6th edition [M].

New Jersey: Thomson Delmar - Learning, 2005: 259 - 263, 246.

19. FELDSTEIN P. Health. 6th ed[M]. New Jersey: Thomson Delmar Learning, 2005: 267.

20. FLOOAND S, GOODMAN A, STANO M. The Economies of Health and Health Care. 4th edition[M]. New Jersey: Prentice - Hall Inc, 2004: 309 - 313, 230 - 240.

21. FOLLAND S, GOODMAN A C, STANO M. The Economics of Health and Health Care[M]. Upper Saddle River: Prentice Hall, 2001: 19 - 135.

22. FORD J, KASERMAN D L. Certificate - of - need Regulation and Entry: Evidence from The Analysis Industry[J]. Southern Economic Journal, 1993 (3): 783 - 791.

23. FRECH H E III, MOBLEY L R. Resolving The Impasse on Hospital Scale Economies: A New Approach[J]. Applied Economics, 1995(27): 286 - 296.

24. GAYNOR M. Issues in the Industrial Organization of The Market for Physician Services[J]. Journal of Economics and Management Strategy, 1994 (3): 221 - 255.

25. GILLESPIE S. How Nutrition Improves: A Report Based on an ACC/SCN Workshop Held on 25 - 27 September 1993 at the 15th IUNS International Congress on Nutrition[R], 1996(7): 47.

26. GOLDIN, KENNETH D. Equal Access VS Selective Access: a Critique of Public Goods Theory[J]. Public Choice, 1979 (29): 53 - 71.

27. GOLDSTEIN S. Reply to Professor Weisskopf. New Knowledge of Human Values[J]. Economic Review, 1970(10): 248.

28. HANTKE D. The Public Interest Theory of Regulation: Non -

Existence or Misinter Pretation[J]. European Journal of Law and Economics, 2003, 15(2): 127 - 173.

29. HART O A, SHELERFER R W VISHNY. The Proper Scope of Government: Theory and an Application[J]. Quarterly Journal of Economics, 1997 (112): 347 - 387.

30. HERR A. Cost and Technical Efficiency of German Hospitals: Does ownership matter? Health Econ [J]. Müller S. Facherie12/Reihe611. Statistisches Bundesamt, 2008(17): 1057 - 1071.

31. INBAR, TAYLOR. Hospital Cost in Massachusetts Cambridge [J]. Economics Journal, 1968 (3): 376 - 379.

32. KALT J, ZUPAN M. Capture and Ideology in the Economic: Theory of Politics[J]. American Economic Review, 1984 (11): 74, 279 - 300.

33. KEELER E, MELNICK G. Effects of Competition on Nonprofit and For - Profit Hospital Prices[J]. Journal of Health Economics, 1999(18): 243 - 258.

34. KESSLER, MCCLELLAN. Is Hospital Competition Socially Wasteful [J]. Quarterly Journal of Economics, 2000, 115 (2): 577 - 615.

35. LAVE J R, LAVE L B. Hospital Cost Functions[J]. American Economic Review, 1982 (60): 337 - 339.

36. LEFFER K B. Physician Licensure: Competition and Monopoly in American Medicine[J]. Journal of Law and Economics, 1978 (21): 165 - 186.

37. MAX S, MILTON R. Hospital Costs Relate to The Supply of Beds[J]. Modern Hospital, 1959(92): 71 - 73.

38. MELNICK G. The Effects of Market Structure and Bargaining

Position on Hospital Prices[J]. Journal of Health Economics, 1992(11): 217 - 234.

39. MITNICK B. The Political Economy of Regulation[M]. New York: Columbia University Press, 1980: 23 - 56.

40. NEWHOUSE J P. Reimbursing Health Plans and Providers: Selection Versus Efficiency in Production[J]. Journal of Marketing Research, 1980(11): 342 - 331.

41. NEWHOUSE J P. Towards a Theory of Nonprofit Institutions: an Economic Mode of a Hospital[J]. American Economic Review, 1970 (60): 64 - 73.

42. PAULY M V. Is Medical Care Different in Competition in the Health Care Sector: Past, Present, and Future[J]. L. Goldberg and W. Greenberg eds. Washington D. C.: Federal Trade Commission, 1978: 241 - 256.

43. PELTZMAN S. The Economic Theory of Regulation after a Decade of Deregulation, Brookings Papers on Economic Activity, Special Issue[J]. Bell Journal of Economics, 1989: 1 - 41.

44. PELTZMAN S. Toward a More General Theory of Regulation [J]. Journal of Law and Economics, 1976, 19(2): 211 - 241.

45. POLLARD M R. Fostering Competition in Health Care. Proceedings of the Academy of Political Science[J]. Economics Journal, 1980(4): 158 - 167.

46. POSNER H A. Theories of Economic Regulation[J]. Bell Journal of Law and Economics, 1974(19): 2.

47. POUND R. A Survey of Social Interest[J]. Harvard Law Review, 1943(9): 57.

48. PRACHTMAN J. Trade in Financial Services under GATS,

NATFA and the EC:A Regulatory Jurisdiction Analysis[J]. Columbia Journal of Transnational Law, 1995(34): 321 -334.

49. REES R. Inefficiency, Public Enterprises and Privatization [J]. European Economic Review, 1988(32): 422 -443.

50. REINHARDT U. Economists in Health Care[J]. American Economic Review, 1989(79): 337 -342.

51. SANTOS V, et al. Prescription and Patient - care Indicators in Health Care[J]. Journal of Economics, 2004, 38(6): 115 -120.

52. SAVAS E S. Privatization and Pulic - private Parternerships [M]. New York: Chatham House Publishers, 2000: 45.

53. SAVAS E S. Privatization in Post - Socialist Counties[J]. Public Administration Review, 1992 (6): 573 -581.

54. SHAW C J. Natural Rights in Commonwealth[M]. Alger Danush Mass, 1851: 53.

55. STIGLER G J. The Theory of Economics Regulation[J]. Bell Journal of Economics, 1971, 2(1): 21 -57.

56. STIGLITZ J E. Economics of Public Sector. 2nd edition[M]. New York: W. W. Norton & Company, 1998: 161, 293 -294, 290.

57. UTTON M A. The Economics of Regulation Industry[M]. Basil Blackwell, 1989: 56 - 67.

58. WOOELY J M. The Competitive Effects of Horizontal Mergers in The Hospital Industry[J]. Journal of Health Economics, 1989 (8): 271 -291.

59. World Health Organization. The State of World Health 1995: Poverty, the Leading Cause of Illness and Death[J]. Journal of Public Health Policy, 1995(16): 440 -451.

60. 阿克顿. 自由与权力[M]. 侯健,范亚峰,译. 北京:商务印书馆,2001:342.

61. 艾哈德. 来自繁荣的竞争[M]. 祝世康,穆家骥,译. 北京:商务印书馆,1983:16.

62. 奥尔森. 国家的兴衰:经济增长、滞胀和社会僵化[M]. 李增刚,译. 上海:上海人民出版社,2007:132.

63. 奥尔森. 集体行动的逻辑[M]. 陈郁,郭宇峰,李崇新,译. 上海:上海人民出版社,2006:3.

64. 保罗·费尔德斯坦. 卫生保健经济学[M]. 费朝晖,译. 北京:经济科学出版社,1998:135-140.

65. 博登海默. 法理学:法律哲学与法律方法[M]. 邓正来,译. 北京:中国政法大学出版社,1999:293.

66. 博登海默. 法理学——法哲学及其方法[M]. 邓正来,等,译. 北京:中国政法大学出版社,2004:310.

67. 布坎南,马斯格雷夫. 公共财政与公共选择:两种截然不同的国家观[M]. 类承曜,译. 北京:中国财经出版社,2001:145-159.

68. 布坎南. 自由、市场与国家[M]. 吴良健,等,译. 北京:北京经济学院出版社,1998:28.

69. 才越. 美国、加拿大、日本医师国家考试制度概况[J]. 医学管理,2003(6):61

70. 蔡定剑. 宪法精解[M]. 北京:法律出版社,2006:75.

71. 蔡磊. 非营利组织基本法律制度[M]. 厦门:厦门大学出版社,2004:152,116-117,115.

72. 曹艳林,王将军,魏占英,等. 医疗机构法律规制研究[J]. 医院院长论坛,2011(2):59-60,57.

73. 曹煜玲,张军涛,刘建国. 医疗服务市场信息不对称及其规制[J]. 云南财经大学学报,2009(2):101-103.

74. 陈峰. 中国卫生保健史[M]. 上海:上海科学技术出版社,

1993:19.

75. 陈敏,张雪峰. 医疗机构执业许可制度缺陷分析与建议[J]. 中国公共卫生管理,2006,22(4):304-305.

76. 储振华. 发达国家医疗管理制度[M]. 北京:时事出版社,2001.

77. 储振华. 美国的非营利性医院[J]. 卫生经济研究,2001(7):24.

78. 褚淑贞. 医药产业市场进入退出分析及对策研究[J]. 经济师,2004(6):43-44.

79. 戴霞. 市场准入法律制度研究[D]. 重庆:西南政法大学法学院,2006:31-32,1.

80. 丹宗昭信,伊从宽. 经济法总论[M]. 吉田庆子,译. 北京:中国法制出版社,2009:11.

81. 狄莉. 我国私立医疗机构政策的沿革[J]. 中国卫生法制,2005,13(5):8.

82. 董协良. 投资主体多元化才能有效激活医疗市场[M]. 中国医疗保险,2010(5):33.

83. 封进,张涛. 医疗服务体系中多元所有制模式比较及中国的选择[J]. 江海学刊,2009(6):75.

84. 封延会,贾晓燕. 论我国市场准入制度的构建[J]. 山东社会科学,2006(12):50-52.

85. 富德兰,古德曼,斯坦诺. 卫生经济学[M]. 北京:中国人民大学出版社,2004:435-436.

86. 干超南. 民营医疗机构存在问题及发展方向[J]. 中国农村卫生事业管理,2006,26(6):36.

87. 干春晖,周习,郑若谷. 不完美信息、供给者诱导需求与医疗服务质量[J]. 财经研究,2007(8):97-100.

88. 高鸿钧. 法治:理念与制度[M]. 北京:中国政法大学出版社,2002:535 - 537.

89. 高世辑,张安,徐兰飞. 推进医疗服务体制改革必须加强监管体系建设[J]. 中国发展观察,2006(1):53 - 56.

90. 戈尔丁. 法律哲学[M]. 齐海滨,译. 北京:生活·读书·新知三联书店,1987:106.

91. 龚向光,胡善联. 德国医院体制改革[J]. 卫生经济研究,2002(7):32.

92. 顾涛,侯建林,程建鹏,等. 日本医院管理及对我国卫生改革的启示[J]. 中国医院管理,2007,27(1):57.

93. 顾昕. 拆掉民营医院的"玻璃门"[J]. 中国卫生人才,2011(4):38.

94. 顾昕. 能促型国家的角色:事业单位的改革与非营利部门的转型[J]. 河北学刊,2005,25(1):13.

95. 顾昕. 政府转型与中国医疗服务体系的改革取向[J]. 学海,2009(2):38 - 39.

96. 顾昕. 走向全民医保——中国新医改的战略与战术[M]. 北京:中国劳动社会保障出版社,2008.

97. 顾昕. 走向有管理的市场化:中国医疗体制改革的战略性选择[J]. 经济社会体制比较,2005(6):34,26.

98. 郭小燕. 公平健康权与基本医疗保险[J]. 山东工商学院学报,2003(5):99.

99. 郭祎. 论民营医院执业遭遇的法律瓶颈[J]. 昆明理工大学学报(社会科学版),2009(9):12.

100. 郭祎. 我国医疗机构公平竞争的立法思考[M]. 河北科技大学学报(社会科学版),2010,10(2):55,56,57.

101. 哈耶克. 法律、立法与自由[M]. 邓正来,译. 北京:中国大百科全书出版社,1999:389.

102. 哈耶克. 通向奴役的道路[M]. 滕维藻,译. 北京:商务印书馆,1962:71.

103. 哈耶克. 自由秩序原理[M]. 邓正来,译. 上海:上海三联书店,1997:281.

104. 韩大元. 非公有制经济的宪法地位[J]. 法学家,2005(3):11-13.

105. 韩大元. 宪法学[M]. 北京:高等教育出版社,2006.

106. 韩蕾. 中国医疗服务业政府规制研究[D]. 沈阳:辽宁大学经济学院,2010:79.

107. 韩平,牟丽娟. 对医疗卫生服务中公平性问题研究[J]. 商业经济,2008(9) :6.

108. 郝静. WTO与我国的医疗服务贸易[J]. 对外经贸实务,2009(3):82.

109. 郝志梅,田炜,曹伊,等. 日本公立医院的现状与改革[J]. 中国医院管理,2009,29(8):66.

110. 何海兵. 美国非营利组织及其启示[J]. 中共四川省委党校学报,2005(2):69.

111. 贺卫. 寻租经济学[M]. 北京:中国发展出版社,1999:206-242.

112. 侯帆. 我国市场退出法律制度初探[J]. 鹭江职业大学学报,2005,13(2):21.

113. 胡春燕. 中国医疗服务市场规制体系构建:理论与路径选择[J]. 湘潭大学学报(哲学社会科学版),2010,34(4):24.

114. 胡家平,周汉烽. 市场主体退出制度的缺陷与创新[J]. 中国工商管理研究,2004(2):38-39.

115. 胡锦光,韩大元. 中国宪法[M]. 北京:法律出版社,

2004:55.

116. 胡肖华. 宪法学[M]. 长沙:湖南人民出版社,2003:114.

117. 华林明. 加强民营医疗机构管理的对策思考[J]. 卫生经济研究,2007(12):42.

118. 黄丞,张录法. 医疗服务供给需求矛盾:透视与破解[M]. 上海:上海三联书店,2009:10-11.

119. 黄丁全. 医事法[M]. 北京:中国政法大学出版社,2003:23,32,25.

120. 黄葭燕,应晓华,王群,等. 上海发展民营医疗机构的政策建议[J]. 中国卫生资源,2010,13(1):25.

121. 黄云鹏. 公共服务监管研究——以中国教育、医疗机构为例[M]. 北京:经济科学出版社,2008:239-242.

122. 霍恩. 现代医学批判——21世纪的健康与生存[M]. 姜学清,译. 上海:上海三联书店,2005:1.

123. 吉登斯. 社会学[M]. 赵旭东,等,译. 北京:北京大学出版社,2003:146.

124. 季卫东. 程序比较论[J]. 比较法研究,1993(1):4-6.

125. 贾红英,吴奇飞,乐虹,等. 发达国家和地区医疗机构法律法规监管研究[J]. 中国卫生法制,2004,12(5):6,5.

126. 贾晓燕,封延会. 市场准入——澄清、流变与制度构建[J]. 河北法学,2009,27(7):153-156,155.

127. 姜拥华,潘维平,王辰,等. 民营医疗机构监管模式探讨[J]. 中国卫生监督杂志,2009,16(6):581.

128. 蒋月,林志强. 健康权观源流考[J]. 学术论坛,2007(4):144.

129. 焦洪昌. 论作为基本权利的健康权[J]. 中国政法大学学报,2010(1):13.

130. 焦玉良. 对市场准入制度的经济学分析[J]. 改革,2004(2):18-22.

131. 金碚. 医疗卫生服务:具有社会公益性的经济私人品[J]. 江西社会科学,2009(5):7.

132. 金锦萍. 非营利法人治理结构研究[M]. 北京:北京大学出版社,2005:22,19-20.

133. 金泽良雄. 当代经济法[M]. 沈阳:辽宁人民出版社,1988:196.

134. 巨荣良,王丙毅. 新经济视角的产业组织理论研究[M]. 北京:知识产权出版社,2005:89-90.

135. 康德. 法的形而上学——权利的科学[M]. 沈叔平,译. 北京:商务印书馆,1991:166.

136. 考特,尤伦. 法和经济学(第五版)[M]. 史晋川,董雪兵,等,译. 上海:格致出版社,上海人民出版社,2010:38.

137. 柯武刚,史曼飞. 制度经济学[M]. 韩朝华,译. 北京:商务印书馆,2000:523.

138. 科尔奈,翁笙和. 转轨中的福利、选择和一致性[M]. 罗淑锦,译. 北京:中信出版社,2003:142.

139. 科克汉姆. 医学社会学[M]. 杨辉,等,译. 北京:华夏出版社,2000:2.

140. 科斯,阿尔钦,诺斯. 财产权利与制度变迁[M]. 刘守英,等,译. 上海:上海三联出版,2004:145.

141. 科斯. 论生产的制度结构[M]. 盛洪,陈郁,译. 上海:上海三联书店,1994:156-171.

142. 拉丰. 规则与发展[M]. 聂辉华,译. 北京:中国人民大学出版社,2009:128.

143. 拉伦茨. 德国民法典(上册) [M]. 王晓晔,邵建东,程建英,等,译. 北京:法律出版社,2003:202－205.

144. 拉伦茨. 法学方法论[M]. 陈爱娥,译. 北京:商务印书馆,2003:59.

145. 勒帕日. 美国新自由主义经济学[M]. 李燕生,译. 北京:北京大学出版社,1985:177－180.

146. 李斌,任荣明. 新加坡医疗体制及公立医院改革的深层逻辑[J]. 医学与哲学,2012,33(2):49.

147. 李步云. 法的应然与实然[J]. 法学研究,1997(5):67.

148. 李昌麒. 经济法——国家干预经济的基本法律形式[M]. 成都:四川人民出版社,1995:135.

149. 李昌麒. 经济法理念研究[M]. 北京:法律出版社,2009:235－236.

150. 李昌麒. 经济法学. 北京:中国政法大学出版社,2002:70,148－149.

151. 李昌麒. 经济法学. 第三版[M]. 北京:中国政法大学出版社,2009:144.

152. 李昌麒. 经济法学. 第四版[M]. 北京:中国政法大学出版社,2011:144.

153. 李建华,彭诚信. 民法总论[M]. 长春:吉林大学出版社,1998:92.

154. 李金泽. 跨国银行市场准入法律制度[M]. 北京:法律出版社,2003:1.

155. 李金泽. 我国外资银行市场准入制度的局限性及其克服[J]. 法律科学(原西北政法学院学报),2003(10):108.

156. 李丽,王传斌. 医疗服务市场政府规制研究述评[J]. 产业经济研究,2006(5):71－76.

157. 李秋芳. 世界主要国家卫生绩效对比分析[J]. 医学研究

通讯,2005(7):77－78.

158. 李艳芳. 经济法案例分析[M]. 北京:中国人民大学出版社,1999:19－20.

159. 李遇春. 医疗机构分类管理中亟待研究的几个问题[J]. 南华大学学报(社会科学版),2001(2):40.

160. 梁鸿,褚亮. 试论政府在医疗卫生市场中的作用[J]. 复旦学报(社会科学版),2005(6):91－98.

161. 梁惠仪. 浅议基本医疗服务多元供给体系中的政府主导责任[J]. 新学术,2008(3):162－164.

162. 梁治平. 新波斯人信札——变化中的法观念[M]. 北京:中国法制出版社,2000:50.

163. 廖宁. 两岸四地民办中医医疗机构运行机制对比分析[J]. 中医药管理杂志,2007,15(12):886,884－886.

164. 廖志雄. 中国市场准入法律制度研究[D]. 北京:中国人民大学法学院,2003.

165. 林皓. 美国政府管制与医疗市场效率[J]. 国外医学(卫生经济分册),2006(23):3,136－138.

166. 林来梵. 从宪法规范到规范宪法——规范宪法学的一种前言[M]. 北京:法律出版社,2001.

167. 林欣荣. 公私医院应殊途同归[J]. 中国医院院长,2011(21):89.

168. 刘德吉. 国外社区医疗服务模式比较及对我国的启示[J]. 中国卫生事业管理,2009(9):597.

169. 刘剑文. WTO与中国法律改革[M]. 北京:西苑出版社,2001:168.

170. 刘楠. 论公私法二元结构与中国市场经济[C]. 梁慧星,主编. 民商法论丛(第四卷). 北京:法律出版社,1996:26.

171. 刘巍. 我国民营医院的现状[J]. 中国医院院长,2008(3):1-2.

172. 刘小红,胡善菊. 营利性医院税收负担及相关政策分析[J]. 中华医院管理,2007(1):30.

173. 刘洋,高国顺. 鼓励社会资本举办医疗机构的政策探析[J]. 中国卫生政策研究,2011,4(4):44.

174. 刘志博. 我国医疗机构立法思考[J]. 南方论刊,2009(1):38.

175. 刘仲翔. 健康责任与健康公平[J]. 甘肃社会科学,2006(4):112.

176. 龙卫球. 民法总论[M]. 北京:中国法制出版社,2001:18.

177. 卢婕,王浩. 国外医疗行业认证制度一览[J]. 中国医院院长,2006(10):24-25,26.

178. 芦部信喜. 宪法[M]. 林来梵,凌维慈,龙绚丽译. 北京:北京大学出版社,2006:71.

179. 鲁篱. 行业协会经济自治权研究[M]. 北京:法律出版社,2003:3.

180. 陆昌敏,冯泽永,冯光谓. 新加坡医疗保障体系的特点及对我国的启示[J]. 医学与哲学(人文社会医学版),2007,28(12):32-34.

181. 罗安成. 我国非营利组织市场准入制度的现状分析[J]. 晋中学院学报,2010,27(5):91-92.

182. 罗思荣. 论竞争法定位[J]. 当代法学,2001(6):7.

183. 洛克. 政府论[M]. 叶启芳,等,译. 北京:商务印书馆,1964:17.

184. 吕本友. 基于垄断分析的医疗机构管理体制改革[J]. 卫生经济研究,2008(5):27.

185. 吕太郎. 无权利能力之社团[C]. 杨与龄. 民法总则争议问题研究. 北京:清华大学出版社,2004:137.

186. 吕忠梅,陈虹. 经济法原论[M]. 北京:法律出版社,2008.

187. 马俊驹. 法人制度的基本理论和立法问题之探讨(上)[J]. 法学评论,2004(4):3-12.

188. 马克思恩格斯选集. 第四卷[M]. 北京:人民出版社,1995:483,701.

189. 马斯格雷夫. 财政制度[M]. 董勤发,译. 上海:上海人民出版社,上海三联书店,1996:8.

190. 马维胜. 医疗改革的核心问题和核心出路[J]. 中国工业经济,2006(4):15.

191. 马伟杭,马国灿,胡本祥. 美国医疗机构分类管理的启示[J]. 卫生经济研究,2003(4):35.

192. 马跃进. 企业市场准入制度的反思[C]. 吴志攀主编. 经济法学家. 北京:北京大学出版社,2005:571.

193. 马云泽. 规制经济学[M]. 北京:经济管理出版社,2008:12.

194. 毛阿燕,雷海潮,钟东波. 新加坡卫生服务体系概述[J]. 中国卫生政策,2007(7):50.

195. 毛群安,杨绍文. 医疗机构分类管理问题的政策分析[J]. 中国行政管理,2005(4):34-38.

196. 梅迪库斯. 德国民法总论[M]. 邵建东,译. 北京:法律出版社,2000:814-815.

197. 孟德斯鸠. 论法的精神(上)[M]. 北京:商务印书馆,1995:57.

198. 孟勤国,张素华. 公司法人人格否认理论与股东有限责任[J]. 中国法学,2004(3):14-21.

199. 米尔顿·弗里德曼. 资本主义与自由[M]. 北京:商务印书馆,2004:95－110.

200. 密里本德. 资本主义社会的国家[M]. 曹卫东,译. 北京:商务印书馆,1997:38.

201. 莫纪宏. 论对社会权的宪法保护[J]. 河南省政法管理干部学院学报,2008(3):2.

202. 慕亚平,陈晓烁. CEPA框架下内地与港澳医疗卫生合作的法律思考[J]. 暨南学报(哲学社会科学版),2008(1):14－15.

203. 慕亚平,李伯侨. 区域经济一体化与CEPA的法律问题研究[M]. 北京:法律出版社,2005.

204. 潘静成,刘文华. 经济法. 第二版[M]. 北京:中国人民大学出版社,2006:147－148.

205. 彭红彬. 论市场准入法的定位. 南昌工程学院学报[J],2009,28(2):75－77.

206. 钱铮. 医疗保险让绝大多数日本人看得起病[J]. 中国医药指南,2008(2):63.

207. 乔炳亚. 论我国中央银行对金融机构市场退出的监管[J]. 金融研究,1997(6):31.

208. 乔尔·赫尔曼,马克·施克曼. 转轨国家的政府干预、腐败与政府被控[C]. 孙宽屏主编. 转轨、规制与制度选择. 北京:社会科学文献出版社,2004:307.

209. 邱本,董进宇. 论经济法的宗旨[J]. 法制与社会发展,1996(4):28.

210. 邱虹,杨宇. 2004—2009年云南省民营医疗机构发展研究[J]. 中国医院管理,2011(5):8.

211. 冉昊. 论合伙企业法对合伙企业独立民事主体性的发展[J]. 湖南商学院学报,2000(4):80.

212. 饶粤红. 美国反垄断法对医院合并的适用分析[J]. 政法学刊,2005,4(22):73.

213. 撒瓦斯. 民营化与公共部门的关系[M]. 周志忍,等,译. 北京:中国人民大学出版社,2002:114.

214. 萨缪尔森,诺德豪斯. 经济学(上册)(第十二版)[M]. 高鸿业,译. 北京:中国发展出版社,1992:87.

215. 萨缪尔森,诺德豪斯. 经济学[M]. 萧琛,等,译. 北京:人民邮电出版社,2004:175.

216. 萨瓦斯. 民营化与公私部门的伙伴关系[M]. 周志忍,译. 北京:中国人民大学出版社,2002:141-152.

217. 桑特勒,纽恩. 卫生经济学[M]. 程晓明,刘宝,田国栋,译. 北京:北京大学出版社,2006:156.

218. 胜彦婷. 美国医院与医疗保险[J]. 中华医院管理,2002(1):25.

219. 盛世豪. 试论我国市场准入制度的现状与改革取向[J]. 中共浙江省委党校学报,2001(3).

220. 盛学军. 监管失灵与市场监管权的重构[J]. 现代法学,2006(1):41.

221. 石光,侯安营,耿寒松,等. 中国医疗服务贸易与投资进展研究报告[J]. 卫生经济研究,2004(8):5-6.

222. 石黑一宪. 乌拉圭回合之后的课题[J]. 社团法人日本调查结合研究所资料,1994(11):112.

223. 石佑启. 论公共行政与行政法学范式的转换[M]. 北京:北京大学出版社,2003:152.

224. 史际春,邓峰. 经济法总论[M]. 北京:法律出版社,2008:136-137.

225. 史际春. 公用事业引入竞争机制与“反垄断法”[J]. 法学

家,2002(6):61.

226. 史际春. 经济法学评论[M]. 北京:中国人民大学出版社,2003:243.

227. 史普博. 管制与市场[M]. 余晖,周维高,译. 上海:上海三联书店,上海人民出版社,1999:123.

228. 史尚宽. 民法总论[M]. 北京:中国政法大学出版社,2000:86.

229. 税兵. 民办非企业单位制度质疑[J]. 河北法学,2008,28(10):96.

230. 斯蒂芬斯. 集体选择经济学[M]. 杨晓维,等,译. 上海:上海人民出版社,1999:134.

231. 斯蒂格利茨. 公共部门经济学(第三版)[M]. 北京:中国人民大学出版社,2005:5.

232. 斯蒂格利茨. 政府为什么干预经济[M]. 郑秉文,译. 北京:中国物资出版社,1998.

233. 斯坦,亨德. 西方社会的法律价值[M]. 王献平,译. 北京:中国人民大学出版社,1990:199.

234. 宋华琳. 建构良好的医疗服务规制框架[J]. 中国处方药,2009(2):55.

235. 宋晶. 核准主义、准则主义与入世后我国市场主体准入制度的完善[N]. 中国工商报,2012-02-16.

236. 苏力. 规制与发展:第三部门的法律环境[M]. 杭州:浙江人民出版社,1999:124.

237. 苏苗罕,宋华琳. 新加坡医疗服务监管研究[J]. 中国卫生政策研究,2008,1(2):53-55.

238. 苏永钦. 走入新世纪的私法自治[M]. 北京:中国政法大学出版社,2002:10.

239. 孙南申. 中国对外服务贸易法律制度研究[M]. 北京:法律出版社,2001:51.

240. 孙南中. 论WTO际规则对我国经济法制的影响[J]. 人民司法,2000(4):27－30.

241. 孙晓云. 国际人权法视域下的健康权保护研究[D]. 重庆:西南政法大学法学院,2008:10－12.

242. 孙晓云. 中国医疗服务市场准入制度的困境与出路[J]. 金融与经济,2007(7):45,47.

243. 孙笑侠. 法律对行政的控制——现代行政法的法理解读[M]. 济南:山东人民出版社,1999:177.

244. 谭启平,朱涛. 论非法人团体的法律地位[J]. 云南大学学报(社会科学版),2004,17(4):60.

245. 唐均. 中国的卫生政策和健康保障向何处去[J]. 科技中国,2006(7):47－49.

246. 唐鸣,陈荣卓. 农民工法律地位的界定及考察路径——一条从具体到抽象的研究思路[J]. 浙江大学学报(人文社科版),2006(9):23－24.

247. 唐圣春,乐虹,郝敏. 中美医疗机构分类管理的比较研究[J]. 卫生经济研究,2005(1):23.

248. 唐芸霞. 论我国医疗服务市场的失灵及对策[J]. 理论月刊,2007,5:88.

249. 唐智柳,陈英耀. 美国非营利性医院转换对我国医院性质转换的启示[J]. 中国医院管理,2002,22(1):55－57.

250. 田彦梅. 日本医院重新筹资的可能性[J]. 国外医学(卫生经济分册),2002,19(1):39－46.

251. 万宗瓒. 医院交易优势地位的法律规制研究——以新一轮医疗体制改革为背景[J]. 河北法学,2009,27(12):78－79.

252. 汪勤俭. 国外医师资格考试及发展趋势[J]. 中医学院管理,2005(2):62,64.

253. 汪永成. 公用事业市场化政策潜在的风险及控制对策研究[M]. 北京:社会科学文献出版社,2005:385.

254. 汪志强. 论我国基本医疗卫生服务中存在的问题与对策[J]. 中南民族大学学报(人文社会科学版),2010,30(4):101.

255. 王丙毅,尹音频. 德国医疗管制模式的特点、改革取向及借鉴意义[J]. 理论学刊,2008(7):59-60.

256. 王丙毅. 政府医疗管制模式重构研究[M]. 北京:人民出版社,2008.

257. 王国平,朱新力. 卫生法学[M]. 北京:人民出版社,2002:345.

258. 王果纯. 现代法理学——历史与理论[M]. 长沙:湖南人民出版社,1995:192.

259. 王虎峰. 国际非营利医疗机构发展概述[J]. 国外社会科学,2009(2):96.

260. 王虎峰. 解读中国医改[M]. 北京:中国劳动社会保障出版社,2008:83.

261. 王虎峰. 日本医疗法人制度及借鉴意义[J]. 中国卫生产业,2004(11):84-85,84.

262. 王虎峰. 医疗机构分类管理亟待深化和加强[J]. 中国医院院长,2006(11):7-9.

263. 王励. 日本医院的产权制度改革[J]. 当代医学,2003,9(7):28.

264. 王林昌. 我国市场准入秩序中存在的问题及成因[J]. 经济研究参考,2002(53):35.

265. 王全兴. 经济法基础理论专题研究[M]. 北京:中国检察

出版社,2002.

266. 王小万. 我国民营医院发展面临的问题及政策分析[J]. 江西社会科学,2009(5):28.

267. 王晓玲. 医疗市场政府规制体系构建[M]. 北京:光明日报出版社,2010.

268. 王晓晔. 非公有制经济的市场准入与反垄断法[J]. 法学家,2005(3):28-29.

269. 魏振瀛. 民法[M]. 北京:北京大学出版社,高等教育出版社,2000:75.

270. 沃克. 牛津法律人辞典[M]. 北京:光明日报出版社,1988:385.

271. 沃林斯基. 健康社会学[M]. 孙牧虹,译. 北京:社会科学文献出版社,1993:1.

272. 吴崇其. 中国卫生法学. 第二版[M]. 北京:中国协和医科大学出版社,2005.

273. 吴弘,胡伟. 市场监管法论——市场监管法的基础理论与基本制度[M]. 北京:北京大学出版社,2006.

274. 吴奇飞,马丽平. 浅论私立基层医疗机构发展与监管中的若干问题[J]. 中国医院管理,2007(12):30.

275. 吴晓东,程启智. 论我国私人医疗卫生服务市场的特点、规制失当与调整[J]. 经济体制与改革,2009(4):36-39.

276. 夏彩霞. 公立医院与医疗服务性质问题思考[J]. 现代商贸工艺,2010(4):14.

277. 夏挺松,卢祖洵,彭绩. 国外医疗卫生体系模式对我国的启示[J]. 中国卫生事业管理,2011(7):487-488.

278. 夏秀渊. 我国市场退出机制的缺陷及对策研究[J]. 商业时代,2009(3):50.

279. 夏正林. 社会权规范研究[M]. 济南:山东人民出版社,2007:69.

280. 肖林. 市场进入管制研究[M]. 北京:经济科学出版社,2007:85 - 86.

281. 徐芬,李国鸿. 国外医疗服务体系研究[J]. 国外医学(卫生经济分册),2005(5):21.

282. 徐国栋. 从身份到理性[J]. 法律科学,2006(4):71.

283. 徐兰飞,陈伟. 美国的医疗服务监管体系[J]. 卫生经济研究,2006(3):33 - 34,35.

284. 徐士英. 竞争法新论[M]. 北京:北京大学出版社,2006:13.

285. 雅维茨. 法的一般理论:社会和哲学问题[M]. 朱景文,译. 沈阳:辽宁人民出版社,1986:197.

286. 杨海坤,上官丕亮,陆永胜. 宪法基本理论[M]. 北京:中国民主法制出版社,2007:126.

287. 杨伟民. 论医疗服务的公共属性和社会属性[J]. 社会,2006(2):189.

288. 杨震. 法价值哲学导论[M]. 北京:中国社会科学出版社,2004:219.

289. 姚魁. 多点执业须有道可循[J]. 中国卫生人才,2011(1):38 - 40.

290. 于雷. 市场规制法律问题研究[M]. 北京:北京大学出版社,2003:41,84.

291. 于宗河. 我国民营医院的成长与发展[N]. 健康报,2008 - 12 - 18.

292. 余晖. 受管制市场中的政企同盟[C]. 张昕竹主编. 中国规制与竞争:理论和政策. 北京:社会科学文献出版社,2000:23 - 27.

293. 袁蓓蓓,于保荣,高光明. 日本非营利性医疗机构资金投入、退出研究[J]. 卫生经济研究,2007(6):22,79.

294. 袁曙宏,宋功德. WTO与行政法[M]. 北京:北京大学出版社,2002:105－107.

295. 袁寅生. 民办非企业单位的分类认定问题[J]. 中国民政,2002(4):34.

296. 臧悦. 公立医疗机构民营化进程中政府与市场关系的探讨[J]. 中国卫生经济,2007,26(4):36－38.

297. 詹国彬. 论公立医疗机构民营化改革的内在冲突[J]. 青海社会科学,2010(5):74－75.

298. 张春霖. 公共服务提供的制度基础:一个分析框架比较[M]. 北京:中信出版社:2005:143.

299. 张红凤,杨慧,等. 西方国家政府规制变迁与中国政府规制改革[M]. 北京:经济科学出版社,2007:30.

300. 张军. 非公有制经济法律地位的变迁及其启示[J]. 中国法学,2007(4):165.

301. 张亮,肖锦铖. 医生的双重角色与医疗费用控制[J]. 医学与哲学,2009(2):39－43.

302. 张录法,黄丞. 国外医疗卫生体制改革的四种模式[J]. 国际医药卫生导报,2005(11):18.

303. 张录法. 我国医疗机构良性运作的制度构建[M]. 北京:知识产权出版社,2008:129－128.

304. 张千帆. 宪法学导论[M]. 北京:法律出版社,2004:210－213.

305. 张胜先. 第三民事主体——非法人组织的立法思考[J]. 求索,2002(4):73.

306. 张守文. 经济法学的基本假设[J]. 现代法学,2001

(6):47.

307. 张维迎. 医疗体制中的主要问题在于政府垄断[J]. 医药产业资讯,2006(13):58.

308. 张文显. 法理学[M]. 北京:高等教育出版社. 北京大学出版社,2007:79－81.

309. 张新. 美国市场准入制度研究与借鉴[J]. 经济纵横,1997(11):44.

310. 张兴祥. 中国行政许可法的理论和实务[M]. 北京:北京大学出版社,2003:24.

311. 张艳梅,郭乡村. 西方国家医疗公正基本理论论析[J]. 医学与哲学,2005,26(10):50－51.

312. 张艳梅. 论丹尼尔斯医疗保健公正论[J]. 医学与哲学(人文社会医学版),2004(4):21－23.

313. 章剑生. 行政许可的内涵及其展开[J]. 浙江学刊,2004(3):102－107.

314. 赵炳新,张立达. 西方经济学教程[M]. 济南:山东人民出版社,2002:73.

315. 赵福昌,陈晓阳. 公民健康权保障:新医改的价值向度[J]. 财政研究,2012(1):44.

316. 赵峻. 医疗机构分类管理改革中出现的问题及对策[J]. 卫生经济研究,2005(11):22.

317. 赵陌峰. 对营利性与非营利性医疗机构界定的探讨[J]. 中国医院管理,2000(8):63.

318. 赵维田. 世界组织 WTO 的法律制度[M]. 长春:吉林出版社,2000:364.

319. 郑大喜. 试论医疗服务市场失灵、信息披露及其管制[J]. 中国卫生质量管理,2003(4):121－124.

320. 郑国安,赵路,吴波尔,等. 国外非营利组织法律法规概要[M]. 北京:机械工业出版社,2000.

321. 郑鹏程. 行政垄断的法律控制研究[M]. 北京:北京大学出版社,2002.

322. 郑曙光,汪海军. 市场管理法新论[M]. 北京:中国检察出版社,2005.

323. 郑友德,范长军. 反不正当竞争法一般条款具体化研究——兼论《中华人民共和国反不正当竞争法》的完善[J]. 法商研究,2005(5):75.

324. 植益草. 微观规制经济学[M]. 北京:中国发展出版社,1992:4.

325. 周春红,徐爱军,杨学伟,等. 我国非公立医院的发展现状及对策[J]. 医学与社会,2010,22(11):35-38.

326. 周春红. 论我国医疗服务市场中的信息不对称[J]. 卫生经济研究,2010(4):13.

327. 周胜桥. 德国医疗体制及医疗服务市场准入情况[J]. 药品评价,2010,7(4):9-10.

328. 周守君. 台湾医疗服务与全民健康保险体制分析[J]. 中国医院,2011,15(2):76-79.

329. 周旺生. 法的功能和法的作用辨异[J]. 政法论坛(中国政法大学学报),2006(24)5:110-116.

330. 周小梅. 论医疗服务行业的管制政策体系[J]. 经济体制改革,2006(5):134-135.

331. 周振想. 法学大辞典[M]. 北京:团结出版社,1994:914.

332. 朱苏力. 法治及其本土资源[M]. 北京:中国政法大学出版,1996:259.

333. 朱晓红. 公共医疗服务的有效供给——民间资本的引入与

治理[J]. 中国行政管理,2010(5):65.

334. 朱毅. 美国医疗机构分类及医疗保险浅探[J]. 医学研究生学报,2004,17(8):763-766.

335. 朱兆敏. 服务贸易法概论[M]. 北京:西苑出版社,2000:258.

336. 卓泽渊. 法的价值论[M]. 北京:法律出版社,2006:238-241.

337. 邹冠炀. 发展民营医院的公共产品理论分析[J]. 国际医药卫生导报,2006,12(5):120-122.

338. 邹涛,田侃. 台湾地区民营医疗机构法律地位浅析[J]. 医学与社会,2009,22(12):65,67.